AI의 구조를 쉽게 이해할 수 있는 딥러닝 초(超)입문

엑셀로 배우는 딥러닝

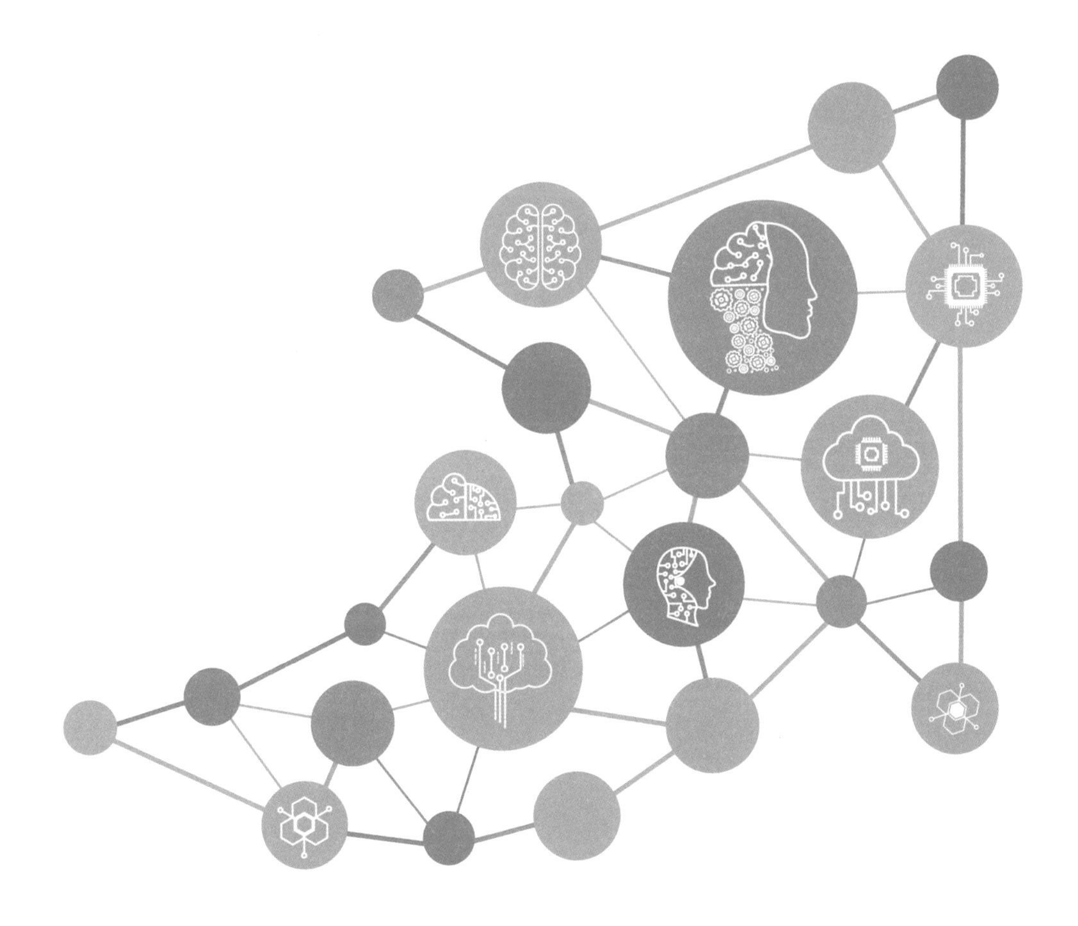

BM (주)도서출판 성안당

저자 서문

AI(인공지능)는 매일같이 매스컴의 화제로 거론되고 있습니다. AI를 제외하고 이 정도 사회에 영향력이 큰 주제는 없습니다. 'AI, 장기 명인을 격파', 'AI로 주가 예측', 'AI로 건강 관리', 'AI로 자율 운전' 등등 헤아릴 수가 없습니다.

이와 같이 화제의 중심이 되는 AI이지만, 그 정의는 모호합니다. 과거부터 'AI 밥솥' 등의 가전제품도 팔리고 있었기 때문에, "이제 와서 무엇을"이라는 의견도 있긴 합니다. 그러나 지금 화제가 되는 AI는 이제까지와는 매우 다릅니다. 일반적으로 '딥러닝'이라던가 '심층 학습'이라고 부르는 새로운 알고리즘이 개발된 것입니다.

예를 들면, 다음 두 개의 필기체 숫자 이미지를 보아주기 바랍니다.

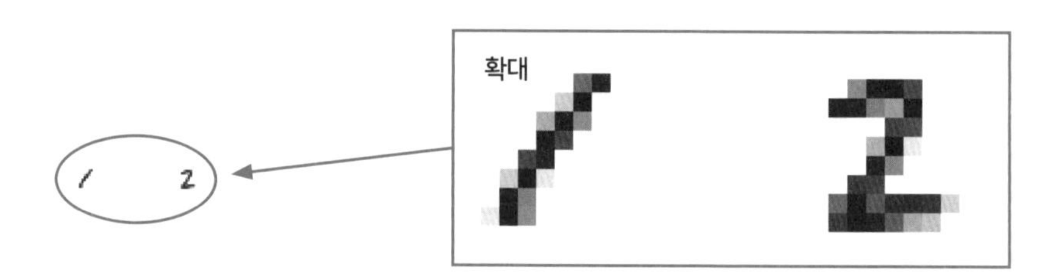

사람은 숫자 '1', '2'라고 판단할 수 있지만, 컴퓨터는 어떻게 구별할 수 있을까요.

종래의 20세기형 알고리즘은 기계에게 가르쳐 주는 것이 기본이었습니다.

"1이라는 것은 이런 숫자 형태이고, 2라는 것은 저런 숫자 형태이다"

라는 식으로 컴퓨터에게 자세하게 가르쳐 주는 것입니다.

그러나 이 알고리즘은 조금 형태가 흐트러진 문자의 판별은 곤란합니다. 어떠한 악필에도 대응할 수 있도록 기계에게 가르쳐 주는 것이 무리입니다. 그러나 딥러닝 기법을 이용하면, 그것이 실제로 간단하게 실현될 수 있습니다. 사람이 간신히 판독할 수 있는 문자라도, 컴퓨터는 확실하게 읽을 수 있습니다. 그러나 놀랍게도 사람이 컴퓨터에게 자세하게 가르쳐줄 필요가 없습니다.

이 책은 딥러닝의 구조에 관해서, Excel로 대화하면서 '이해하는 것'을 목적으로 한 입문서입니다. 기본적으로 구체적인 주제를 따라가면서, 한걸음씩 딥러닝의 구조를 밝혀나 갑니다.

현재 딥러닝에 관해서 많은 단행본이 출간되어 있습니다. 그러나 대부분 사용 방법을 설명하고 응용 방법을 다루기도 하지만, "딥러닝이 어떻게 형태를 구별할 수 있는가?"라는 근본적인 질문에 대해서 답을 하는 서적은 거의 없으며, 비록 있다고 하더라고 난해합니다. 앞으로 딥러닝이 더욱더 발전할 것으로 예상되지만, 지금 같은 시대에 기본을 확실하게 살펴보는 것이 중요합니다. 이 책은 그 기본을 가시화하는 것을 목적으로 합니다.

Excel은 AI 학습에 최적이라고 말할 수 있습니다. 딥러닝을 떠받치는 '합성곱 신경망'은 인공 뉴런으로 구성되지만, 재미있게도 뉴런 하나하나를 Excel의 셀 하나하나와 바꿀 수 있습니다. 즉, Excel의 워크시트를 들여다보면, 합성곱 신경망의 구조를 쉽게 파악할 수 있습니다. 이 책은 이 장점을 충분히 활용하면서 해설해 나갑니다.

세계 최강의 프로기사를 이긴 미국 Google의 '알파고'를 개발한 기술자 데미스 허사비스 씨는 다음과 같이 말했습니다.

"(AI의 개발은) 올바른 사다리를 오르기 시작했다."

허사비스 씨가 '올바른 사다리'라고 부른 것이 바로 딥러닝입니다. 이 책은 바로 그 딥러닝의 이해에 도움이 되기를 희망합니다.

마지막으로 이 책의 기획부터 출판에 이르기까지 일관되게 도움을 주신 기술평론 사의 와타나베 에츠시(渡邉悦司) 씨에게 이 자리를 빌어 감사의 인사를 전합니다.

2017년 12월 저자

역자 서문

바야흐로 인공지능의 시대입니다. 인공지능을 둘러싼 최근의 분위기는 역자가 컴퓨터 공학으로 전공을 시작한 이후 수 년 단위로 반복되어오던, 인공지능을 둘러싼 열기와는 차이가 있습니다. 공상과학 영화에나 등장하는, 인간처럼 사고하는 컴퓨터의 개발을 가능하게 할 것 같은 기대감으로 인공지능 분야에는 늘 많은 연구비와 연구 인력이 쏠리곤 했습니다. 그러나 기술적인 한계로 인해 좌절을 겪으면 금방 열기가 식다가 새로운 돌파구가 발견되면 또 다시 관심이 집중되는 현상을 반복했습니다.

그러나 지금의 분위기는 과거 인공지능의 유행과는 다소 차이가 있습니다. 인공지능의 암흑기에도 꾸준히 연구를 진행했던 신경망 관련 연구자들의 노력으로 기존 신경망의 장애를 극복할 수 있게 되었습니다. 신경망의 층이 깊어짐에 따라 학습이 잘 되지 않는 문제를 딥러닝으로 해결하게 된 것입니다. 물론 알고리즘 자체의 개발과 구현뿐만 아니라 실용적인 성능을 발휘할 수 있는 하드웨어 측면의 발전에도 도움을 받았지만, 드디어 애초 인공지능의 목표와 조금 가까워진 것이 사실입니다.

이 책의 주제인 딥러닝은 영상 및 음성인식, 자동차의 자율주행, 기계번역, 로봇, 빅 데이터 분석 등과 함께 4차 산업혁명의 핵심 기술이 되고 있습니다. 이제 딥러닝은 컴퓨터공학 전공자만의 전문 기술이 아니라 전공을 가리지 않고 다양한 분야에 적용될 수 있는 기술이 되었습니다. 딥러닝 자체가 꽤 어려운 이론에 바탕을 두고 있으며, 그 구현도 Tensorflow, Python, R, C++ 등의 전문 도구나 프로그래밍 언어를 통해 가능하기 때문에 딥러닝에 관심을 가지고 있는 많은 분들이 쉽게 접근하지 못하는 어려움이 있었습니다. 그러나 이 책은 딥러닝의 기본 개념을 의인화된 예와 Excel을 이용하여 놀라울 정도로 쉽게 설명하고 있습니다. 이 책을 통해 신경망의 기본 원리와 합성곱 신경망을 중심으로 하는 딥러닝의 기본 개념을 습득한 후, 보다 전문적인 자료를 통해 딥러닝을 활용하는 단계로 나갈 수 있을 것입니다.

이 책의 저자인 와쿠이 요시유키 씨와 와쿠이 사다미 씨는 전문적인 과학서적 저술가로 대중들에게 어려운 과학지식을 쉽게 전달하는데 탁월한 능력을 가진 분들입니다. 역자가 지난 겨울 일본을 방문했을 때, 서점에서 발견한 후 그 내용에 감탄하여 하루라도 빨리 번역 출간하고 싶었던 바람을 이룰 수 있게 도와주신 성안당 관계자 분들께 깊은 감사를 드립니다.

2018년 10월 역자

CONTENTS

이 책의 사용 방법

- 이 책은 딥러닝의 기본이 되는 합성곱 신경망의 구조를 Excel을 이용하여 이해하는 것을 목적으로 합니다. 수록된 워크시트는 Excel 2013, 2016에서 실행되는 것을 확인했습니다.
- 이 책은 합성곱 신경망의 구조를 이해하는 것을 목적으로 합니다. 따라서 그림을 많이 사용하고 구체적인 사례를 들어 해설합니다. 때문에 수학적인 엄밀성은 이차적인 것으로 두는 것을 양해해 주시기 바랍니다.
- 딥러닝의 세계는 여러 종류가 있지만 이 책은 계층형 신경망과 합성곱 신경망(CNN)을 이미지 인식에 응용하는 것을 염두에 두고 있습니다.
- 이 책은 '지도 학습(Supervised Learning)'만을 고려합니다. '비지도 학습(Unsupervised Learning)' '강화 학습(Reinforcement Learning)'은 입문편이 다루기에는 높은 수준이기 때문입니다.
- 활성화 함수는 시그모이드 함수를 주로 고려합니다.
- AI 문헌을 읽기 어려운 이유 중의 하나는, 문헌에 따라 기호 표현이 통일되지 않았기 때문입니다. 이 책에서는 웹 상의 문헌에서 가장 공통적으로 사용되는 기호 표현 방식을 따르기로 합니다.
- 이 책을 이해하기 위해서는 Excel의 기본적 지식을 전제로 합니다. 2장에서 Excel의 기본 지식을 확인하고 있으므로, 필요한 경우 이용하기 바랍니다.

Excel 샘플 파일 다운로드 방법

- 분문 중에 사용하는 Excel 샘플 파일을 다운로드하는 것이 가능합니다. 순서는 다음과 같습니다.

❶ (주)성안당 홈페이지(www.cyber.co.kr)에서 [도서몰]을 선택하신 뒤 회원 가입을 합니다.

❷ 로그인한 상태에서 [자료실]-[자료실 바로가기]를 선택합니다.

❸ 검색창에 '엑셀로 배우는 딥러닝'을 입력한 다음 Enter 키 또는 [검색] 버튼 클릭으로 나오는 도서 목록에서 선택 가능합니다.

❹ 해당 도서 선택 후 [자료 다운로드 바로가기] 버튼을 클릭하여 다운로드합니다.

- **샘플 파일의 내용**

항목명	페이지	파일명	개요
2장의 내용을 Excel로 체험	P.17 ~	2.xlsx	기본적인 함수와 해 찾기 사용 방법을 확인
3장의 내용을 Excel로 체험	P.39 ~	3.xlsx	뉴런의 계산을 체험
4장의 내용을 Excel로 체험	P.59 ~	4.xlsx	신경망의 구조를 설명
5장의 내용을 Excel로 체험	P.111 ~	5.xlsx	합성곱 신경망의 구조를 설명

- 이 책은 Excel 2013, Excel 2016을 기준으로 집필되었습니다. 다른 버전에서 실행하여 검증하지는 않았습니다.
- 다운로드 파일의 내용은 예고 없이 변경될 수 있습니다.
- 파일 내용의 변경이나 개선은 자유이지만, 별도의 지원은 하지 않습니다.

Chapter

01

딥러닝의 시작

인공지능(AI) 분야에서 근래 가장 화제를 모으고 있는 것이 딥러닝(심층 학습)입니다. 딥러닝은 매일같이 매스컴에서 다루어지고 있습니다. 이 장에서는 딥러닝의 기본이 되는 신경망과 합성곱 신경망이 어떠한 것인가, 또한 수학이 어떻게 관련되는가를 전체적으로 알아보도록 합니다.

§ 01 간단한 합성곱 신경망의 구조

근래에 인공지능(AI)이라는 용어가 언론에 오르내리고 있습니다. 그 AI의 실현 수단 중의 하나가 '**딥러닝**'인 것입니다. 딥러닝이라는 것이 어떤 것인지 살펴보도록 하겠습니다.

다음 그림은 숫자 1과 2를 나타냅니다. 우리 인간은 숫자 1과 2라고 바로 알 수 있습니다.

그러나 사람이 당연하다고 생각하는 판단을 기계에게 시키려고 생각하면 매우 어려운 문제입니다. 각 숫자의 크기도 필적도 진하기도 다양하기 때문입니다. 이러한 단순한 문제라고 하더라도, 실제 사용되는 형태를 자동적으로 식별할 수 있게 하려면 난감할 것입니다.

실제로 20세기까지는 문자와 도형을 식별할 수 있는 이론이 성공적으로 완성되지 않았습니다. 그 이유는 컴퓨터에게 가르쳐준다는 논리를 택했기 때문입니다. 예를 들면, 필기체 숫자 '2'를 컴퓨터가 인식하게 만들 때, 20세기의 이론은 "'2'라는 것은 이러한 특징을 가진 것"이라고 가르쳐주려고 했던 것입니다.

그러나 '가르쳐 주는 것'은 현실적으로 매우 복잡합니다. 앞에서도 언급했듯이, 글자의 형태가 너무나도 다양하기 때문입니다.

그런데 20세기 말 경이 되자 획기적인 방법이 개발되었습니다. **신경망**이라고 부르는 알고리즘이 바로 그것입니다. 동물의 신경세포를 흉내 낸 인공 뉴런을 여러 겹 쌓아 네트워크를 만들고 그 네트워크에 많은 숫자를 읽혀서 스스로 학습시키는 것입니다.

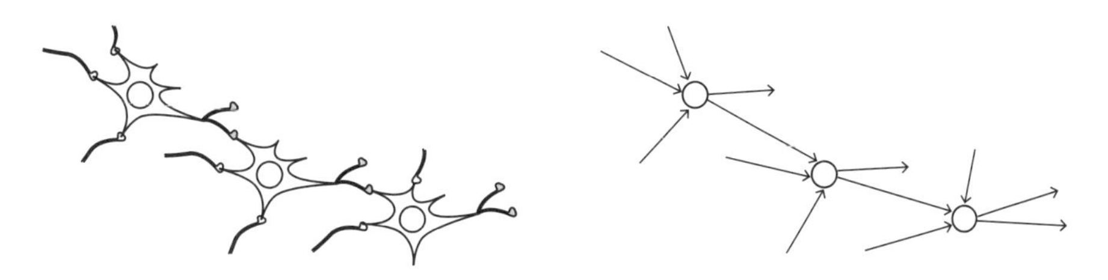

▲ 동물의 뉴런(왼쪽)을 흉내낸 인공 뉴런(오른쪽)을 네트워크 상태로 연결한 것이 신경망

이 방법은 20세기형 패턴인식을 위한 이론에 비해 큰 성공을 거두게 되었습니다. 특히 신경망을 여러 층으로 구조화한 **합성곱 신경망**이라고 부르는 기법을 이용하면, 사람과 고양이조차도 사진과 영상 속에서 인식할 수 있게 된 것입니다. **딥러닝**이라는 것은 이러한 구조로 실현된 AI(인공지능)인 것입니다. 딥러닝은 **심층 학습**이라고 번역되기도 합니다.

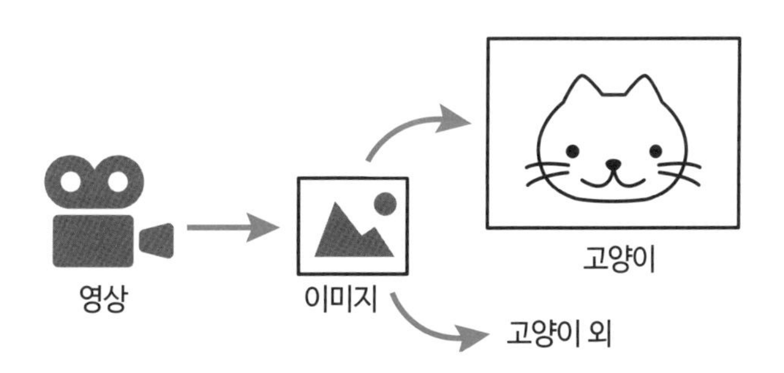

그런데 '스스로 학습'이라고 하면 어렵게 들리겠지만, 신경망은 수학적으로 매우 간단한 이론입니다. 번거로운 계산 부분을 Excel에 맡기면, 기본적인 구조는 중등수학 정도의 이론으로도 이해할 수 있습니다. Excel의 하나의 셀을 하나의 뉴런으로 볼 수 있기 때문입니다.

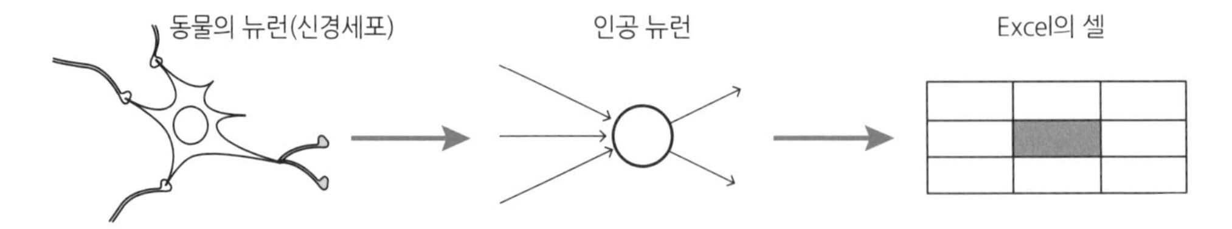

▲ Excel의 셀은 인공 뉴런의 기능을 한다.

구조가 단순하다는 것은 매우 다행스러운 일입니다. 이것으로부터 인공지능이 친숙해질 것으로 예상할 수 있기 때문입니다. 친숙한 것들의 구조를 알 수 있으면, 사용하기는 그 만큼 안전합니다. 구조를 알아야 바르게 사용할 가능성이 있기 때문입니다.

예를 들어, 언론보도에는 다음과 같은 자극적 타이틀이 드문드문 보이기도 합니다.

"인공지능 때문에 사람들은 실직을 한다"

"인공지능이 인간을 지배한다"

"인공지능이 소설을 쓴다"

그러나 인공지능의 구조를 이해할 수 있으면, 객관적 판단이 가능하게 될 것입니다. 쓸데없는 걱정으로부터 해방되어, 자극적 타이틀에 춤추지 않게 될 것입니다.

그런데 딥러닝의 기본은 '합성곱 신경망'이고, 합성곱 신경망의 아이디어는 "동물의 뇌를 모방한 것으로부터 생겨났다."라고 기술됩니다. 그렇다면 거꾸로 딥러닝을 배우는 것으로 동물의 뇌, 그리고 사람의 뇌를 어느 정도 이해할 수 있을 것입니다.

예를 들면, "단순한 신경세포(뉴런)가 네트워크를 구성하게 되면, 어떻게 '지능'이 생길까?"라는 어려운 문제에 대해서, 합성곱 신경망은 해결의 실마리를 제공할 수 있을지도 모릅니다.

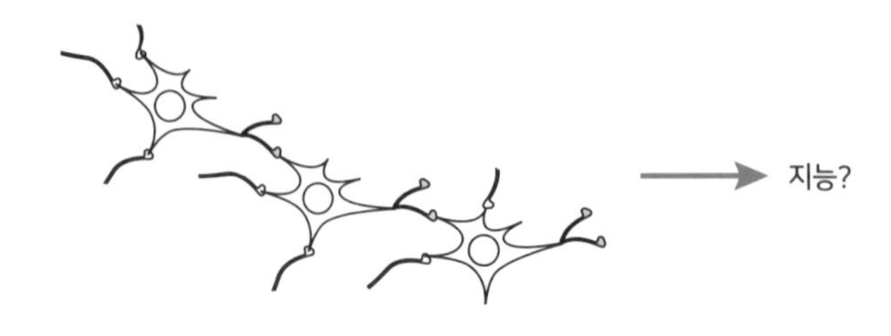

또한 '열쇠 자극'이라고 하는 것으로, 동물에게는 본능적인 행동을 일으키는 특정 자극이 존재합니다. 합성곱 신경망은 어떻게 그와 같은 자극이 일어나는가에 대한 하나의 해결책을 제공할 것입니다.

예를 들면, 주꾸미라는 문어 친구는 락교를 보면 달려들기 때문에 락교를 가짜 먹이로 하는 주꾸미 낚시를 즐길 수 있습니다. 그러나 어떻게 해서 주꾸미가 락교에 반응하는 것일까요? 이 책에서 다루는 합성곱 신경망의 구조를 알면, 그 이해의 실마리를 파악할 수 있을지도 모릅니다.

◀ 주꾸미는 락교를 보면 달려든다. 그 구조를 합성곱 신경망으로 알 수 있을지도 모른다.

게다가 또한 동물의 뇌 중에 하나의 뉴런이 파괴되더라도 전체로는 큰 영향을 나타내지 않는다는 특성이 있습니다. 그렇지 않으면, 동물의 생명 유지는 불가능할 것입니다. 이것은 컴퓨터 세계와 크게 다릅니다. 컴퓨터의 경우에, 그 CPU의 배선 1줄이 끊어져도 큰 일이 일어납니다. 이와 같은 동물과 컴퓨터의 차이도 이 책에서 알아보는 합성곱 신경망을 이해하는 것으로 납득이 가게 될지도 모릅니다.

이상에서 알아본 것처럼, 합성곱 신경망의 이해는 여러 가지 응용과 발전의 가능성을 내포하고 있습니다. Excel이라는 편리한 도구를 이용하여 이러한 세계에 들어가 보도록 합시다.

Memo 딥러닝의 탄생

2006년 토론토 대학 힌튼(Hinton) 교수가 발표한 논문이 발단이 되었습니다. 그 후 그 이론을 이용하여 개발된 소프트웨어가 이미지인식대회(ILSVRC)에서 우승하고(2012년), 각광을 받게 되었습니다.

§ 02 AI와 딥러닝

AI(인공지능)라는 용어가 범람하고 있지만, AI라는 것이 무엇인가에 관한 합의는 좀처럼 이루어지지 않는 것 같습니다. 따라서 딥러닝을 이해하기 위해서 역사를 조금 뒤돌아보기로 합시다.

■ AI의 정의가 분명하지 않다

이전부터 'AI 밥솥'이라고 하듯이, AI를 붙인 상품이 판매되어 왔습니다. 그러나 'AI'라는 것이 무엇인가에 관해서는 통일된 정의가 이루어지지 않았기 때문에, 다음과 같은 극단적인 견해까지 생겼습니다.

"기계가 한 번이라도 판단을 하면, 그것을 AI라고 부른다."

이렇게 인정하면, 예를 들어 "더우면 스위치를 켠다"라는 단순한 에어콘도 'AI 탑재 에어콘'이라는 것이 되어 버립니다.

현재 매스컴과 경제계에 오르내리고 있는 AI는 '딥러닝'이라고 부르는 알고리즘을 이용한 것입니다. 금세기에 있어서 그 딥러닝이 거둔 눈부신 성과를 소개하겠습니다.

연도	성과
2012년	세계적인 이미지인식대회 ILSVRC에서 딥러닝 기법을 이용한 팀이 압승
2012년	Google이 개발한 딥러닝 기법을 이용한 AI가 유튜브 영상에서 고양이를 인식
2014년	Apple 사는 Siri의 음성인식을 딥러닝 기법을 시스템으로 변경
2016년	Google이 개발한 딥러닝 기법을 이용한 AI '알파고'가 이세돌 기사와 승부를 겨루어 승리를 거둠
2016년	AUDI와 BMW에서 자동차의 자율주행에 딥러닝 기법을 이용

이 표에 제시하는 것처럼, 딥러닝은 인공지능(AI) 분야에서 큰 성공을 거두었습니다. 정의가 통일되지 않은 AI이지만, 그 하나의 구현 수단인 딥러닝은 확실한 성과를 거두었습니다.

■ AI에도 붐이 있다

모든 분야가 그렇듯이, AI도 붐이 있습니다. 그것을 정리해 봅시다.

공상이 아닌 현실로서의 인공지능(AI)은 1950년대부터 연구가 시작되었습니다. 그것은 컴퓨터 개발의 역사와 중복되며, 다음의 세 가지 붐으로 나누어집니다.

세대	연대	주요 용어	주된 응용 분야
제1세대	1950 ~ 1970	논리	퍼즐 등
제2세대	1980년대	지식	로봇, 자동 번역
제3세대	2010년 ~	데이터	패턴 인식, 음성 처리

제2세대에는 일본이 주도권을 쥐고 있었습니다. 대표적인 것은 **전문가 시스템**이라고 부르는, 다양한 분야의 전문가의 지식을 가르친 타입의 AI입니다. 그 결과로 일본의 산업용 로봇이 세계를 석권하게 되었습니다.

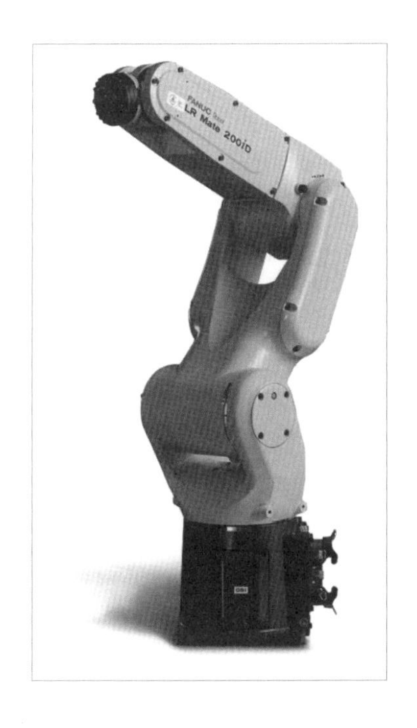

◀ 산업용 로봇

이 로봇 중 대부분은 사람이 가르쳐주는 타입의 인공지능을 이용하고 있다. 각 방면의 전문가의 기술까지 습득한 로봇도 많다. 이와 같은 AI를 전문가 시스템이라고 부른다.

이 책의 주제가 되는 제3세대는 표에도 나타냈지만, 데이터가 주역이 됩니다. 앞에서도 언급한 것처럼, 딥러닝은 스스로 학습하는 논리를 채택하였습니다. 따라서 논리가 아닌 대량의 데이터가 필요한 것입니다. IoT와 빅 데이터 등 시대를 대표하는 용어와 함께 AI가 화제가 되는 것은 이 때문입니다.

■ AI 연구의 밝은 미래

딥러닝은 AI(인공지능)를 실현하기 위한 하나의 커다란 발걸음입니다. 머리말에서도 언급한 것처럼, 미국 Google의 인공지능 '알파고'의 창시자인 데미스 허사비스씨는 "딥러닝과 강화 학습(Reinforcement Learning)의 두 가지 기술은 확실히 지능 연구를 개척했다."라고 선언했습니다. 그리고 "올바른 사다리를 오르기 시작했다."며 자신감을 나타냈습니다. 실제로 앞 페이지(14페이지)에 나타낸 것과 같은 딥러닝이 달성한 위업을 보면, 그것이 꿈같은 이야기는 아니라는 생각이 듭니다. 이 책에서 다루는 딥러닝의 기본은 그 첫 발걸음에 지나지 않지만, 크게 발전할 가능성을 가지고 있습니다.

Memo AI라는 이름을 지은 사람?

1956년 미국 뉴 햄프셔 주에 있는 다트머스대학에서 개최된 다트머스 회의에서 'Artificial Intelligence(인공지능)'라는 용어가 처음 제창되었습니다. 그 회의의 멤버였던 존 매커시가 제안한 용어입니다. 매커시는 '인공지능의 아버지'라고 부르는 컴퓨터 과학자입니다. 그 밖에 인공지능이라는 용어는 아니지만, 동일한 개념은 1947년 '컴퓨터 과학의 아버지'라고 부르는 앨런 튜링에 의해 제창되었습니다.

Chapter

02

Excel의 확인과 응용

신경망과 합성곱 신경망에서 필요한 Excel의 지식은 매우 기초적 수준이므로, 많은 독자들이 이미 알고 있을 것으로 생각됩니다. 그러나 그 기초적 지식이 없으면 앞으로 나갈 수 없기 때문에, 노파심에서 이 장에서는 일단 그 지식을 확인하도록 하겠습니다.

또한 이에 관련된 데이터 분석의 기본이 되는 회귀분석 방법을 알아보겠습니다.

§ 01 이용하는 Excel 함수는 단 7개

이 책에서 신경망과 합성곱 신경망을 해설할 때 이용되는 함수는 매우 적습니다. 모두 유명한 함수라서 해설이 필요 없을 지도 모르지만, 일단 확인해보도록 하겠습니다.

■ 이용하는 Excel 함수는 7개

다음 7개의 함수를 사용하면, 신경망과 합성곱 신경망을 간단하게 구축할 수 있습니다.

함수	의미	이용 사례
SUM	셀 범위 수치들의 합을 계산한다.	목적함수의 계산
SUMPRODUCT	두 개의 지정된 범위에 있는 수치들을 서로 곱하고 그 합을 계산한다.	입력의 선형합
SUMXMY2	두 개의 지정된 범위에 있는 수치들의 차를 제곱하고 그 합을 계산한다.	제곱오차의 산출
EXP	지수함수의 값을 계산한다.	시그모이드 함수
MAX	지정된 범위의 최댓값을 구한다.	MAX 풀링, ReLU
RAND	0 이상 1 이하의 난수를 발생한다.	초깃값 설정
IF	대소를 판정한다.	이미지의 판정

이 표 중에서 뒤에 설명하는 '입력의 선형합'의 계산에 편리한 SUMPRODUCT 함수, 최적화 문제를 풀 때 편리한 SUMXMY2 함수(Sum of $(X-Y)^2$), 그리고 EXP 함수의 사용 방법은 다음의 **예** 로 확인합니다.

> 주 이후부터 나오는 예의 워크시트는 다운로드 서비스(8페이지)에 있는 파일 '2.xlsx' 중의 '1_예1' '1_예2' '1_예3' 탭에 있습니다.

예 1 $(x, y) = (0.9, 0.1)$, $(a, b) = (0.8, 0.3)$이라고 합시다. 이 때 다음과 같이 수치들의 곱의 합 S를 SUMPRODUCT 함수를 이용하여 구해봅시다.

$$S = ax + by$$

B3 | =SUMPRODUCT(B1:B2,D1:D2)

	A	B	C	D	E	F
1	x	0.9	a	0.8		
2	y	0.1	b	0.3		
3	S	0.75				

예 2 **예 1**과 마찬가지로 $(x, y) = (0.9, 0.1)$, $(a, b) = (0.8, 0.3)$이라고 할 때, 다음과 같이 수치들의 차의 제곱합 Q를 SUMXMY2 함수를 이용하여 구해봅시다.

$$Q = (x - a)^2 + (y - b)^2$$

B3 | =SUMXMY2(B1:B2,D1:D2)

	A	B	C	D	E	F
1	x	0.9	a	0.8		
2	y	0.1	b	0.3		
3	Q	0.05				

예 3 EXP 함수를 이용하여 시그모이드 함수를 작성해 봅시다. 시그모이그 함수 $\sigma(x)$는 아래 기술하는 것처럼, 지수함수 e^x로부터 다음과 같이 얻어집니다.

$$\sigma(x) = \frac{1}{1 + e^{-x}} \quad \cdots (1)$$

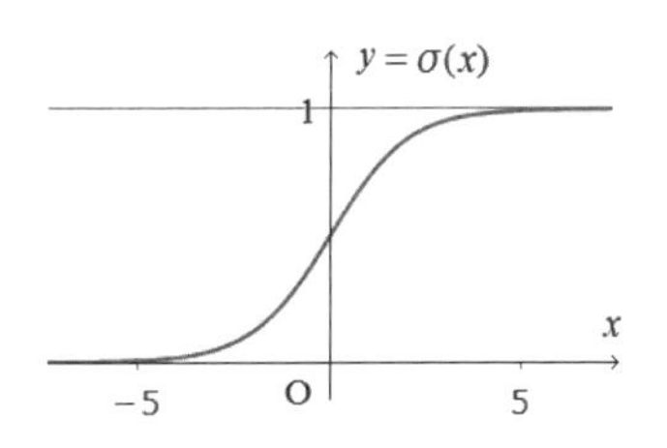

여기에서 e는 네피어 수라고 부르는 것으로, 다음과 같은 근사값을 가집니다.

$$e \fallingdotseq 2.71828$$

EXP 함수는 지수함수 e^x의 값을 구하기 위한 함수입니다. 식 (1)에 따라 시그모이드 함수는 다음과 같이 표현할 수 있습니다.

B2 | =1/(1+EXP(-A2))

	A	B	C	D	E
1	x	σ(x)			
2	1	0.73106			

§ 02 Excel의 참조 형식

스프레드시트를 사용하기 위해 필수적인 지식이 '셀 참조 방법'입니다. 그 방법은 세 가지 종류로, 모두 Excel로 신경망을 구현할 때 많이 사용됩니다.

주 이 절의 각 워크시트 예는 다운로드 사이트(8페이지)에 있는 파일 '2.xlsx' 중의 '2_예1' '2_예2' '2_예3' 탭에 있습니다.

■ 셀 참조

스프레드시트에서 계산식은 셀 주소로 구성되는 것이 보통입니다. 이와 같이 셀 주소를 이용하는 것이 **셀 참조**이지만, 그 방법은 상대참조, 절대참조, 복합참조 세 가지가 있습니다. 이 방법 간의 차이를 마스터하는 것이 필요합니다.

■ 상대참조

스프레드시트의 표준적인 셀 참조는 **상대참조**입니다. 어느 셀에 작성된 계산식을 다른 셀로 복사하면, 그 상대적인 이동만큼 계산식의 주소가 갱신됩니다. 다음 예로 확인해 봅시다.

예 1 다음과 같이 사원 3명의 신장과 체중 기록이 있습니다. 이 사람들의 체질량 지수 (BMI) = (체중 kg ÷ (신장 m)^2)를 구해봅시다.

먼저 첫 번째 사원의 BMI 계산식을 셀 D2에 입력합니다.

D2 =C2/(B2^2)

	A	B	C	D	E
1	사원번호	신장(m)	체중(kg)	BMI	
2	1	1.75	64	20.9	
3	2	1.64	59		
4	3	1.67	71		

다음으로 셀 D2에 입력한 계산식을 D3:D4에 복사합니다. 다음 그림과 같이 Excel은 자동적으로 참조 주소를 갱신합니다. 이것이 상대참조를 이용할 때의 이점입니다.

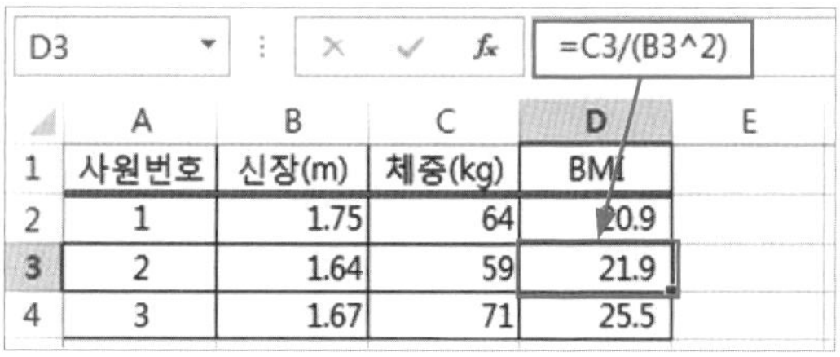

D3 =C3/(B3^2)

	A	B	C	D	E
1	사원번호	신장(m)	체중(kg)	BMI	
2	1	1.75	64	20.9	
3	2	1.64	59	21.9	
4	3	1.67	71	25.5	

■ 절대참조

어느 셀에 작성된 계산식을 다른 셀에 복사할 때, 계산식의 주소를 갱신하지 않는 참조법이 **절대참조**입니다. 참조하는 셀 주소에 $를 붙입니다.

예 2 자산관리회사가 관리하는 3명의 고객 A, B, C의 자산액을 달러로 환산해 봅시다. 처음에는 다음과 같이, 고객 A의 달러 자산 계산식을 입력합니다. 달러/원 비율이 $B$1이라고 셀 주소를 절대참조하는 것에 유의하기 바랍니다.

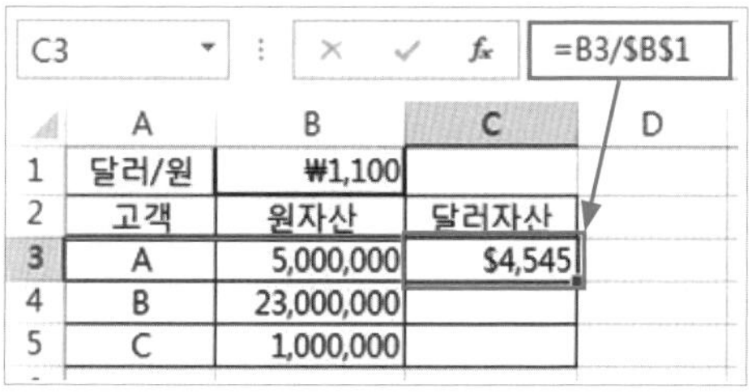

C3 =B3/$B$1

	A	B	C	D
1	달러/원	₩1,100		
2	고객	원자산	달러자산	
3	A	5,000,000	$4,545	
4	B	23,000,000		
5	C	1,000,000		

다음으로 셀 C3을 C4:C5에 복사합니다. 아래 그림에 나타낸 것처럼, 달러/원 비율의 셀 주소는 고정되어 있습니다.

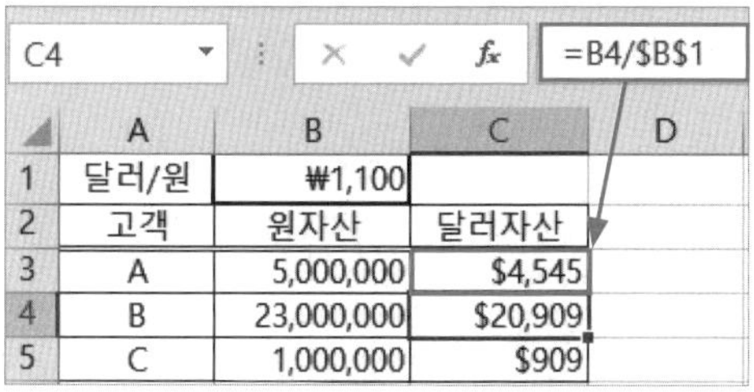

C4 =B4/$B$1

	A	B	C	D
1	달러/원	₩1,100		
2	고객	원자산	달러자산	
3	A	5,000,000	$4,545	
4	B	23,000,000	$20,909	
5	C	1,000,000	$909	

이와 같이 정수처럼 각 셀의 수식에 공통인 값을 가지고 있는 셀은 절대참조하는 것이 필요합니다.

■ 복합참조

식의 표현에 상대참조와 절대참조를 섞은 참조법이 **복합참조**입니다. 참조하는 셀의 행 또는 열의 주소 한 쪽에 $를 붙입니다. 이 참조법을 이용하여 '구구단 계산표'를 작성해 봅시다.

예 3 표의 위쪽과 왼쪽 숫자들의 곱을 구하여 '구구단 계산표'를 완성해 봅시다.

처음에 아래 그림처럼 1×1을 작성합니다.다음에 이 셀의 함수를 아래 그림처럼 표 전체에 복사합니다.

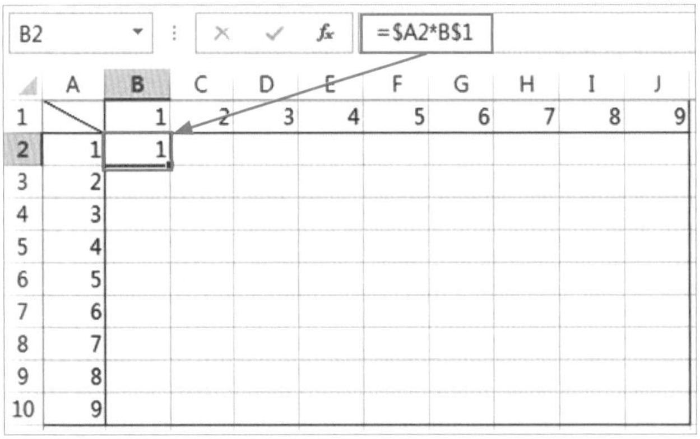

B2 =$A2*B$1

	A	B	C	D	E	F	G	H	I	J
1		1	2	3	4	5	6	7	8	9
2	1	1								
3	2									
4	3									
5	4									
6	5									
7	6									
8	7									
9	8									
10	9									

다음에 이 셀의 함수를 아래 그림처럼 표 전체에 복사합니다.

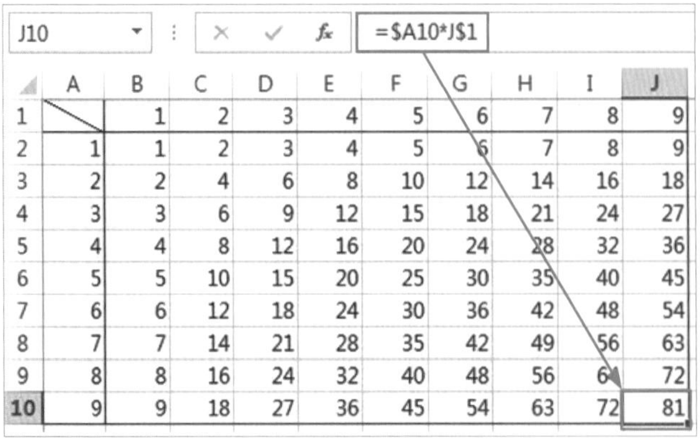

J10 =$A10*J$1

	A	B	C	D	E	F	G	H	I	J
1		1	2	3	4	5	6	7	8	9
2	1	1	2	3	4	5	6	7	8	9
3	2	2	4	6	8	10	12	14	16	18
4	3	3	6	9	12	15	18	21	24	27
5	4	4	8	12	16	20	24	28	32	36
6	5	5	10	15	20	25	30	35	40	45
7	6	6	12	18	24	30	36	42	48	54
8	7	7	14	21	28	35	42	49	56	63
9	8	8	16	24	32	40	48	56	64	72
10	9	9	18	27	36	45	54	63	72	81

$를 붙이지 않은 행 또는 열의 주소가 갱신되고, $를 붙인 행 또는 열의 주소는 갱신되지 않는 것에 유의하기 바랍니다.

§ 03 Excel 해 찾기 사용 방법

다음 절에서 설명하는 것처럼, 데이터 분석을 위해 작성한 수학 모델에 포함된 매개변수를 결정하는데 매우 편리한 도구가 Excel에 포함된 **해 찾기**입니다. 이 해 찾기 사용 방법을 간단한 예로 확인해 봅시다.

주 해 찾기는 Excel의 추가 기능이므로, 초기 상태에서 설치되지 않은 경우가 있습니다. 그 때에는 책 뒤의 부록 C(→ 201페이지)를 참조하기 바랍니다.

해 찾기를 사용해 보자

예제를 이용하여, Excel 해 찾기 이용법을 알아봅니다.

예제 1 **함수 $y = 3x^2 + 1$의 최솟값을 구하는 문제를 Excel의 해 찾기를 이용해 풀어봅시다.**

주 이 워크시트는 다운로드 사이트(→ 8페이지)에 있는 파일 '2.xlsx' 중의 '3_예제' 탭에 있습니다.

풀이 해답이 "$x = 0$일 때, y의 최솟값은 1"이라는 것은 분명한 사실입니다. 그것을 해 찾기를 이용하여 구합니다. 이를 위해 다음 단계를 따라가 봅시다.

❶ 주어진 x에 대한 함수 y의 식을 입력합니다. 그리고 x에 적당한 초깃값을 설정합니다(여기에서는 5를 입력했지만, 특별한 의미가 있는 것은 아닙니다).

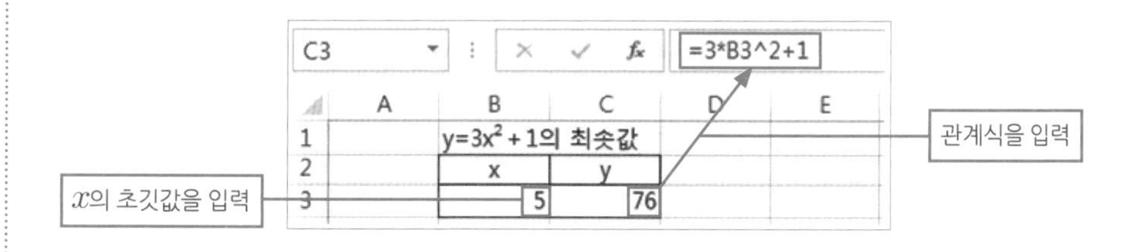

❷ 해 찾기를 실행하기 위해, '데이터' 메뉴에 있는 '해 찾기' 항목을 선택합니다.

주 해 찾기가 설치되지 않았으면, 이 항목은 나타나지 않습니다(→ 부록 C)

여기에서 다음과 같이 설정합니다.

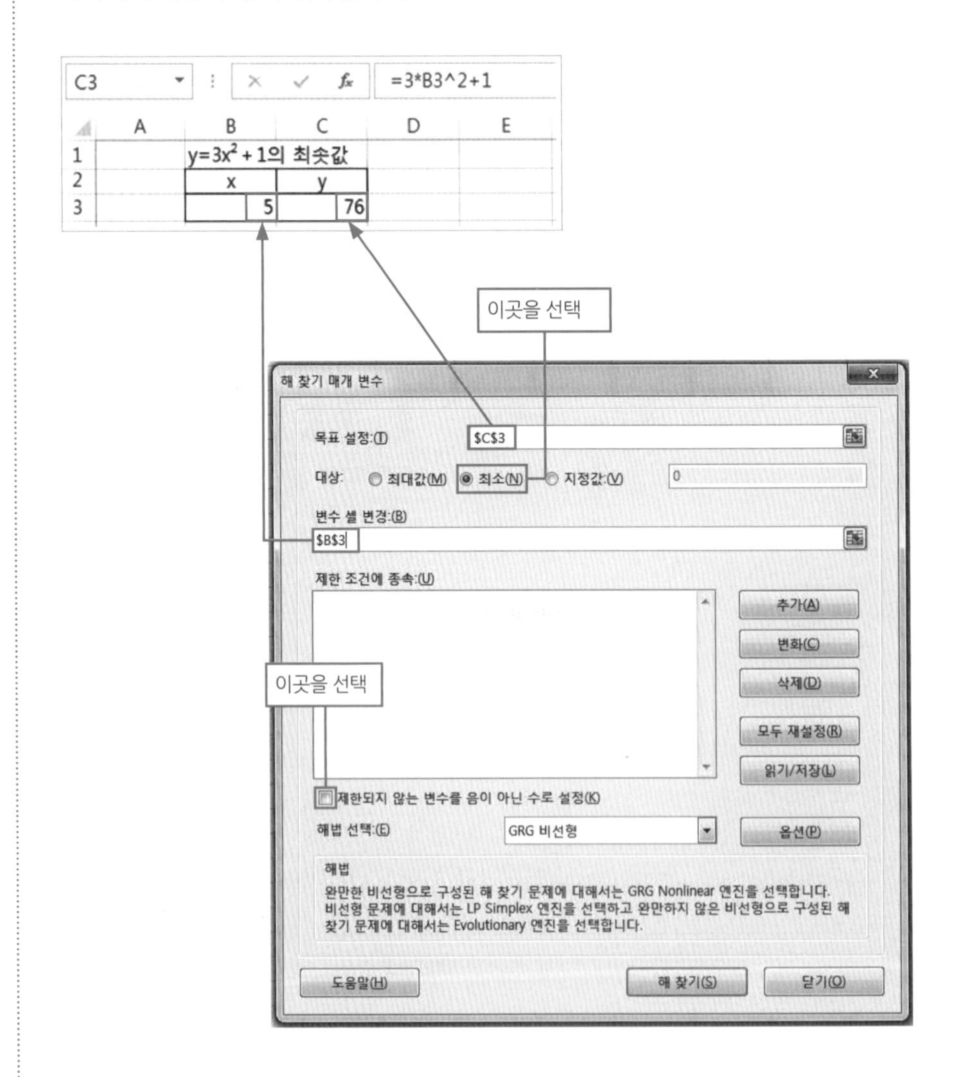

❸ 해 찾기의 '해 찾기(S)' 버튼을 클릭하여 실행합니다. 해 찾기가 최솟값을 구하면 다음 메시지가 나타납니다.

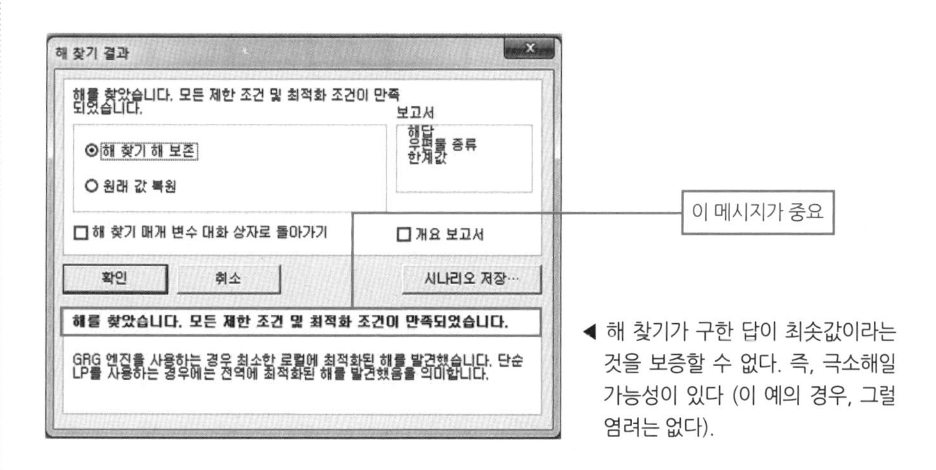

◀ 해 찾기가 구한 답이 최솟값이라는 것을 보증할 수 없다. 즉, 극소해일 가능성이 있다 (이 예의 경우, 그럴 염려는 없다).

'확인' 버튼을 클릭하면 완료됩니다.

	A	B	C	D
1		y=3x²+1의 최솟값		
2		x	y	
3		0	1	

◀ 해 찾기의 계산 결과

이렇게 해서 앞에서 기술한 "$x=0$일 때, y의 최솟값은 1"이 구해집니다.

Memo 해 찾기로 구한 '최솟값'은 극소해

함수 $y=f(x)$의 그래프를 오른쪽 그림과 같다고 합시다. 이 때 x의 초깃값으로 그림에 나타낸 점 A의 좌표가 주어지면, 해 찾기는 극솟값을 구하게 됩니다. 해 찾기는 조금씩 변수를 이동해가면서 작은 값을 찾아나가기 때문입니다. 이와 같은 해를 **극소해**라고 합니다.

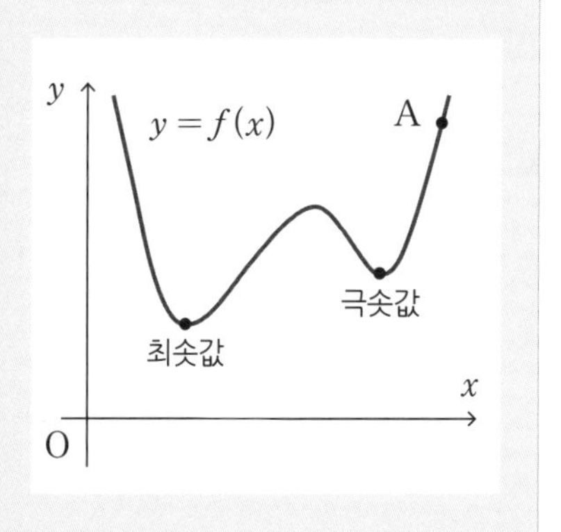

해 찾기를 이용할 때, 이 극소해의 존재에 충분히 주의할 필요가 있습니다. 이를 피하기 위해서는 초깃값을 다양하게 변화시키고, 함수의 그래프 모양을 어느 정도 예측하는 등의 번거로운 작업이 필요합니다.

§ 04 회귀분석과 최적화 문제

데이터 분석을 이해하기에는 '회귀분석'이 가장 적합합니다. 모든 모델의 시작이 여기에 있기 때문입니다. 데이터 분석의 정석을 알아보면서, Excel의 해 찾기 사용법을 복습해 봅시다.

■ 데이터를 담는 변수와 모델을 결정하는 매개변수

데이터를 분석하기 위해서는 수학 모델을 작성합니다. 이 모델은 데이터를 담기 위한 변수와 구조를 결정하기 위한 **매개변수**로 설정이 되며, 이 매개변수를 결정하는 것이 **최적화**라고 부르는 수학적 기법입니다.

이 책에서 다루는 신경망의 결정은 수학적으로 말하면, 최적화 문제의 하나입니다. 신경망을 규정하는 매개변수(즉, 가중치와 바이어스)를 실제의 데이터에 일치하도록 적합시키는 문제인 것입니다.

이 최적화 문제를 이해하기 위해 가장 알기 쉬운 예제가 **회귀분석**입니다. 간단한 회귀분석을 이용해서 이 최적화 문제의 구조를 알아봅시다. 이것을 이해하면, 신경망과 합성곱 신경망을 결정하는 방법을 모두 이해할 수 있습니다.

■ 회귀분석이란

복수의 변수로 구성되는 자료에 대해서, 특정한 한 가지 변수에 주목하여 나머지 변수로 설명하는 기법을 **회귀분석**이라고 합니다. 회귀분석에는 여러 종류가 있지만, 기본적인 사고방식을 알기 위해 가장 간단한 '선형 단순회귀분석'이라고 부르는 분석 방법을 알아보도록 합시다.

'선형 단순회귀분석'이라는 것은 두 변수로 구성되는 자료를 대상으로 합니다. 지금 아래와 같이, 두 변수의 자료와 그 산점도가 주어졌다고 합시다.

(회귀분석이라는 데이터 분석 모델에서, 이러한 두 변수가 앞에 제시한 '데이터를 담는 변수'의 역할을 담당합니다.)

개체명	x	y
1	x_1	y_1
2	x_2	y_1
3	x_3	y_1
…	…	…
n	x_n	y_n

▲ 자료

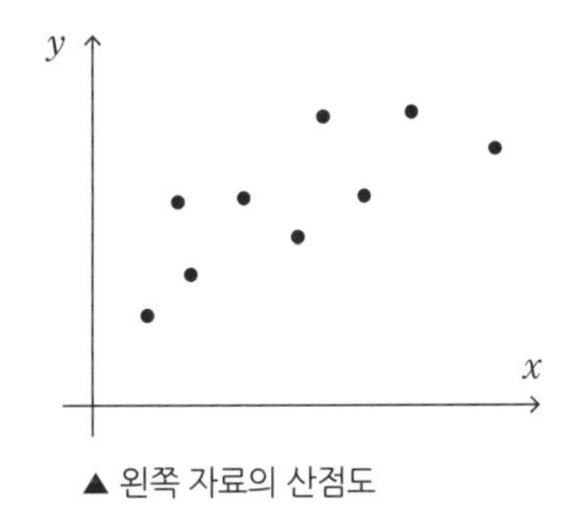

▲ 왼쪽 자료의 산점도

'선형 단순회귀분석'은 위에 나타낸 산점도 상의 점들을 대표하는 직선과 그 직선에서 두 변수 사이의 관계를 살펴보는 분석 기술입니다. 점들을 대표하는 이 직선을 **회귀직선**이라고 부릅니다.

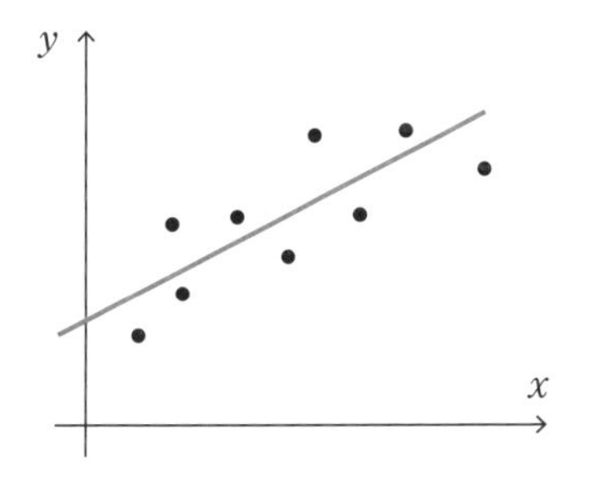

◀ 회귀직선. 이 직선의 식으로부터, 두 변수 사이의 관계를 조사하는 분석 기술이 선형 단순회귀분석

회귀직선은 다음과 같이 1차식으로 표현됩니다.

$$y = px + q \ (p, q\text{는 정수}) \cdots (1)$$

이것을 **회귀방정식**이라고 부릅니다.

x, y는 데이터의 실제 값을 입력하기 위한 변수로, 우변의 x를 **설명변수**, 좌변의 y를 **목적변수**라고 합니다. 정수 p, q는 회귀분석 모델을 정하는 매개변수로, 주어진 데이터에 적합시키기 위해 결정됩니다.

주 p를 **회귀계수**, q를 **절편**이라고 부릅니다.

■ 구체적인 예로 회귀분석의 논리를 이해

다음의 구체적인 예로 회귀방정식 (1)을 어떻게 결정하는가 알아봅시다. 그 결정법은 뒤에 알아보는 신경망과 합성곱 신경망의 결정법과 동일합니다.

예제 1 **다음 자료는 고등학교 3학년 여학생 7명의 신장과 체중 자료입니다. 이 자료로부터 체중 y를 목적변수, 신장 x를 설명변수로 하는 회귀방정식 $y = px + q$ (p, q는 정수)를 구해봅시다.**

번호	신장 x	체중 y
1	153.3	45.5
2	164.9	56.0
3	168.1	55.0
4	151.5	52.8
5	157.8	55.6
6	156.7	50.8
7	161.1	56.4

◀ 학생 7명의 신장과 체중 자료

주 이 워크시트는 다운로드 사이트(8페이지)에 있는 파일 '2.xlsx' 중의 '4_예제1' 탭에 있습니다.

풀이 구하는 회귀방정식을 다음과 같이 둡니다.

$y = px + q$ (p, q는 정수) ⋯ (2)

k번째 학생의 신장을 x_k, 체중을 y_k로 표기합시다. 그러면 회귀분석이 예측하는 이 학생의 체중(**예측값**이라고 합니다)은 다음과 같이 구해집니다.

예측값 : $px_k + q$

이 예측값을 표로 나타내 봅시다.

번호	신장 x	체중 y	예측값 $px + q$
1	153.3	45.5	$153.3p + q$
2	164.9	56.0	$164.9p + q$
3	168.1	55.0	$168.1p + q$
4	151.5	52.8	$151.5p + q$
5	157.8	55.6	$157.8p + q$
6	156.7	50.8	$156.7p + q$
7	161.1	56.4	$161.1p + q$

◀ 체중 y의 실측값과 예측값. 수학적인 최적화를 고려할 때, 실측값과 예측값의 차이를 이해하는 것이 중요하다.

실제의 체중 y_k와 예측값과의 오차 e_k는 다음과 같이 산출됩니다

$$e_k = y_k - (px_k + q) \cdots (3)$$

주 e는 error의 머리글자

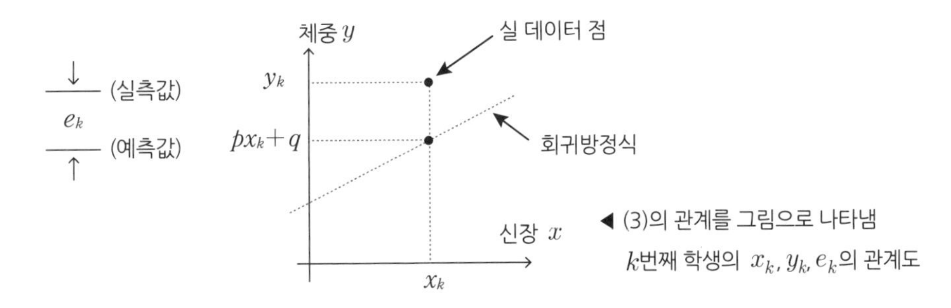

◀ (3)의 관계를 그림으로 나타냄
k번째 학생의 x_k, y_k, e_k의 관계도

이 e_k의 값은 양수가 되기도 하고 음수가 되기도 하고, 데이터 전체에 대해 모두 더하면 서로 소거되어 버립니다. 따라서 다음의 값 Q_k를 생각합니다. 이것을 k번째 자료의 **제곱오차**라고 부릅니다.

$$Q_k = (e_k)^2 = \{y_k - (px_k + q)\}^2 \cdots (4)$$

주 문헌에 따라 식 (4)의 우변에는 다양한 정수 계수를 붙입니다. 그러나 분석결과는 모두 동일합니다.

이 제곱오차를 데이터 전체에 대해 모두 더해봅시다. 그것은 데이터 전체의 '오차의 총합'으로 Q_T라고 하면, 다음과 같이 나타낼 수 있습니다.

$$Q_T = Q_1 + Q_2 + \cdots + Q_7 \cdots (5)$$

앞의 표와 식 (4)에 대입하면, 오차의 총합 Q_T는 p, q의 식으로 다음과 같이 나타낼 수 있습니다.

$$\begin{aligned} Q_T = & \{45.5 - (153.3p + q)\}^2 + \{56.0 - (164.9p + q)\}^2 \\ & + \cdots + \{50.8 - (156.7p + q)\}^2 + \{56.4 - (161.1p + q)\}^2 \end{aligned} \cdots (6)$$

이 오차의 총합 (5)(즉, (6))를 **목적함수**라고 합니다. 최소화의 목적이 되는 함수이기 때문입니다. 이 때 주의해야 할 점은 이 함수가 매개변수 p, q의 함수가 된다는 것입니다. 데이터 x, y에 대해서 p, q는 정수이지만, 최적화를 할 때에는 변수가 되는 것입니다.

그런데 목표는 정수 p, q 값의 결정입니다. 회귀분석에서는 "목적함수 (5)(즉, (6))가 최소가 되는 p, q가 해가 된다"라고 생각하는데, 이것은 상식과도 부합됩니다. 목

적함수는 오차의 총합이고, 그것이 최소인 것이 좋은 모델이라고 생각하기 때문입니다. 제곱오차를 최소로 하는 이 최적화 방법을 **최소제곱법**이라고 합니다.

이러한 사고방식이 주어지면, 뒤는 간단합니다. 해 찾기로 목적함수 (6)이 최소가 되는 매개변수 p, q 를 찾으면 되기 때문입니다. 다음 단계를 따라 p, q 를 구해봅시다.

❶ 가상의 매개변수 p, q의 값을 입력하고, 이 값으로부터 회귀방정식 (2)를 이용하여 체중 y의 예측값을 계산합니다.

E7 =$C$3*C7+$C$4

	A	B	C	D	E	F
1		단순회귀분석				
2						
3		*p*	1.00			
4		*q*	1.00			
5						
6		번호	신장*x*	체중*y*	예측값	제곱오차
7		1	153.3	45.5	154.3	
8		2	164.9	56.0	165.9	
9		3	168.1	55.0	169.1	
10		4	151.5	52.8	152.5	
11		5	157.8	55.6	158.8	
12		6	156.7	50.8	157.7	
13		7	161.1	56.4	162.1	

가상의 매개변수 p, q의 값으로 각각 1을 입력. 그것을 이용하여 식 (2)로부터 예측값을 산출

❷ 식 (4)로부터, 각 여학생에 관한 제곱오차를 산출합니다.

F7 =(D7-E7)^2

	A	B	C	D	E	F
1		단순회귀분석				
2						
3		*p*	1.00			
4		*q*	1.00			
5						
6		번호	신장*x*	체중*y*	예측값	제곱오차
7		1	153.3	45.5	154.3	11837.4
8		2	164.9	56.0	165.9	12078.0
9		3	168.1	55.0	169.1	13018.8
10		4	151.5	52.8	152.5	9940.1
11		5	157.8	55.6	158.8	10650.2
12		6	156.7	50.8	157.7	11427.6
13		7	161.1	56.4	162.1	11172.5

식(4)로부터 제곱오차를 산출

❸ 제곱오차의 총합 Q_T를 SUM 함수로 산출합니다(☞ 식 (5), (6)).

F14 =SUM(F7:F13)

	A	B	C	D	E	F
1		단순회귀분석				
2						
3		*p*	1.00			
4		*q*	1.00			
5						
6		번호	신장*x*	체중*y*	예측값	제곱오차
7		1	153.3	45.5	154.3	11837.4
8		2	164.9	56.0	165.9	12078.0
9		3	168.1	55.0	169.1	13018.8
10		4	151.5	52.8	152.5	9940.1
11		5	157.8	55.6	158.8	10650.2
12		6	156.7	50.8	157.7	11427.6
13		7	161.1	56.4	162.1	11172.5
14					계Q_T	80124.7

제곱오차의 총합

❹ 해 찾기 메뉴를 선택하면 나오는 화면에서, Q_T로 입력될 셀을 '목표 설정'에 가상의 값이 입력될 p, q 셀을 '변수 셀 변경'에 아래와 같이 설정합니다.

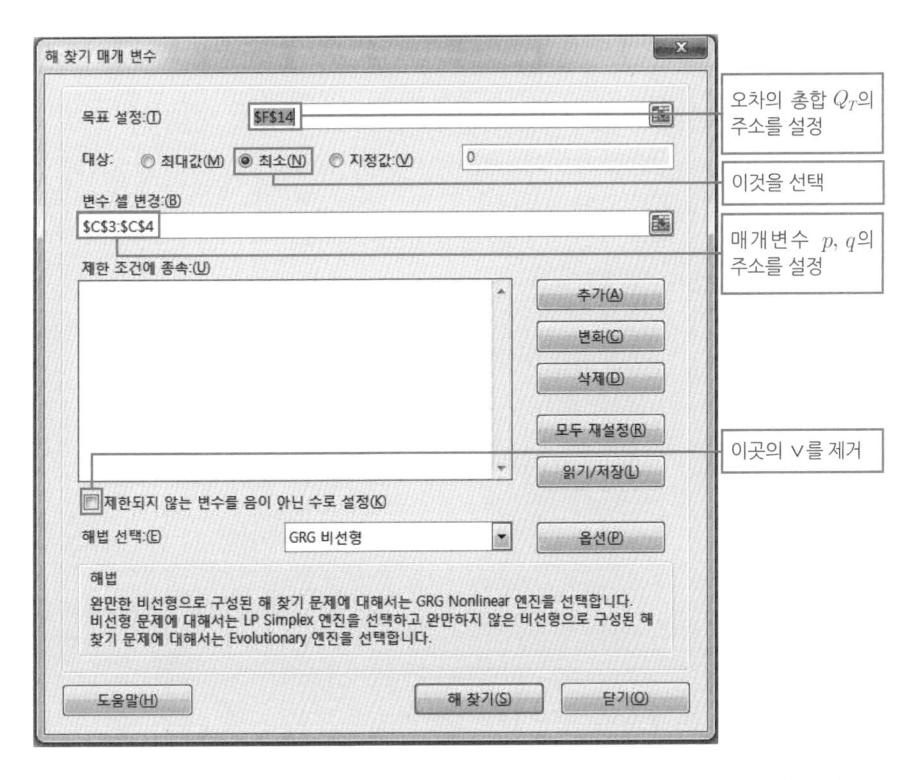

❺ 해 찾기를 실행하면, 아래 그림과 같이 매개변수 p, q의 값과 제곱오차의 총합 Q_T의 값이 구해집니다.

F14 =SUM(F7:F13)

	A	B	C	D	E	F
1		**단순회귀분석**				
2						
3		p	0.41			
4		q	-11.97			
5						
6		번호	신장x	체중y	예측값	제곱오차
7		1	153.3	45.5	50.8	28.1
8		2	164.9	56.0	55.5	0.2
9		3	168.1	55.0	56.9	3.5
10		4	151.5	52.8	50.1	7.5
11		5	157.8	55.6	52.6	8.7
12		6	156.7	50.8	52.2	1.9
13		7	161.1	56.4	54.0	5.8
14					계Q_T	55.7

최적화된 매개변수 p, q의 값

최적화된 Q_T의 값

이렇게 하면, 회귀계수와 절편 p, q의 값이 구해집니다.

$$p = 0.41,\ \ q = -11.97 \cdots (7)$$

또한 회귀방정식은 다음과 같이 나타낼 수 있습니다.

$$y = 0.41x - 11.97 \cdots (8)$$

이상이 (예제)의 해답입니다. 이것을 이용하여 이 데이터의 산점도와 회귀직선의 관계를 그려봅시다. 겹치는 것이 확인됩니다.

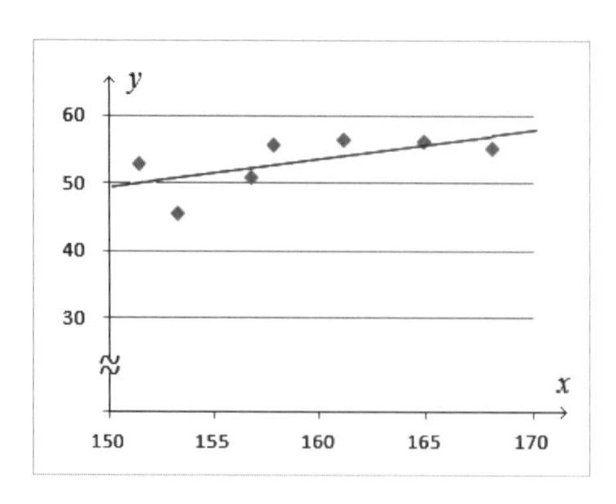

◀ 예제의 해가 되는 회귀직선

이 때 주의해야 할 것은 제곱오차 Q_T가 0이 되지 않는다는 점입니다. 그것은 회귀직선이 산점도에 그려진 모든 점을 지나지 않기 때문에 분명합니다. 데이터와 그것을 설명하기 위한 회귀방정식과의 경쟁 속에서 최대한으로 나협된 값을 (7)의 p, q는 나타내고 있는 것입니다.

이 회귀방정식을 이용해 봅시다.

예 1 예제 1에서 구한 회귀방정식을 이용하여, 신장 170cm인 여학생의 체중을 예측해 봅시다.

방정식 (8)로부터, 이 여학생의 체중은 다음과 같이 예측됩니다.

예측 체중 $y = 0.41 \times 170 - 11.97 = 57.73kg$ **(답)**

■ 회귀분석이 이해되면, 데이터 분석을 이해할 수 있어

이상이 선형 단순회귀분석으로 이용되는 회귀방정식의 결정법과 응용 사례입니다. 이것은 매우 중요한 것으로, 수학 데이터 분석의 전형적인 예이고, '최적화 문제' 해법의 아이디어입니다. 여기에서 알아본 최적화 방법은 뒤의 신경망 계산에 활용됩니다.

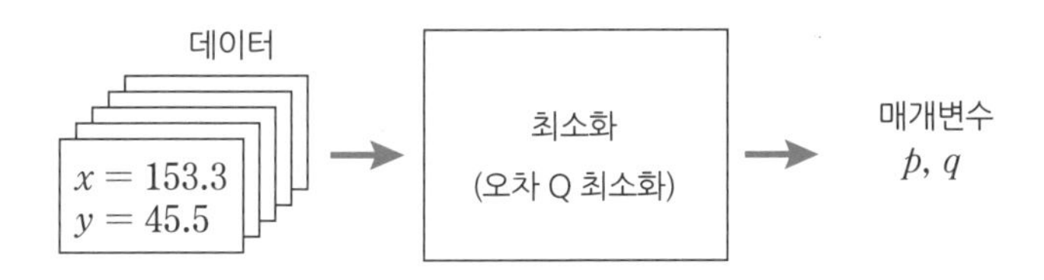

▲ 회귀분석은 데이터 분석의 전형적인 예. 분석 모델의 매개변수 p, q가 어떻게 결정되는가 확인해보자.

■ 모델의 매개변수 개수

다시 앞의 예제 1을 살펴봅시다. 모델을 규정하는 매개변수의 개수는 p, q 두 개이고, 주어진 조건(데이터의 크기)은 7개입니다. 모델의 매개변수 개수(지금은 p, q 두 개)가 조건의 개수(지금은 데이터의 크기 7개)보다 작은 것입니다. 다시 말하면, 많은 조건을 걸고 타협한 산물로 얻어진 것이 회귀방정식인 것입니다. 그 타협이라는 것은 이상적으로는 0이 되어야 하는 목적함수 (5)의 값을 최소로 하는 것입니다. 따라서 모델과 데이터의 오차

Q_T가 0이 되어야 한다고 걱정할 필요는 없고, 0에 가까울수록 데이터에 적합된 모델이라고 말할 수 있습니다.

덧붙여서, 모델의 매개변수의 개수가 데이터의 크기보다 크면, 어떻게 될까요? 당연하지만, 이 때 매개변수는 확정할 수 없습니다. 따라서 모델을 확정하려면 매개변수의 개수보다도 큰 데이터를 준비해두어야 합니다. 이와 같은 상황은 뒤에 알아보는 신경망의 세계에서는 심각합니다. 신경망에서는 매개변수의 개수가 방대해지기 때문입니다.

■ 다른 문제로 확인

다음 예제 2 에서는 **보외법**(또는 **외삽법**)이라고 부르는 수치해석에서 유명한 기법을 소개합니다. 회귀분석과 동일한 아이디어가 이용되기 때문에, 지금 알아본 이론의 좋은 복습이 될 것입니다.

예제 2 **변수 x와 y의 값이 오른쪽 표와 같이 주어졌다고 합시다. y를 x의 1차식 $ax+b$(a, b는 정수)로 예측하고, x가 5일 때 y의 값을 추정해 봅시다. 역시 여기에서도 최적화를 위해서는 최소제곱법을 이용하도록 합니다.**

x	y
1	13.3
2	15.8
3	19.4
4	22.3

주 x의 값이 1과 4 사이에 있을 때, x의 값을 추정하는 것을 보간법이라고 합니다. 이 워크시트는 다운로드 사이트(→ 8페이지)에 있는 파일 '2.xlsx' 중의 '4_예제2' 탭에 있습니다.

풀이 데이터를 입력합니다. 또 정수 a, b에 적당한 값을 가정합니다.

	A	B	C	D	E	F	G	H
1		보외법						
2		a	1.00		x	y	ax+b	Q
3		b	1.00		1	13.3		
4					2	15.8		
5					3	19.4		
6					4	22.3		

a, b 정수에 적당한 수를 대입

이와 같이 준비하고, 다음 단계를 따라가 봅시다.

주 이하 ❶~❺는 앞의 예제 1 ❶~❺의 단계를 기준으로 삼습니다.

❶ 예측값 $ax + b$의 값을 구합니다.

G3 =$C$2*E3+$C$3

	A	B	C	D	E	F	G	H
1		보외법						
2		a	1.00		x	y	ax+b	Q
3		b	1.00		1	13.3	2.00	
4					2	15.8	3.00	
5					3	19.4	4.00	
6					4	22.3	5.00	

◀ 절대참조, 상대참조의 용도에 주의

❷ 실측값 y와 예측값 $ax + b$의 오차로, 제곱오차 Q를 구합니다.

H3 =(F3-G3)^2

	A	B	C	D	E	F	G	H
1		보외법						
2		a	1.00		x	y	ax+b	Q
3		b	1.00		1	13.3	2.00	127.69
4					2	15.8	3.00	163.84
5					3	19.4	4.00	237.16
6					4	22.3	5.00	299.29

◀ y와 $ax + b$와의 차를 제곱

❸ 제곱오차 Q의 총합 Q_T를 산출합니다.

H7 =SUM(H3:H6)

	A	B	C	D	E	F	G	H
1		보외법						
2		a	1.00		x	y	ax+b	Q
3		b	1.00		1	13.3	2.00	127.69
4					2	15.8	3.00	163.84
5					3	19.4	4.00	237.16
6					4	22.3	5.00	299.29
7							Q_T	827.98

◀ 오차의 총합 산출에는 SUM 함수가 편리

❹ 해 찾기로 제곱오차의 총합 Q_T의 최솟값을 구합니다.

앞의 회귀분석과 마찬가지로 해 찾기를 설정합니다. 목표 셀은 총합 Q_T의 함수를 입력하는 H7로, 변수 셀은 값이 있는 C2:C3로 설정합니다. (다음 페이지의 그림)

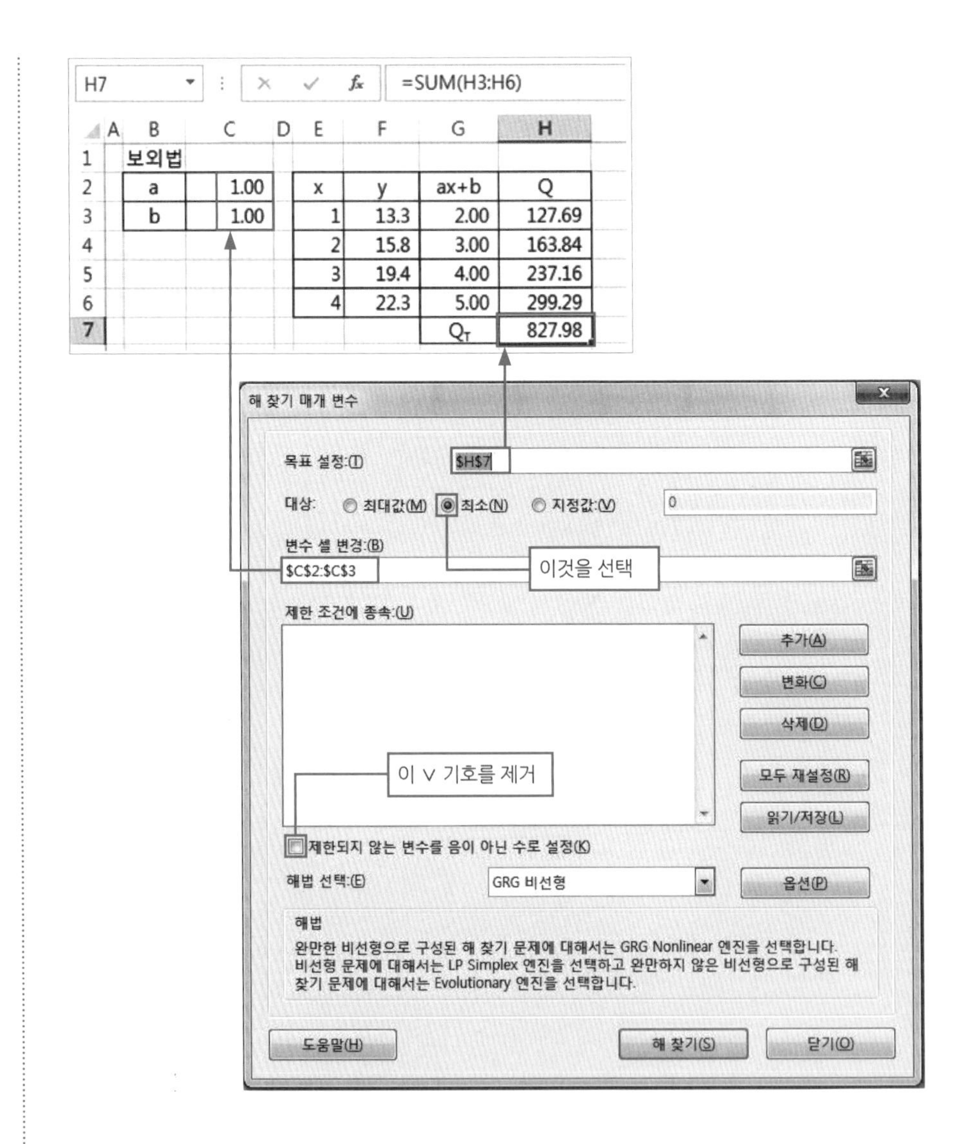

H7 =SUM(H3:H6)

	A	B	C	D	E	F	G	H
1		보외법						
2		a	1.00		x	y	ax+b	Q
3		b	1.00		1	13.3	2.00	127.69
4					2	15.8	3.00	163.84
5					3	19.4	4.00	237.16
6					4	22.3	5.00	299.29
7							Q_T	827.98

❺ 해 찾기를 실행하고, 정수 a, b를 구합니다.

해 찾기가 산출한 결과를 살펴봅시다.

	A	B	C	D	E	F	G	H
1		보외법						
2		a	3.06		x	y	ax+b	Q
3		b	10.05		1	13.3	13.11	0.04
4					2	15.8	16.17	0.14
5					3	19.4	19.23	0.03
6					4	22.3	22.29	0.00
7							Q_T	0.20

해 찾기의 산출값

워크시트로부터, 다음 해가 구해집니다.

$$a = 3.06,\ b = 10.05$$

이것으로부터, 다음과 같은 추정식이 얻어집니다.

$$y = 3.06x + 10.05 \cdots (9)$$

❻ x가 5일 때 y의 값을 추정합니다.

앞의 식 (9)에 $x = 5$를 대입하면,

$$y = 3.06 \times 5 + 10.05 = 25.35$$ **(답)**

이상이 예제 2 의 답입니다. 식 (9)와 같이 추정식 $ax + b$를 y라고 하면, y는 직선을 나타냅니다. 이 식 (1)의 그래프와 데이터의 산점도 관계를 그려봅시다.

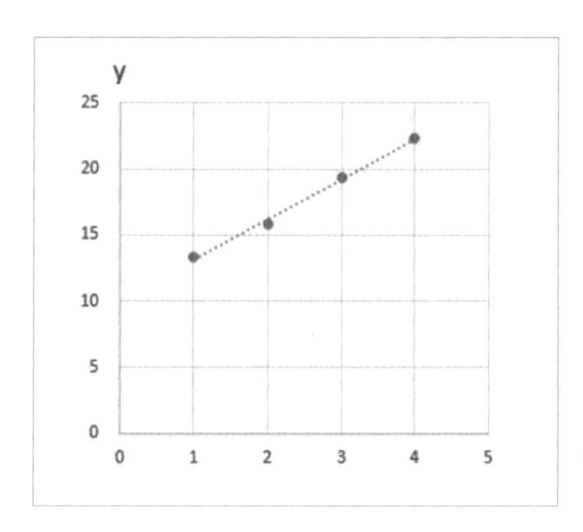

◀ 추정식 (9)를 점선으로 표시. 데이터의 산점도와 잘 중첩된다.

Memo 정수와 변수

회귀방정식 (1)에서는 x, y를 차례대로 설명변수, 목적변수라고 부르고, p, q는 정수라고 말했습니다. 그런데 목적함수 (5)(즉, (6))에서는 p, q를 변수로서 취급하기 때문에 식 (6)의 최솟값을 생각할 수 있는 것입니다.

이런 식으로 어떤 입장에서 보느냐에 따라 정수, 변수는 자유롭게 변환할 수 있습니다. 데이터로부터 보면 회귀방정식 x, y는 변수이고, 목표함수로부터 보면 p, q가 변수인 것입니다.

Excel의 확인과 응용

참고 Excel의 회귀분석

Excel에서 실제로 회귀분석을 수행할 때, 여기에서 알아본 방법을 권할 수는 없습니다. Excel에는 몇 개의 회귀분석 전용 도구가 준비되어 있기 때문입니다. 예를 들면, 앞의 예제 1 에서는 다음 그림과 같이 함수로부터 간단하게 매개변수 값이 얻어집니다.

주 이 워크시트는 다운로드 사이트(→ 8페이지)에 있는 파일 '3.xlsx' 중의 '4_memo' 탭에 있습니다.

C3 =SLOPE(D7:D13,C7:C13)

단순회귀분석

p	0.41
q	-12.06

번호	신장x	체중y
1	153.3	45.5
2	164.9	56.0
3	168.1	55.0
4	151.5	52.8
5	157.8	55.6
6	156.7	50.8
7	161.1	56.4

◀ Excel에는 회귀분석 전용 도구가 몇 개 준비되어 있다. 예를 들면, 회귀계수는 SLOPE, 절편은 INTERCEPT라는 함수를 이용할 수 있다.

또한 회귀분석을 위한 전용 도구도 준비되어 있습니다. '데이터' 탭에 있는 '데이터 분석' 메뉴를 클릭하면 열리는 아래의 박스로부터 이 기능을 이용할 수 있습니다.

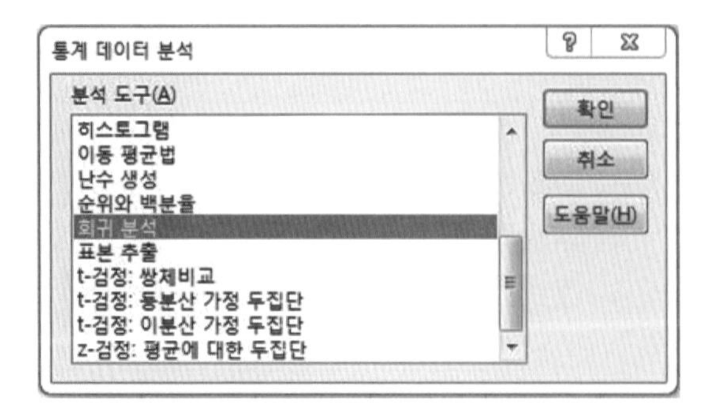

Chapter

03

뉴런 모델

딥러닝의 기본 단위가 되는 인공 뉴런(이 책에서는 '뉴런'이라고 줄여 부르기로 하겠습니다)에 관해서 알아봅시다. 동물의 신경세포를 수학적으로 모방한 단순한 뉴런이지만, 신경망의 가장 기본이 되는 부분입니다.

§ 01 신경 세포의 동작

신경망은 신경세포를 모델링한 인공 뉴런이 출발점입니다. 여기에서는 인공 뉴런을 고려하기 위한 출발점으로, 먼저 동물 신경세포의 기본적인 동작을 알아봅시다.

■ 생물 뉴런의 구조

동물의 뇌 속에는 다수의 신경세포(즉, **뉴런**)가 존재하고, 서로 연결되어 네트워크를 구성하고 있습니다. 즉, 하나의 뉴런은 다른 뉴런으로부터 신호를 받고, 또 다른 뉴런으로 신호를 보냅니다. 뇌는 이러한 네트워크 상의 신호 흐름에 따라 다양한 정보를 처리하는 것입니다.

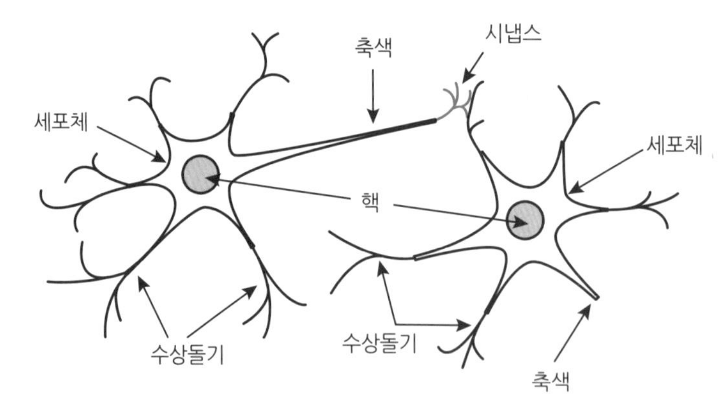

▲ 뉴런(신경세포)의 그림

신경세포는 주로 세포체, 축색, 수상돌기로 구성된다. 수상돌기는 다른 뉴런으로부터 정보를 받는 돌기이고, 축색은 다른 뉴런에게 정보를 보내는 돌기이다. 수상돌기가 받은 전기신호는 세포체에서 처리되고, 출력장치인 축색을 지나 다음 신경세포에 전달된다. 말하자면, 뉴런은 시냅스를 매개로 결합하여 네트워크를 구성한다.

뉴런이 정보를 전달하는 구조를 조금 더 상세하게 알아봅시다. 위의 그림으로 나타낸 것처럼, 뉴런은 세포체, 수상돌기, 축색의 3가지 주요 부분으로 구성됩니다. 다른 뉴런으로부터 온 신호(입력 신호)는 수상돌기를 매개로 세포체(뉴런 본체)에 전달됩니다. 세포체는 받은 신호(입력 신호)의 크기를 판정하고, 이번에는 옆의 뉴런에게 신호(출력 신호)

를 전달합니다. 이러한 단순한 구조에서 어떻게 해서 '지능'이 생기는 것인지 매우 불가사의한 일입니다.

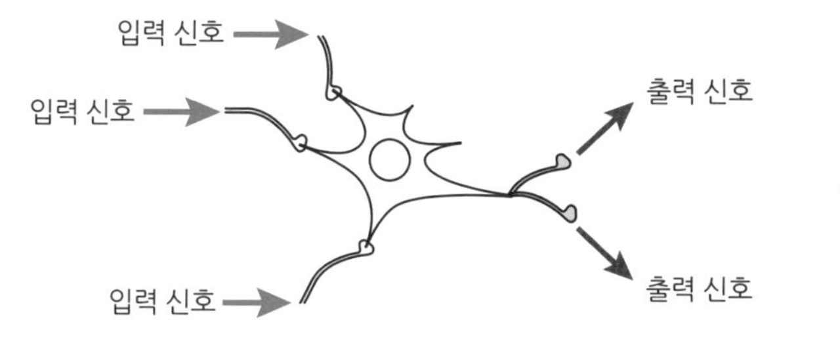

◀ 뉴런이 옆에서 전달받은 신호를 입력 신호, 뉴런이 옆으로 전달하는 신호를 출력 신호라고 한다.

■ 뉴런이 복수 개의 입력을 처리하는 방법

뉴런은 입력 신호의 크기를 판정하고, 옆으로 출력 신호를 전달한다고 했지만, 어떻게 해서 입력 신호의 크기를 판정하고, 어떤 식으로 전달하는 것일까요?

중요한 것은 복수의 뉴런으로부터 전달받는 경우, 입력 신호는 전달하는 뉴런에 따라 처리가 달라진다는 점입니다. 지금 아래 그림처럼 뉴런 A가 뉴런 1~3으로부터 신호를 받는다고 합시다. 이 때, 뉴런 A는 뉴런 1~3으로부터 받은 신호의 합을 구하는데, 그 합은 가중입력의 합이 됩니다. 다시 말하면, 각 뉴런에서 온 신호에 **가중치**(weight)를 곱하는 것입니다.

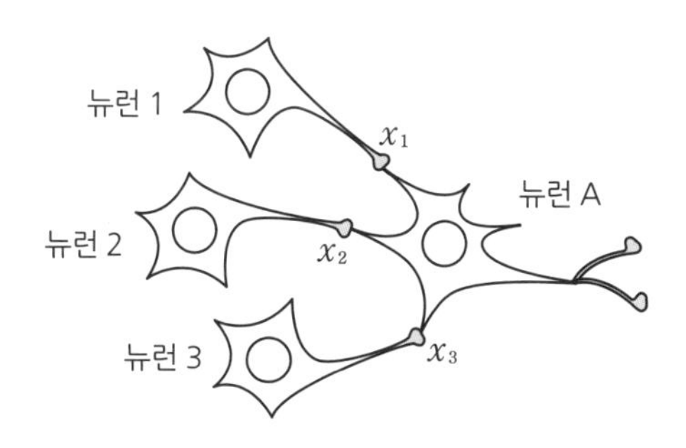

◀ 뉴런 A는 뉴런 1~3으로부터 받은 신호 x_1, x_2, x_3에 가중치를 곱해서 처리한다.

예를 들면, 뉴런 1에게 받은 신호에는 '가중치' 3을, 뉴런 2에게 받은 신호에는 '가중치' 1을, 뉴런 3에게 받은 신호에는 '가중치' 4를 곱합니다. 이 그림처럼, 뉴런 1~3으로부터 받은 신호를 각각 x_1, x_2, x_3라고 하면, 뉴런 A가 전달받은 신호의 합은 다음과 같이 가중입력의 합으로 나타내게 됩니다.

가중입력의 합 = $3 \times x_1 + 1 \times x_2 + 4 \times x_3 \cdots (1)$

이 가중치를 곱한 신호를 처리하는 구조 자체가 뉴런이 지능을 생성하는 원천이라고 생각됩니다. 뒤에서 신경망을 고려할 때, 이 가중치를 어떤 식으로 정하는가가 바로 본질적인 문제가 되는 것입니다.

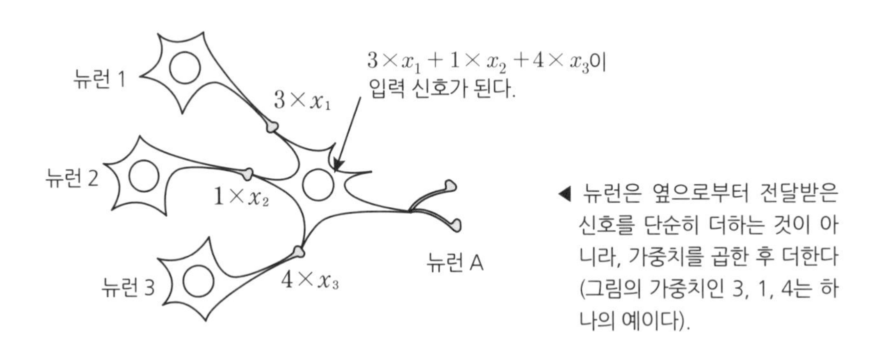

◀ 뉴런은 옆으로부터 전달받은 신호를 단순히 더하는 것이 아니라, 가중치를 곱한 후 더한다(그림의 가중치인 3, 1, 4는 하나의 예이다).

■ 발화

가중치를 곱한 합 (1)을 입력으로 받은 뉴런이 그것을 어떤 식으로 처리하는가 알아봅시다.

복수의 뉴런으로부터 받은 가중치를 곱한 합 (1)이 작아, 해당 뉴런 고유의 어떤 경계값(이것을 **임계값**이라고 부릅니다)을 넘지 않으면, 그 뉴런의 세포체는 받은 신호를 무시하고 아무런 반응도 하지 않습니다.

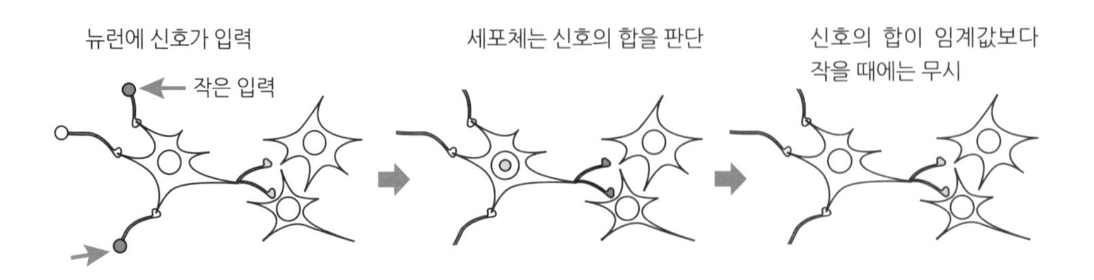

▲ 가중치를 곱한 합 (1)의 값이 작을 때 뉴런은 그것을 무시

'작은 신호를 무시'하는 성질은 생명에게 중요한 일입니다. 그렇지 않으면, 작은 신호의 흔들림에도 뉴런이 흥분하게 되고 신경계는 '정서불안정'이 되어 버립니다. 임계값은 해당 뉴런의 민감도를 나타내는 특성인 것입니다.

복수의 뉴런으로부터 받은 가중치를 곱한 합 (1)이 커서, 해당 뉴런 고유의 어떤 경계값(즉, **임계값**)을 넘는다고 합시다. 이 때, 세포체는 강하게 반응하고, 축색은 연결된 다른 뉴런에 신호를 전달합니다. 이와 같이 뉴런이 반응하는 것을 **발화**라고 합니다.

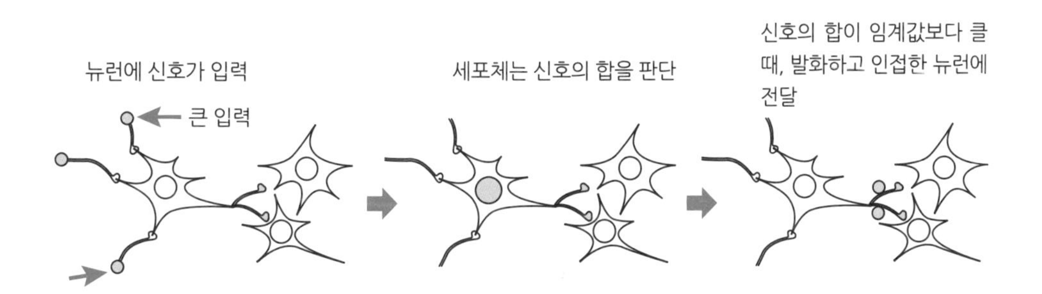

▲ 가중치를 곱한 합 (1)의 값이 클 때, 뉴런은 발화

그런데 발화할 때 뉴런의 출력 신호는 어떻게 될까요? 재미있게도 뉴런의 출력 신호는 일정한 크기가 될 것입니다. 비록 가중치를 곱한 합 (1)의 값이 크더라도, 출력 신호의 값은 일정한 값이 됩니다. 또는 해당 뉴런이 인접한 복수의 뉴런에 축색을 연결하더라도, 인접한 각 뉴런에 넘기는 출력 신호의 값은 일정한 값이 됩니다.

더 재미있는 것은 이 발화에 의해 출력된 신호의 값은 모든 뉴런에 공통된다는 점입니다 뉴런의 장소나 역할이 달라도, 그 값은 공통인 것입니다. 현대식으로 말하면, '발화'로 생기는 출력정보는 0이나 1로 나타내는 디지털 신호로 표현할 수 있는 것입니다.

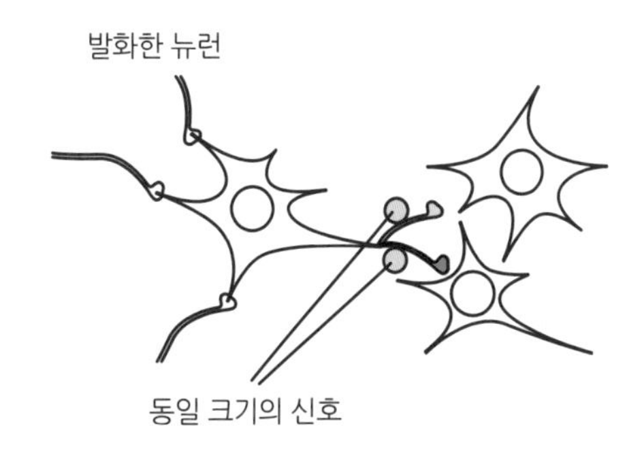

▲ 발화한 뉴런은 축색으로 연결된 모든 뉴런에 동일한 크기의 신호를 전달한다.

§ 02 신경세포의 동작을 수식으로 표현

앞 절(§01)에서는 동물 신경세포의 동작을 알아보았습니다. 중요한 점은 그 동작을 간단한 수식으로 표현할 수 있다는 것입니다. 신경세포의 동작을 그 간단한 수식으로 추상화해봅시다.

■ 뉴런의 동작을 정리하면

§01에서는 뉴런의 발화 구조를 알아보았습니다. 그것을 정리해봅시다.

(i) 인접한 복수의 뉴런으로부터 가중치를 곱한 합의 신호가 뉴런의 입력이 됩니다.

(ii) 그 합의 신호가 뉴런 고유의 값(임계값)을 넘으면 발화합니다.

(iii) 뉴런의 출력 신호는 발화 유무를 나타내는 0과 1의 디지털 신호로 표현 가능합니다.

앞에서 기술했듯이, 이렇게 간단한 구조가 조합되면 '지능'이 생기는 것입니다. 이렇게 정리하면, 뉴런의 발화 구조를 수학적으로 간단하게 표현할 수 있다는 것을 알 수 있습니다.

우선 입력 신호를 수식으로 표현해봅시다. 구조 (iii)으로부터 인접한 뉴런으로부터 받은 입력 신호는 '있음' '없음' 의 2가지 정보로 표현됩니다. 따라서 입력 신호를 변수 x로 나타낼 때, x는 다음과 같이 표현할 수 있습니다.

$$\begin{cases} \text{입력 신호 없음} : x=0 \\ \text{입력 신호 있음} : x=1 \end{cases}$$

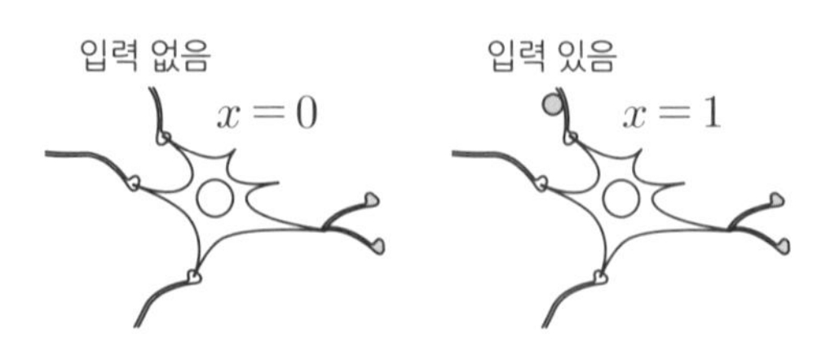

▲ 뉴런의 입력 신호는 디지털적으로 $x = 0, 1$로 표현된다.

주의할 것은, 지각세포에 직접 연결된 뉴런은 이러한 제한이 없다는 점입니다. 예를 들어, 동물의 시각의 경우에, 망막 위의 시세포(視細胞)에 직접 연결된 뉴런은 여러 가지 값의 신호를 받습니다. 입력 신호는 감지한 신호의 크기에 비례하는 아날로그 신호가 되기 때문입니다.

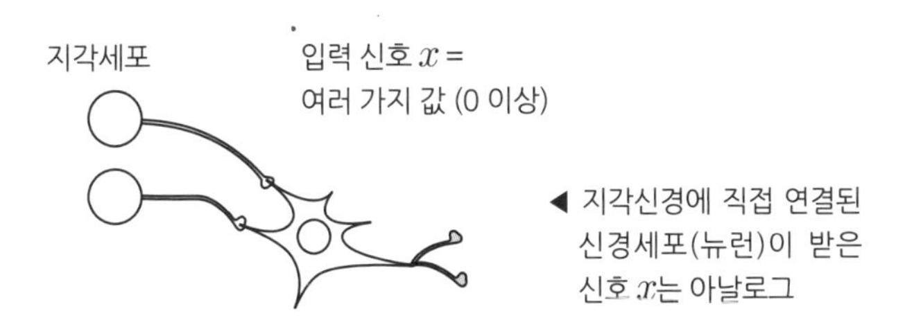

◀ 지각신경에 직접 연결된 신경세포(뉴런)이 받은 신호 x는 아날로그

다음에 출력 신호를 수식으로 표현해봅시다. 다시 구조 (iii)으로부터 출력 신호도 발화의 유무, 이른바 출력 신호의 '있음' '없음'의 2가지 정보로 표현됩니다. 따라서 출력 신호를 변수 y로 나타낼 때, y는 다음과 같이 표현 가능합니다.

$$\begin{cases} \text{출력 신호 없음} : y=0 \\ \text{출력 신호 있음} : y=1 \end{cases}$$

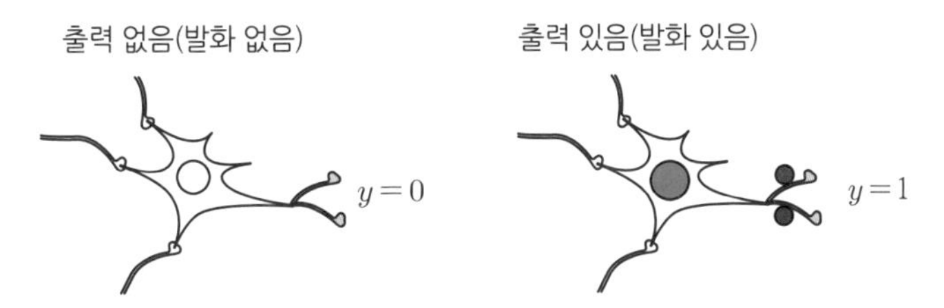

▲ 뉴런의 출력 신호는 디지털적으로 $y=0$, 1로 표현된다. 이 그림에서는 출력이 2개가 있지만, 출력 신호의 크기는 동일하다.

■ 뉴런의 동작을 수식으로 표현

마지막으로 '발화의 판단'을 수식으로 표현해봅시다. 이것이 뉴런의 가장 중요한 임무입니다.

구체적인 예로, 왼쪽에 인접한 세 개의 뉴런으로부터 입력 신호를 받고, 오른쪽 두 개의 뉴런에게 출력 신호를 전달하는 뉴런에 관해서 알아보도록 합니다(다음 그림).

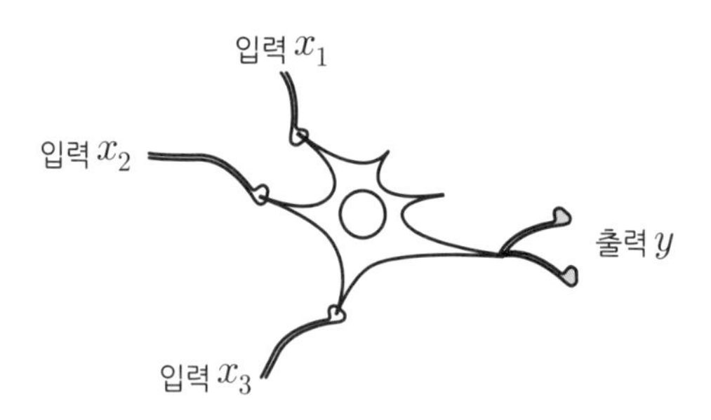

그런데 구조 (i) (ii)로부터 뉴런의 발화 유무는 다른 뉴런으로부터의 입력 신호의 합으로 판단됩니다. 그 합을 구하는 방식은 단순한 것은 아닙니다. 뉴런 사이의 연결에는 강약이 있기 때문입니다. 앞 절에서도 언급한 것처럼, 이 가중치를 고려한 신호의 합이 뉴런의 입력 신호가 됩니다. 수학적으로 말하면, 입력 신호를 각각 x_1, x_2, x_3으로 나타내고, 그 각각의 가중치를 차례대로 w_1, w_2, w_3이라고 할 때, 처리되는 입력 신호의 합은 다음과 같이 표현할 수 있습니다.

가중치를 곱한 합 = $w_1x_1 + w_2x_2 + w_3x_3$ ··· (1)

주 '가중치'는 **결합하중**, **결합부하**라고도 부릅니다.

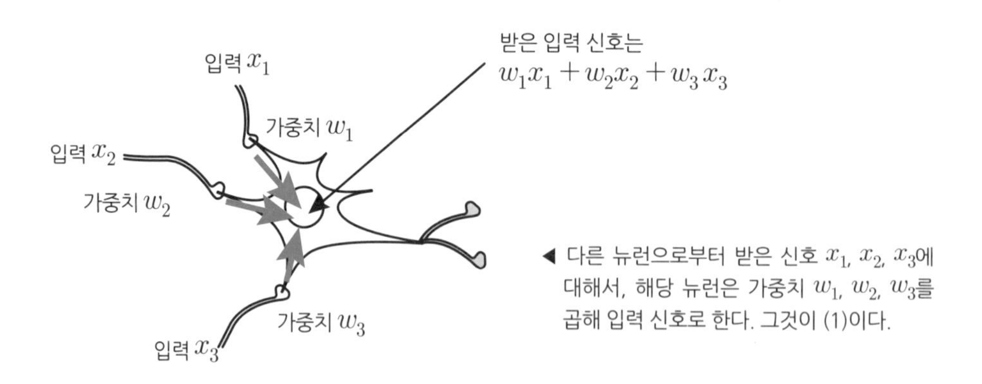

◀ 다른 뉴런으로부터 받은 신호 x_1, x_2, x_3에 대해서, 해당 뉴런은 가중치 w_1, w_2, w_3를 곱해 입력 신호로 한다. 그것이 (1)이다.

이제 구조 (ii)로부터 받은 신호의 합이 임계값을 넘으면 뉴런은 발화하고, 넘지 않으면 발화하지 않습니다. 그러면 '발화의 판단'은 식 (1)을 이용하여 다음과 같이 표현할 수 있습니다. θ를 해당 뉴런 고유의 임계값으로 하면,

$$\left.\begin{array}{l}\text{출력 신호 없음}\,(y=0): w_1x_1 + w_2x_2 + w_3x_3 < \theta \\ \text{출력 신호 있음}\,(y=1): w_1x_1 + w_2x_2 + w_3x_3 \geqq \theta\end{array}\right\}\cdots(2)$$

이것이 뉴런 발화의 수학적 표현입니다. 매우 간단하게 정리된 것입니다. 이러한 간단한 조건으로 그 활동이 표현되는 뉴런이 어떻게 복잡한 판단을 할 수 있는가를 알아보는 것이 이 책의 목표가 됩니다.

> **주** '임계'는 영어로 threshold. 따라서 이 값을 표시하기 위해 머리글자 t에 대응하는 그리스 문자 θ가 자주 이용됩니다.

또한 식 (2)의 아래 식의 부등호에는 '='가 붙어 있습니다. 이 =가 식 (2)의 위 식에 붙어 있는 문헌도 있습니다. 이 책에서는 앞으로 식 (2)에 관해서 깊게 다루지 않기 때문에, 이것이 문제가 되는 것은 아닙니다.

예 1 2개의 입력 x_1, x_2를 가진 뉴런을 생각합니다. 입력 x_1, x_2에 대한 가중치를 차례대로 w_1, w_2로 하고, 그 뉴런의 임계값을 θ라고 합니다. 이제 w_1, w_2, θ의 값이 차례대로 2, 3, 4로 주어졌을 때, 가중치를 곱한 합

$$w_1x_1 + w_2x_2$$

의 값과 발화 유무, 그리고 뉴런의 출력값을 구해봅시다.

이 문제 **예 1**의 답을 표로 나타내면 다음과 같습니다.

입력 x_1	입력 x_2	가중치를 곱한 합 $w_1x_1 + w_2x_2$	발화	출력
0	0	$2\times0+3\times0=0(<4)$	없음	0
0	1	$2\times0+3\times1=3(<4)$	없음	0
1	0	$2\times1+3\times0=2(<4)$	없음	0
1	1	$2\times1+3\times1=5(>4)$	있음	1

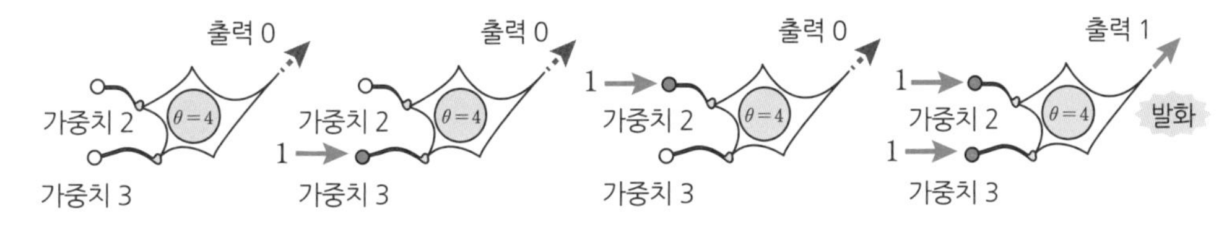

▲ ○ 입력 없음 ● 입력 있음

이 **예 1**에서 출력은 0과 1 둘 중 하나가 되는 것에 유의하기 바랍니다.

■ Excel로 뉴런의 동작을 재현

이러한 준비를 통해서, 이 **예 1**을 Excel로 계산해봅시다.

예제 1 2개의 입력 x_1, x_2를 가진 뉴런을 생각합니다. 입력 x_1, x_2에 대한 가중치를 차례대로 w_1, w_2로 하고, 임계값을 θ라고 합니다. 2개의 입력 x_1, x_2가 주어졌을 때의 출력을 구하는 워크시트를 작성해봅시다. 다만 w_1, w_2, θ는 임의로 주어졌다고 합시다.

주 이 워크시트는 다운로드 사이트 (→ 8페이지)에 있는 '3.xlsx' 중의 '2_예제1' 탭에 있습니다.

풀이 **예 1**에 맞추어, 아래 그림과 같이 w_1, w_2, θ를 차례대로 2, 3, 4라고 설정합시다. 발화 조건식 (2)로부터 뉴런의 출력 y (즉, 발화 유무)는 간단히 구해집니다. 다음 그림은 입력 (x_1, x_2)이 (1, 1)인 경우입니다.

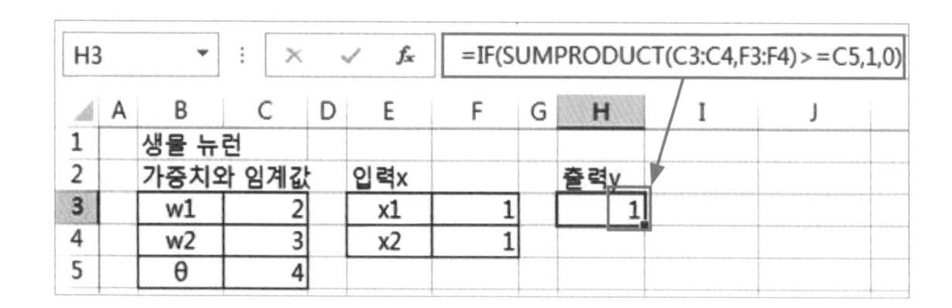

Excel의 한 셀(셀 주소 H3)로 하나의 뉴런을 표현할 수 있다는 것을 확인해봅시다.

■ 예제로 확인해 보기

발화 조건식 (2)에 익숙해지는 것이 뉴런의 이해에 중요합니다. **예제 1**을 수정한 다음 **예제 2**를 해결하여 확인해 봅시다.

예제 2 3개의 입력 x_1, x_2, x_3을 가진 뉴런을 생각합니다. 각 입력에 대한 가중치를 차례대로 w_1, w_2, w_3로 하고, 임계값을 θ라고 합니다. 3개의 입력 x_1, x_2, x_3이 주어졌을 때의 출력을 구하는 워크시트를 작성해봅시다. 다만 w_1, w_2, w_3, θ는 임의로 주어졌다고 합니다.

주 이 워크시트는 다운로드 사이트 (→ 8페이지)에 있는 '3.xlsx' 중의 '2_예제2' 탭에 있습니다.

풀이 예를 들어, 매개변수 (w_1, w_2, w_3, θ)를 (1, 2, 3, 5)라고 설정합시다. 발화 조건식 (2)로부터 뉴런의 출력 y (즉, 발화 유무)를 산출합니다. 다음 그림은 입력 (x_1, x_2, x_3)가 (1, 1, 1)인 경우입니다.

H3 =IF(SUMPRODUCT(C3:C5,F3:F5)<C6,0,1)

	A	B	C	D	E	F	G	H
1		생물 뉴런						
2		가중치와 임계값			입력x			출력y
3		w1	1		x1	1		1
4		w2	2		x2	1		
5		w3	3		x3	1		
6		θ	5					

매개변수 (w_1, w_2, w_3, θ)와 입력 (x_1, x_2, x_3)의 값을 여러 가지로 변경해가며 뉴런에 익숙해지도록 해봅시다. 앞에서도 기술했지만, Excel의 한 셀(셀 주소 H3)로 하나의 뉴런을 표현할 수 있다는 것도 확인해봅시다.

Memo 뉴런의 계산에 도움이 되는 SUMPRODUCT 함수

뉴런의 계산에는 식 (1)의 우변인 곱의 합 형식이 자주 나옵니다. 그 계산에는 SUMPRODUCT 함수를 이용하면 좋을 것입니다. 다음 워크시트는 곱의 합 1×3+2×2+3×1을 산출합니다.

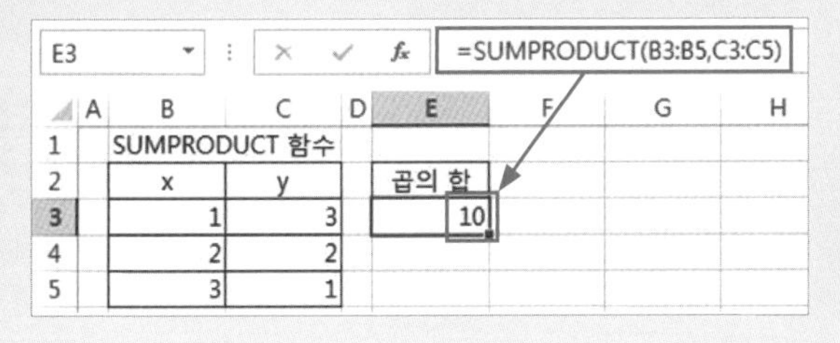
E3 =SUMPRODUCT(B3:B5,C3:C5)

	A	B	C	D	E
1		SUMPRODUCT 함수			
2		x	y		곱의 합
3		1	3		10
4		2	2		
5		3	1		

◀ 곱의 합 계산에는 SUMPRODUCT 함수가 편리

§ 03 인공 뉴런과 활성화 함수

앞 절(§02)에서는 동물의 뉴런(신경세포)의 동작을 조건식으로 표현했습니다. 그 조건식을 함수로 표현하면, 뉴런의 동작이 정리됩니다. 그리고 시그모이드 뉴런으로 진화해 나갑니다.

뉴런의 움직임을 정리하면

앞 절(§02)에서는 뉴런의 동작을 간단한 수식으로 치환했습니다. 그것을 다시 다루어 봅시다. 뉴런의 입력을 x_1, x_2, x_3이라 하고, 이에 대한 가중치를 차례대로 w_1, w_2, w_3라고 할 때, 발화 조건식은 다음과 같다고 했습니다.

$$\left.\begin{array}{l}\text{발화 없음} : w_1x_1 + w_2x_2 + w_3x_3 < \theta \\ \text{발화 있음} : w_1x_1 + w_2x_2 + w_3x_3 \geqq \theta\end{array}\right\} \cdots (1)$$

여기에서 θ는 뉴런 고유의 값으로 임계값입니다.

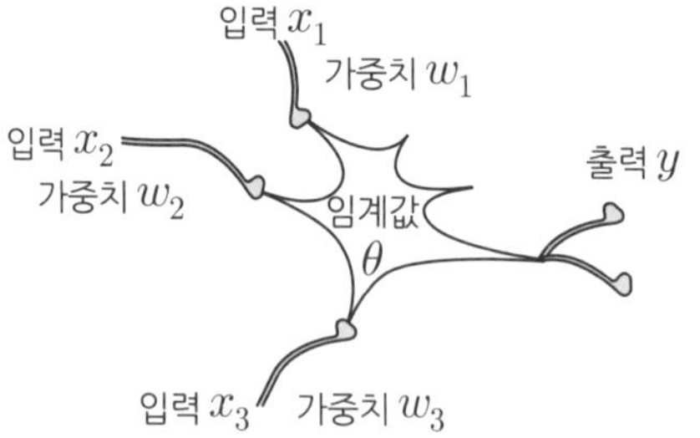

◀ $w_1x_1 + w_2x_2 + w_3x_3$와 θ와의 크기에 따라 발화 여부를 결정한다.

발화 조건을 함수로 표현

발화 조건 (1)을 함수로 표현해봅시다. 이를 위해 발화 조건 (1)을 그림으로 표현해봅시다. 뉴런으로 오는 가중치를 곱한 합을 가로축으로, 그 뉴런의 출력 y를 세로축으로 잡으면, 발화 조건 (1)은 다음과 같이 그래프로 그릴 수 있습니다. 덧붙이자면, 출력 y는 발화할 때 1, 발화하지 않을 때 0이 되는 척도를 채용한 것입니다.

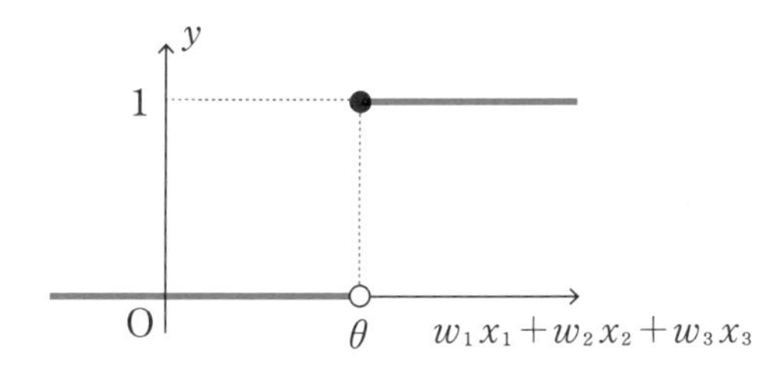

◀ 발화 조건의 그래프. 세로축은 신호의 합 $w_1x_1+w_2x_2+w_3x_3$을 나타낸다.

이 그래프를 함수로 표현해봅시다. 이 때 도움이 되는 것이 다음과 같은 **계단 함수** $u(x)$입니다.

$$u(x)=\begin{cases}0 & (x<0)\\ 1 & (x \geqq 0)\end{cases} \cdots (2)$$

계단 함수의 그래프는 다음과 같이 그립니다.

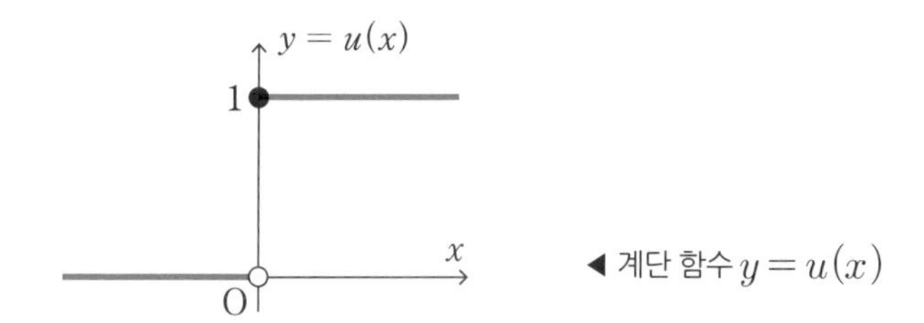

◀ 계단 함수 $y=u(x)$

이 계단 함수 $u(x)$를 이용하면, 발화 조건(1)은 다음과 같이 간단하게 하나의 식으로 표현할 수 있습니다.

발화 식 : $y=u(w_1x_1+w_2x_2+w_3x_3-\theta)\cdots(3)$

주 다음 절 이후에는 함수 u의 인수 $w_1x_1+w_2x_2+w_3x_3-\theta$를 '입력의 선형합'이라고 부르고, 로마자 a로 나타냅니다.

이 식 (3)이 조건식 (1)과 동일하다는 것을 다음 표로 확인하기 바랍니다.

$w_1x_1+w_2x_2+w_3x_3$	$w_1x_1+w_2x_2+w_3x_3-\theta$	$u(x)$	y
θ 보다 작음	0 보다 작음	0	0 (발화 없음)
θ 이상	0 이상	1	1 (발화 있음)

■ 인공 뉴런

이상과 같이 수학적으로 정리하면, 뉴런의 동작은 하나의 간단한 관계식으로 표현되는 것을 알 수 있습니다. 따라서 이와 같이 단순화된 뉴런의 기능을 컴퓨터로 실현해 보고 싶어집니다. 그것이 바로 **인공 뉴런**입니다. 인공 뉴런은 식 (3)을 이용하여 컴퓨터에서 동작하는 가상적인 뉴런입니다.

> **주** 인공 뉴런을 형식 뉴런이라고 부르는 문헌도 있습니다. 이제 다음 절 이후부터는 인공 뉴런을 간단하게 '뉴런'이라고 줄여서 부르기로 합니다.

인공 뉴런을 생각할 때, 발화 조건식 (3)을 표현하는 함수 $u(x)$를 **활성화 함수(activation function)**라고 부릅니다. 또는 **전달 함수(transfer function)**라고도 부릅니다. 이 책에서는 전자인 '활성화 함수'라고 부르기로 합니다.

■ 간단한 뉴런의 그림

이제까지는 뉴런을 아래 그림과 같이 표현했습니다. 조금이라도 뉴런의 이미지에 가깝게 하고 싶기 때문입니다.

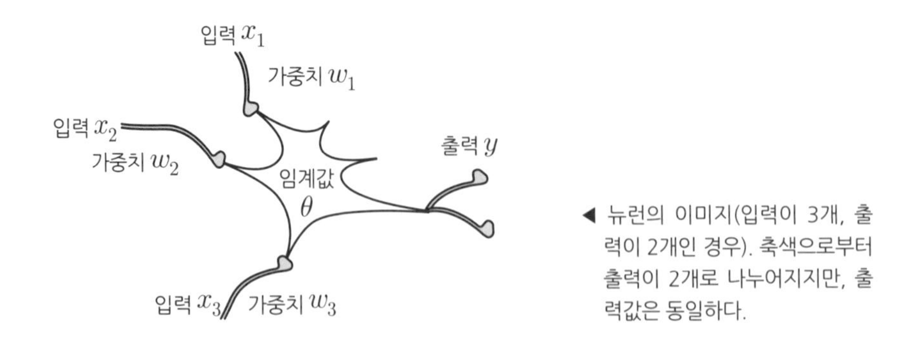

◀ 뉴런의 이미지(입력이 3개, 출력이 2개인 경우). 축색으로부터 출력이 2개로 나누어지지만, 출력값은 동일하다.

그러나 인공 뉴런을 생각하여, 그것을 네트워크에 많이 묘사하고 싶을 때에는 이 그림은 부적절합니다. 따라서 다음과 같이 단순화한 그림을 이용합니다. 이렇게 하면 많은 뉴런을 묘사하기가 용이합니다.

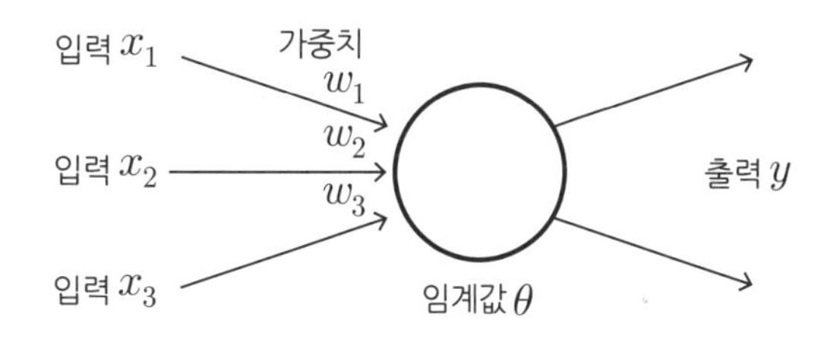

◀ 뉴런을 단순화한 그림. 화살의 방향으로 입출력을 구별한다. 뉴런의 출력으로 2개의 화살표가 나가지만, 그 값 y는 동일한 값이다.

■ 퍼셉트론

식 (3)과 같이 추상화한 인공지능을 이용하면, 어떤 종류의 인공지능(AI)을 실현할 수 있을까 라는 시험이 20세기 중반에 시도되었습니다. 퍼셉트론 모델이라고 부르는 인공지능입니다. 퍼셉트론이라는 것은 식 (3)으로 표현하는 인공뉴런에 학습 기능을 가미한 것이지만, 결론적으로 큰 성공을 거두지는 못했습니다. 그 이유로는 계단 함수를 다루기 어려운 것이 주된 원인이었습니다. 그래프에서 알 수 있듯이, 계단 함수는 불연속 함수입니다. 불연속 함수는 수학의 최대 무기인 미분법의 혜택을 누리기 힘들기 때문입니다. 이 계단 함수를 미분이 쉬운 시그모이드 함수로 치환하여, 인공 뉴런 모델은 비약적 발전을 거두게 되었습니다. 그것이 딥러닝의 시작입니다. 이 책은 이 시그모이드 함수를 전제로 이야기를 진행합니다.

주 퍼셉트론에 관해 이 이상의 언급은 생략하겠습니다. 역사적으로는 중요하지만, 현대의 딥러닝을 이해하는 데 본질적인 것은 아니기 때문입니다.

Memo 계단 함수는 Excel에 없음!

식 (2)로 정의한 계단 함수는 Excel에 없습니다. 계단 함수를 구현하기 위해서는 IF 함수를 응용하도록 합니다.

식 (2) : $u(x)$ = IF($x < 0$, 0, 1)

구현 예는 아래 그림에 있습니다.

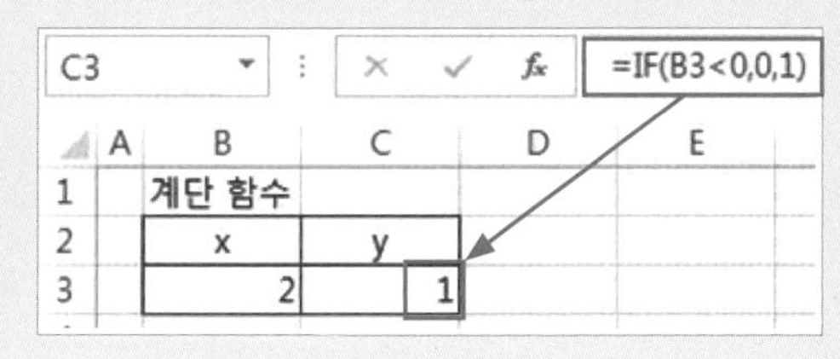

◀ IF 함수로 계단 함수를 구현

§ 04 계단 함수에서 시그모이드 함수까지

신경망의 기본이 되는 '시그모이드 뉴런'에 관해서 알아보겠습니다. 이것은 앞에서 알아본 생물의 뉴런을 나타내기 위해 이용한 계단 함수를 시그모이드 함수로 치환한 인공 뉴런 모델입니다.

■ 시그모이드 함수

계단 함수를 이용한 인공 뉴런의 장점은 동물의 신경세포에 충실한 모델이라는 점입니다. 그러나 앞의 절(§03)에서 알아본 것처럼, 계단 함수는 연속함수가 아니라는 단점이 있습니다. 인류가 발명한 최대의 수학 무기 중 하나인 미분법을 사용할 수 없다는 것입니다.

따라서 이 계단 함수와 유사하지만, 연속인 함수를 생각합시다. 그것은 시그모이드 함수이며, 다음과 같이 정의됩니다.

$$\sigma(x) = \frac{1}{1+e^{-x}} \cdots (1)$$

주 2장 §01에서 살펴본 것처럼, e는 네피어 수(≒2.71828)라고 부르는 정수입니다. e^x는 지수함수입니다. Excel에서는 EXP(x)라고 정의됩니다.

시그모이드 함수 (1)의 그래프를 살펴봅시다.

이 그래프로부터 알 수 있듯이, 시그모이드 함수는 계단 함수와 비슷하지만, 모든 점에서 연속이라 어느 점에서든지 미분가능합니다. 또한 함수값은 0과 1 사이 구간에 위치하고, 그 값은 비율이나 정도, 확률 등 다양한 수학적 해석을 하는 것이 가능합니다.

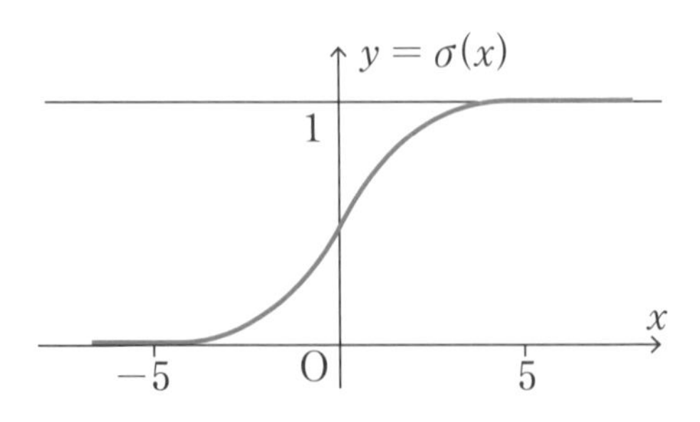

▲ 시그모이드 함수의 그래프, 계단함수와 비슷하지만 연속함수이므로 수학적으로 취급하기 쉽다.

예제 1 시그모이드 함수 $\sigma(x)$에서 다음의 함수값을 Excel로 구해봅시다.

(1) $\sigma(0)$ (2) $\sigma(1)$ (3) $\sigma(-1)$ (4) $\sigma(10)$ (5) $\sigma(-10)$

주 이 워크시트는 다운로드 사이트 (→ 8페이지)에 있는 '3.xlsx' 중의 '4_예제1' 탭에 있습니다.

풀이 그림과 같이, 식 (1)을 그 형식 그대로 입력하면 좋을 것입니다.

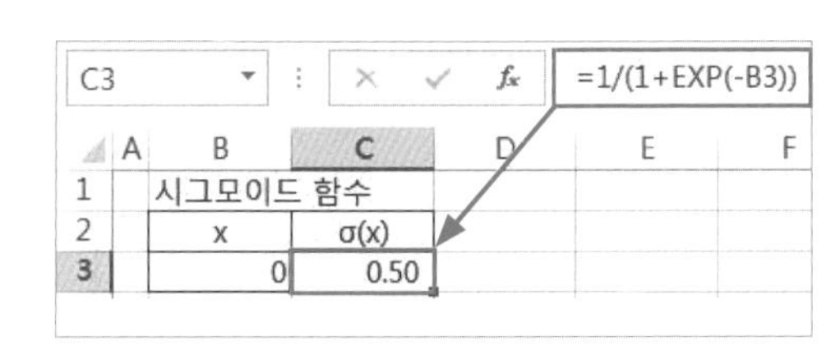

◀ 지수함수 e^x의 계산에는 EXP 함수를 이용

이 워크시트에서 x의 수치를 변경하는 것으로 다음의 어림수가 계산됩니다.

$$\sigma(0)=0.50, \sigma(1)=0.73, \sigma(-1)=0.27, \sigma(10)=1.00, \sigma(-10)=0.00$$

이 예제 1에서 주의할 점은 x의 값이 10이 되면, 시그모이드 함수 $\sigma(x)$의 값은 1이 된다는 점입니다. 또한 x의 값이 -10이 되면, 시그모이드 함수 $\sigma(x)$의 값은 0이 된다는 점입니다. 시그모이드 함수가 계단 함수의 좋은 대체함수가 된다는 것을 납득할 수 있습니다.

■ 시그모이드 뉴런

퍼셉트론의 계단 함수를 시그모이드 함수로 치환한 인공 뉴런을 **시그모이드 뉴런**이라고 합니다. 다시 말하면, 시그모이드 뉴런은 활성화 함수에 시그모이드 함수를 이용한 뉴런입니다.

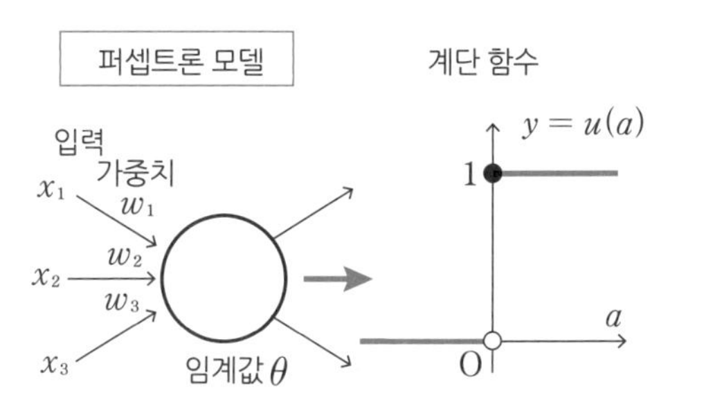

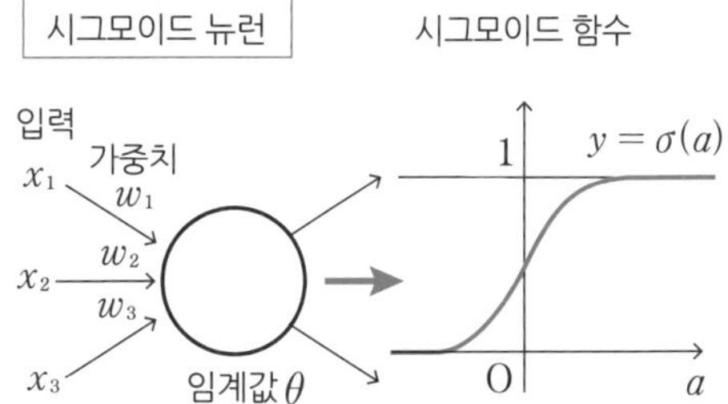

시그모이드 뉴런은 이 책의 핵심적인 뉴런 모델이 됩니다. 앞으로 아무런 주석을 달지 않을 때라도 뉴런이라고 하면, 이 시그모이드 뉴런을 가리킵니다. 따라서 그 동작을 여기에서 정리해 둡시다.

입력 신호 $x_1, x_2, \cdots, x_n$(n은 자연수)을 대상으로 각 입력 신호에는 가중치 $w_1, w_2, \cdots, w_n$이 주어졌다고 합시다. 임계값을 θ라고 할 때, 뉴런의 출력 y는

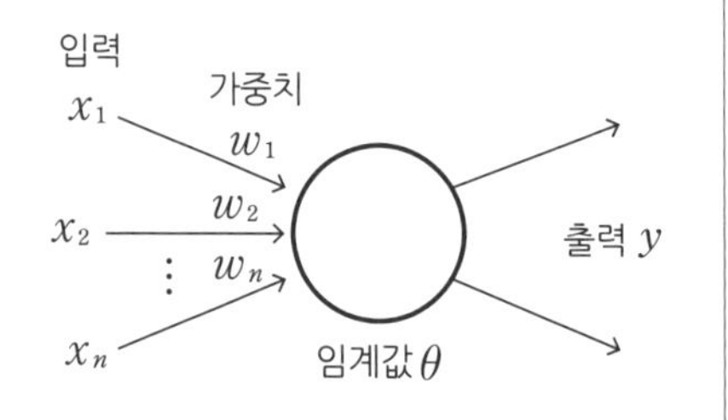

$$y = \sigma(a) \cdots (2)$$

여기에서 σ는 시그모이드 함수이고, a는 '입력의 선형합'이라고 부르며, 다음과 같이 정의됩니다.

$$a = w_1x_1 + w_2x_2 + \cdots + w_nx_n - \theta \cdots (3)$$

시그모이드 뉴런의 출력값은 0과 1 사이의 수

앞의 함수 (1)의 그래프에서도 언급했지만, 시그모이드 뉴런의 출력값은 0과 1 사이의 임의의 수가 됩니다.

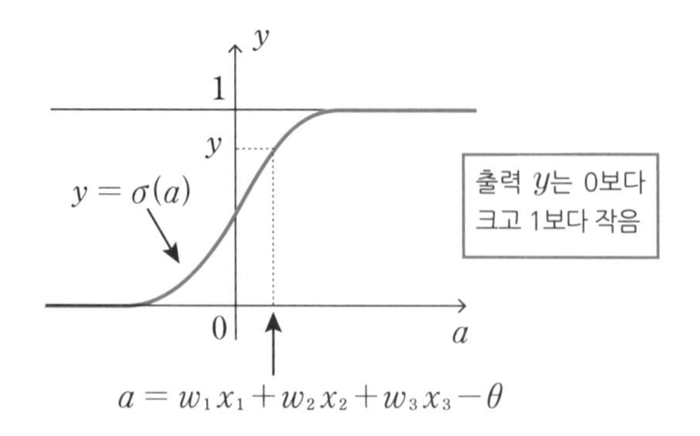

이것은 앞에서 살펴본 퍼셉트론과는 크게 다릅니다. 퍼셉트론에서 이용한 뉴런의 출력은 0, 1의 두 값입니다. 이에 비해서 0과 1 사이의 임의의 수를 출력하는 시그모이드 뉴런은 '신경세포의 발화'라는 디지털 이미지와는 동떨어져 있습니다. 구태여 해석을 하자면, 뉴런의 '활성도'라고 할 수 있고, 또는 일반적인 용어를 사용하면 '흥분도'를 나타낸다고

해석할 수 있습니다. 어쨌든, 시그모이드 뉴런의 출력은 현실의 뉴런(신경세포)과는 크게 다른 것입니다.

이상에서 알 수 있듯이, 시그모이드 뉴런을 이용한다는 것은 생물학적인 신경 모델로부터 크게 벗어나는 것을 의미합니다.

◀ 시그모이드 뉴런의 출력값은 뉴런의 '활성도' '흥분도'라고 해석할 수 있다.

■ Excel로 뉴런의 동작을 재현

그렇다면, 구체적으로 시그모이드 뉴런의 출력을 계산해봅시다. 하나의 셀이 하나의 뉴런을 표현할 수 있다는 것을 확인합니다.

예제 2 두 개의 입력 x_1, x_2를 가진 시그모이드 뉴런을 생각합니다. 입력 x_1, x_2에 대한 가중치를 차례대로 w_1, w_2라고 하고, 임계값을 θ라고 합니다. 두 입력 x_1, x_2가 주어졌을 때의 출력을 구하는 워크시트를 작성해봅시다. 다만, w_1, w_2, θ는 임의의 값으로 주어졌다고 합니다.

주 이 워크시트는 다운로드 사이트 (→ 8페이지)에 있는 '3.xlsx' 중의 '4_예제2' 탭에 있습니다.

풀이 다음 워크시트는 매개변수 (w_1, w_2, θ)를 (2, 3, 4)라고 설정합니다. 식 (2), (3)으로부터 시그모이드 뉴런의 출력이 구해지지만, 다음 그림은 (x_1, x_2)에 (1, 1)을 고려한 경우입니다.

H3 | =1/(1+EXP(-SUMPRODUCT(C3:C4,F3:F4)+C5))

	A	B	C	D	E	F	G	H	I	J	K
1		시그모이드 뉴런									
2		매개변수			입력			출력			
3		w1	2		x1	1		0.7311			
4		w2	3		x2	1					
5		θ	4								

예제 3 3 개의 입력 x_1, x_2, x_3을 가진 시그모이드 뉴런을 생각합니다. 각 입력에 대한 가중치를 차례대로 w_1, w_2, w_3이라고 하고, 임계값을 θ라고 합니다. 3개의 입력 x_1, x_2, x_3이 주어졌을 때의 출력을 구하는 워크시트를 작성해봅시다. 다만, w_1, w_2, w_3, θ는 임의의 값으로 주어졌다고 합니다.

주 이 워크시트는 다운로드 사이트 (→ 8페이지)에 있는 '3.xlsx' 중의 '4_예제3' 탭에 있습니다.

풀이 다음 그림은 매개변수 w_1, w_2, w_3, θ를 (1, 2, 3, 4)라고 설정합니다. 식 (2), (3)으로부터 시그모이드 뉴런의 출력이 구해지지만, 다음 그림은 (x_1, x_2, x_3)에 (1, 1, 1)을 고려한 경우입니다.

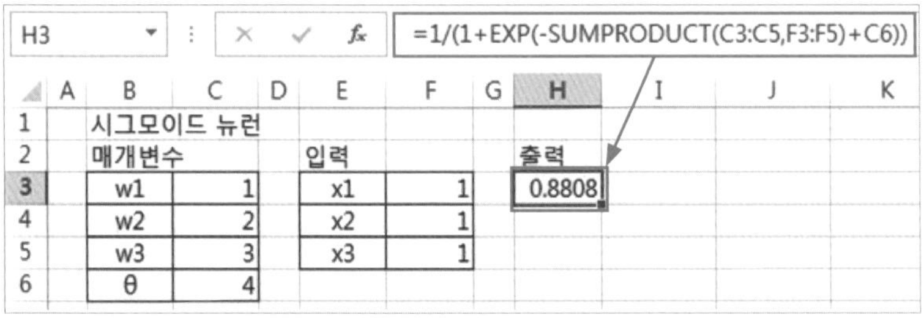

H3 =1/(1+EXP(-SUMPRODUCT(C3:C5,F3:F5)+C6))

	A	B	C	D	E	F	G	H	I	J	K
1		시그모이드 뉴런									
2		매개변수			입력			출력			
3		w1	1		x1	1		0.8808			
4		w2	2		x2	1					
5		w3	3		x3	1					
6		θ	4								

매개변수 w_1, w_2, w_3, θ와 입력 (x_1, x_2, x_3)의 값을 여러 가지로 변경해가며 시그모이드 뉴런에 익숙해지도록 해봅시다. Excel의 한 셀(셀 주소 H3)로 하나의 뉴런을 표현할 수 있다는 것도 확인해봅시다.

Memo 시그모이드 뉴런을 일반화

활성화 함수의 후보로 시그모이드 함수만 있는 것은 아닙니다. 유사한 발화를 실현할 수 있는 그래프 형태를 가진 함수라면 아무 것이라도 좋습니다. 계산속도가 빠른 ReLU 모델이 유명합니다. 5장 마지막에 이 함수에 관해서 다루기로 합니다.

Chapter

04

신경망의 구조

3장에서 살펴본 (AI) 뉴런을 이용하여 네트워크를 구성해봅시다. 간단한 '○' '×' 두 문자를 식별하는 것을 구체적인 예로 이야기를 진행합니다. Excel로 계산하면, 하나의 셀이 하나의 뉴런의 해당하기 때문에 신경망의 구조를 쉽게 이해할 수 있을 것입니다.

주 이 장부터는 인공 뉴런을 뉴런이라고 줄여서 부르기로 합니다.

§ 01 개괄적인 신경망의 구조

신경망이 이미지 식별을 어떻게 실현하는가를 사람의 동작으로 예를 들어 알아봅시다. 전체를 개략적으로 둘러보면, 다음 절 이후의 수치적인 설명을 이해하기가 쉬울 것입니다.

주 이 책은 계층형 신경망이라고 부르는 유형만 다룹니다.

■ 문제를 명확화

이 장에서는 다음에 제시하는 주제 I 을 구체적으로 알아보는 것으로, 신경망의 구조를 해설해 나갑니다.

주제 I **4×3 화소의 흑백 2진 이미지로 읽어 들인 필기체 문자 '○''×'를 식별하는 합성곱 신경망을 작성해봅시다.**

이 장에서는 이 과제를 해결하기 위한 신경망으로 다음 형태를 이용합니다.

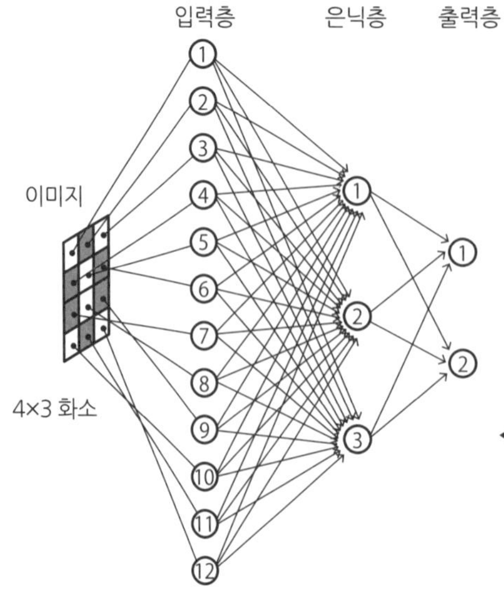

◀ 이 장에서 알아보는 신경망. 그림 속의 화살표에 대응하는 가중치와 각 뉴런의 임계값을 결정하는 것이 중요한 목표가 된다. 또한 이 절에서는 왼쪽 그림과 같이 뉴런에 번호를 붙인다.

앞의 주제 I 에 세시한 '4 × 3 = 12 화소의 흑백 2진 이미지'의 필기체 문자 'O''×'라는 것은 다음에 예시한 것처럼 매우 단순한 이미지입니다.

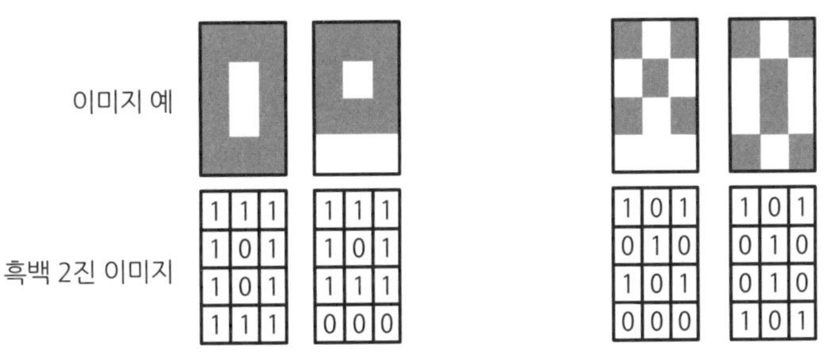

1	1	1
1	0	1
1	0	1
1	1	1

1	1	1
1	0	1
1	1	1
0	0	0

1	0	1
0	1	0
1	0	1
0	0	0

1	0	1
0	1	0
0	1	0
1	0	1

▲ 흑백 2진 이미지라는 것은 0, 1로 표현할 수 있는 이미지

이 절은 왼쪽 페이지에 제시한 신경망이 위의 문자를 식별하는 구조를, 사람의 행동을 예로 들어 해설합니다.

또한 아래 그림은 왼쪽 페이지의 신경망을 원시생물의 시신경 시스템에 비유한 그림입니다.

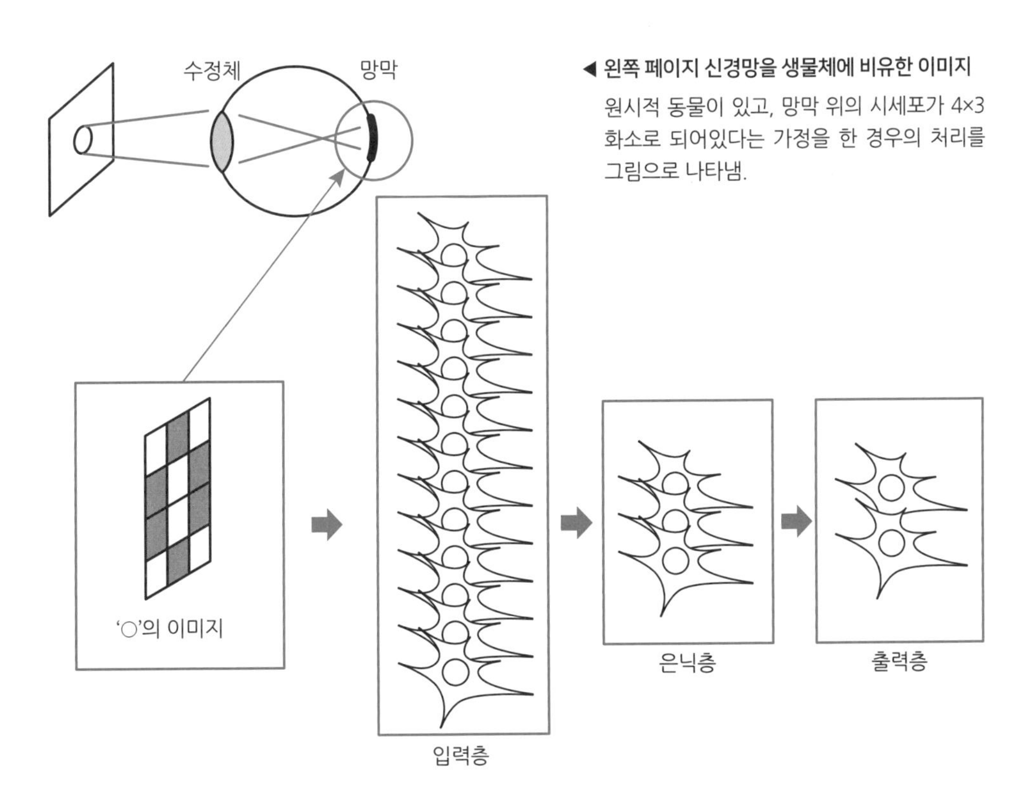

◀ **왼쪽 페이지 신경망을 생물체에 비유한 이미지**
원시적 동물이 있고, 망막 위의 시세포가 4×3 화소로 되어있다는 가정을 한 경우의 처리를 그림으로 나타냄.

■ 각 층의 뉴런에 역할을 부여

쉽게 해설하기 위해, 네트워크를 구성하는 뉴런에 번호를 붙이도록 합시다. 앞에 제시한 신경망 그림(60페이지)과 같이 각 층의 뉴런에 대해, 위부터 차례대로 1, 2, 3이라고 번호를 매깁니다. 또한 세로 열에도 이름을 붙입니다. 이미지 옆의 층을 **입력층**, 중간에 있는 층을 **은닉층**, 그리고 오른쪽에 있는 층을 **출력층**이라고 부르기로 합니다.

그리고 신경망 동작의 구조를 인간의 생활로 바꾸어서 생각해봅시다. 먼저 입력층에 관해서 생각합니다.

이 층에 있는 12개의 뉴런은 신경망에 이미지 정보를 옮기는 '운반원' 역할을 담당합니다. 각 담당자는 이미지 하나하나의 화소를 담당하고, 화소 정보를 가공하지 않고, 그대로 은닉층 전원에게 보고하는 역할을 담당합니다. 바꾸어 말하자면, 입력층 뉴런은 입력 신호를 중간층에 전달할 뿐, 아무런 처리를 수행하지 않습니다. 그들 운반원 각각을 뉴런 번호와 동일하게 ①~⑫라고 부르기로 합니다.

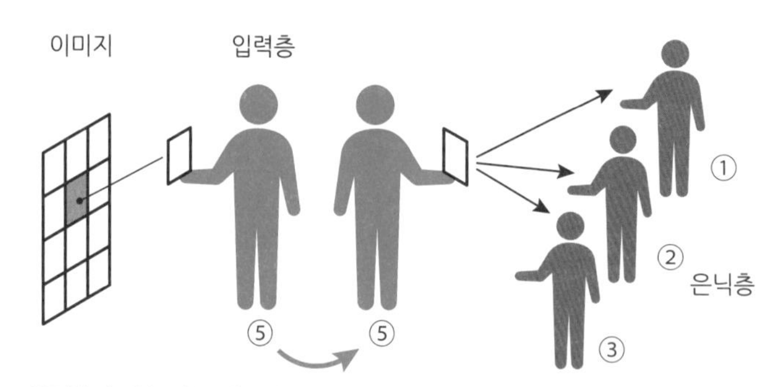

▲ 입력층의 각 뉴런은 신호의 '운반원'. 이 그림은 ⑤번 운반원을 나타낸다. 운반원은 접수한 화소 정보를 그대로 은닉층 전원에게 보고한다.

다음으로 은닉층에 관해서 생각합니다.

이 층에 있는 세 개의 뉴런은 '검사원'의 역할을 담당합니다. 입력층으로부터 전달 받은 이미지 패턴 중에 대기 패턴이 포함되어 있는지 조사하고, 그 함유율을 위층에 보고하는 역할을 담당합니다.

주 이야기를 쉽게 이해하도록, '대기 패턴'을 미리 알고 있는 것으로 했지만, 실은 이 결정이 이 장의 목표 중의 하나입니다. 덧붙여서 말하면, 함유율이라는 용어를 이용하지만, 이것은 이미지에 관한 표현이고, 엄밀한 의미로는 아닙니다.

검사원의 대기 패턴을 '특징 패턴'이라고 부르기로 합니다. 여기에서는 다음 패턴을 가정합니다.

◀ 3명의 검사원 ①~③이 검사하는 3개의 패턴

뉴런 번호 ①~③에 해당하는 검사원 ①~③은 위의 특징 패턴 ①~③의 검사를 담당하도록 합니다.

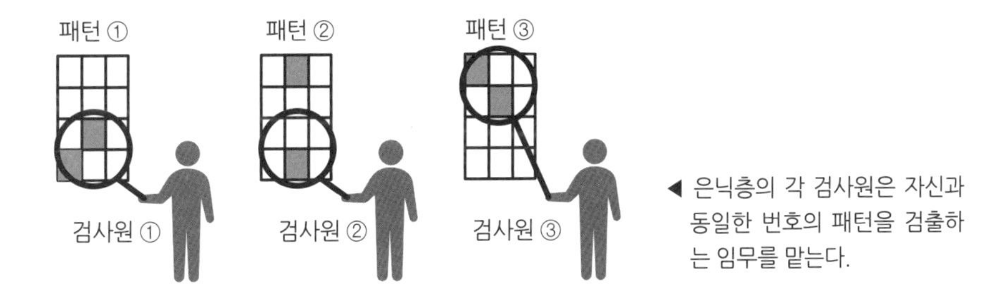

◀ 은닉층의 각 검사원은 자신과 동일한 번호의 패턴을 검출하는 임무를 맡는다.

다음 그림은 특징 패턴 ①을 검출하는 역할을 맡은 검사원 ①의 작업을 나타낸 것입니다.

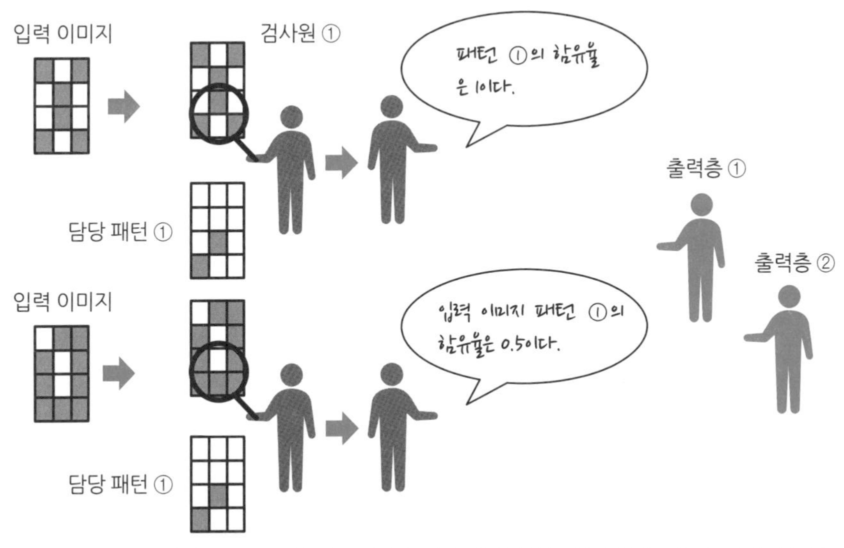

▲ 은닉층의 검사원 ①은 담당한 특징 패턴 ①이 이미지에 어느 정도 포함되어 있는가를 조사하여, 그 함유율을 0~1 사이의 값으로 출력층에 전달한다.

마지막으로 출력층에 관하여 알아봅시다.

이 층의 뉴런은 '판정원'의 역할을 담당합니다. 각 판정원도 뉴런 번호와 동일하게 ①, ②라고 부르기로 합니다. 판정원 ①은 문자 '○'의 판정을 담당하고, 판정원 ②는 문자 '×'의 판정을 담당합니다. 은닉층의 '검사원'으로부터 보고받은 세 개의 다른 특징 패턴의 함유율을 감안하여, 판정원 ①은 문자 '○'인 확신도를 0과 1 사이의 숫자로 표현합니다. 판정원 ②는 문자 '×'인 확신도를 0과 1 사이의 숫자로 표현합니다.

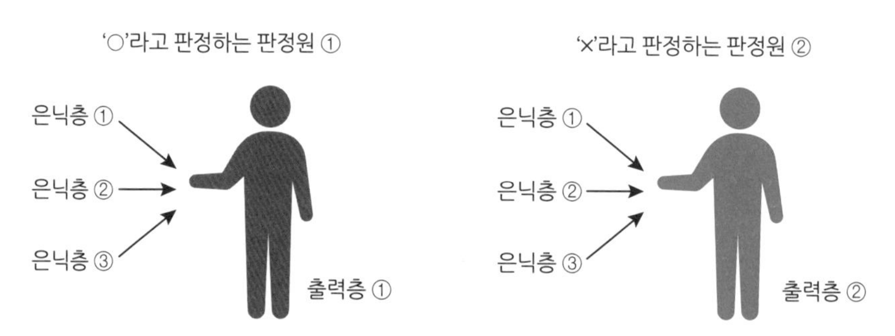

▲ 판정 결과는 그 판정의 확신도에 따라서 0부터 1사이의 값으로 출력한다.

주 확신도라는 용어를 이용하지만, 이것은 이미지에 관한 표현이고, 엄밀한 의미로는 아닙니다.

■ 뉴런 1개는 지능을 갖고 있지 않다!

'운반원' 12명, '검사원' 3명과 '판정원' 2명의 총수인 17명의 역할을 알아봅시다. '운반원'은 화소 신호를 은닉층의 담당자 전원에게 그대로 보내는 역할을 담당합니다. '검사원'은 운반원으로부터 받은 신호 중에 자신이 담당하고 있는 특징 패턴의 함유율을 판정원에게 보고하는 역할을 담당합니다. 그리고 마지막 '판정원'은 검사원으로부터 받은 정보에서 문자 '○'와 문자 '×'의 확신도를 출력하는 역할을 담당합니다.

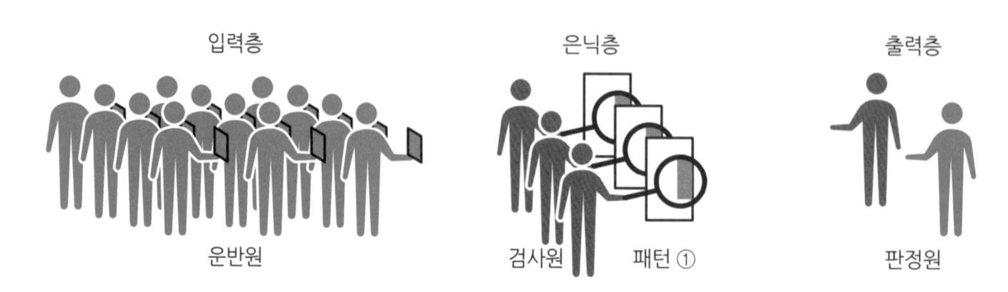

▲ 총 17명의 담당자

주의해야 할 것은, 각 뉴런을 '사람'으로 비유했다고 해서 그 뉴런이 사람처럼 지능을 가지고 있지 않다는 점입니다. 3장에서 살펴본 것처럼, 각 뉴런은 단순히 다음 동작을 할 뿐입니다.

입력 신호 $x_1, x_2, \cdots, x_n$(n은 자연수)을 대상으로 각 입력 신호에는 가중치 $w_1, w_2, \cdots, w_n$이 주어졌다고 합시다. 임계값을 θ라고 할 때, 뉴런의 출력 y는

$$y = \sigma(a) \cdots (1)$$

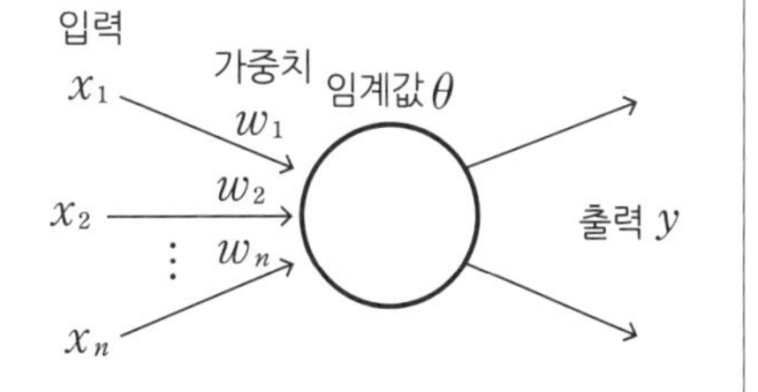

여기에서 σ는 시그모이드 함수이고, a는 '**입력의 선형합**'이라고 부르며, 다음과 같이 정의됩니다.

$$a = w_1x_1 + w_2x_2 + \cdots + w_nx_n - \theta \cdots (2)$$

그러나 어떻게 해서 이런 단순한 뉴런(즉, 17명의 담당자)이 모여 문자 식별이라는 고도의 처리가 가능할까요? 그 비밀은 은닉층 각 담당자의 관계(즉, 가중치)의 크기에 있습니다. 층별로 구조를 알아봅시다.

은닉층의 역할은 특징 추출

입력층은 단순히 네트워크의 창구로, 받은 입력값을 그대로 은닉층에 넘깁니다. 그 은닉층의 동작을 생각하기로 합니다.

예를 들어, 앞의 페이지(63페이지)에 그린 은닉층의 '검사원' ①에 관해서 알아봅시다. 그 검사원 ①은 읽어 들인 이미지 속에 아래 그림으로 제시한 특징 패턴 ①이 포함되어 있는지를 알아보고, 그 함유율을 0에서 1사이로 수치화하는 역할을 담당합니다.

패턴 ①

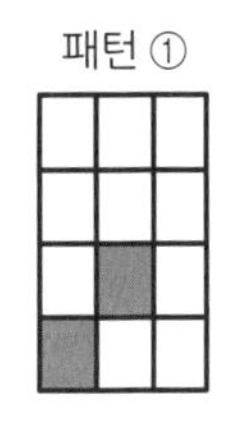

◀ 검사원 ①이 검사해야 할 패턴 ①.

그런데 어떻게 해서 함유율을 산출하는 것일까요? 그 비밀은 입력층의 운반원 ①과 검사원 ①을 연결하는 화살표의 굵기(즉, 가중치의 크기)에 있습니다.

다음 그림을 보기 바랍니다. 이 그림에 나타낸 것처럼, 입력층의 운반원 ⑧ ⑩과 은닉층의 검사원 ①을 연결하는 화살표를 굵게(즉, 가중치를 크게) 하고, 검사원 ①로 향하는 다른 화살표는 가늘게(즉, 가중치를 작게) 해봅시다. 그렇게 하면, 패턴 ①이 이미지에 포함되어 있을 때, '입력의 선형합' (2)에서 알 수 있듯이, 검사원 ①에 전달되는 신호는 커집니다. 또한 이미지 패턴 ①이 이미지에 포함되지 않았을 때, 검사원 ①에 전달되는 신호는 작아집니다.

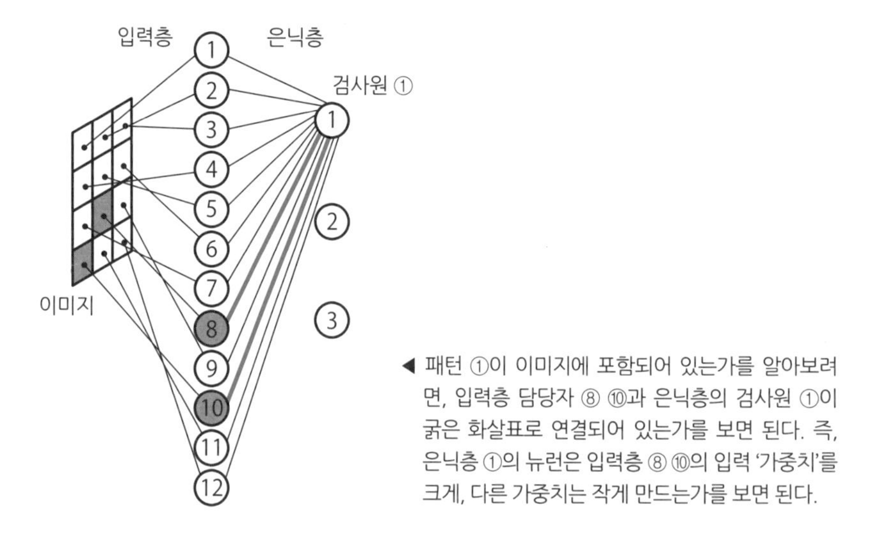

◀ 패턴 ①이 이미지에 포함되어 있는가를 알아보려면, 입력층 담당자 ⑧ ⑩과 은닉층의 검사원 ①이 굵은 화살표로 연결되어 있는가를 보면 된다. 즉, 은닉층 ①의 뉴런은 입력층 ⑧ ⑩의 입력 '가중치'를 크게, 다른 가중치는 작게 만드는가를 보면 된다.

이 예에서 알 수 있듯이, '입력의 선형합' (2) 안의 '가중치'를 조절하는 것으로, 이미지에서 검사원이 담당하는 특징 패턴이 포함된 상태가 판명되고, 활성화 함수 (1)로 함유율을 변환할 수 있습니다.

예 1 앞의 페이지(63페이지)에 제시된 특징 패턴 ②(오른쪽 그림)를 검사하는 '검사원' ②의 경우, 어떻게 하면 이 특징 패턴 ②의 함유율을 검사원 ②가 산출할 수 있는가를 알아봅시다.

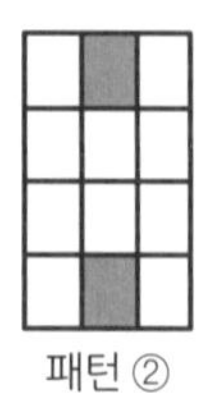
패턴 ②

다음 페이지 위의 그림을 보기 바랍니다. 입력층의 운반원 ② ⑪과 검사원 ②가 연결된 화살표의 가중치를 크게 하고, 검사원 ②를 향한 다른 화살표를 가늘게(가중치를 작게) 해봅시다. 그렇게 하면, 이 패턴 ②가 이미지에 포함되어 있을 때, '입력의 선형합' (2)로

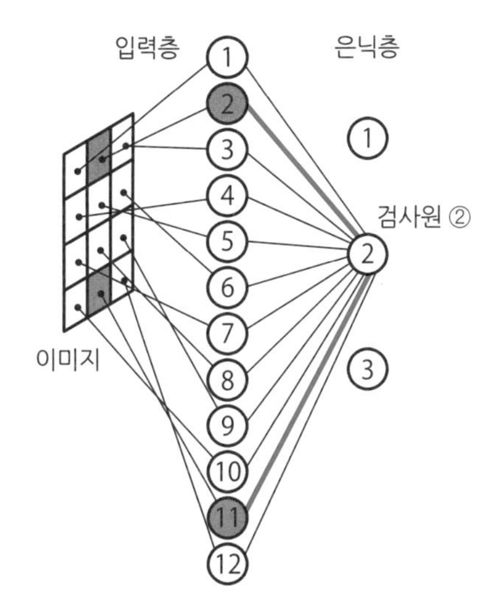

부터 검사원 ②에게 전달되는 신호는 커집니다. 또한 이미지 패턴 ②가 이미지에 포함되어 있지 않을 때, 검사원 ②에게 전달되는 신호는 작아집니다. 이렇게 하는 것으로, 이 패턴 ②가 이미지에 포함되어 있는 크기를 산출할 수 있습니다. 이 크기에 따라 활성화 함수 (1)로 패턴 ②의 함유율이 구해집니다. 이것이 **예 1**의 해답입니다.

▲ 패턴 ②가 이미지에 포함되어 있는가를 알아보려면, 입력층 담당자 ② ⑪과 은닉층의 검사원 ②가 굵은 화살표로 연결되어 있는가를 보면 된다. 즉, 은닉층 ②의 뉴런이 입력층 ② ⑪의 입력의 '가중치'를 크게 하고, 다른 가중치는 작게 하는가를 보면 된다.

예제 1 **앞의 페이지(63페이지)에 제시된 특징 패턴 ③(오른쪽 그림)을 검사하는 '검사원' ③의 경우, 어떻게 해서 이 특징 패턴 ③의 함유율을 검사원 ③이 산출할 수 있는가를 알아봅시다.**

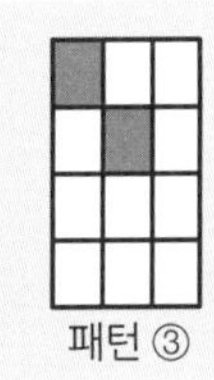
패턴 ③

풀이 입력층의 운반원 ① ⑤와 검사원 ③이 연결된 화살표의 가중치를 크게 하고, 다른 화살표를 가늘게(가중치는 작게) 해 봅시다 그렇게 하면, 이 패턴 ③이 이미지에 포함되어 있을 때, '입력의 선형합' (2)로부터 검사원 ③에게 전달되는 신호는 커집니다. 또한 이미지 패턴 ③이 이미지에 포함되어 있지 않을 때, 검사원 ③에게 전달되는 신호는 작아집니다. 이렇게 하는 것으로, 이 패턴 ③이 이미지에 포함되어 있는 크기를 산출할 수 있습니다. **(답)**

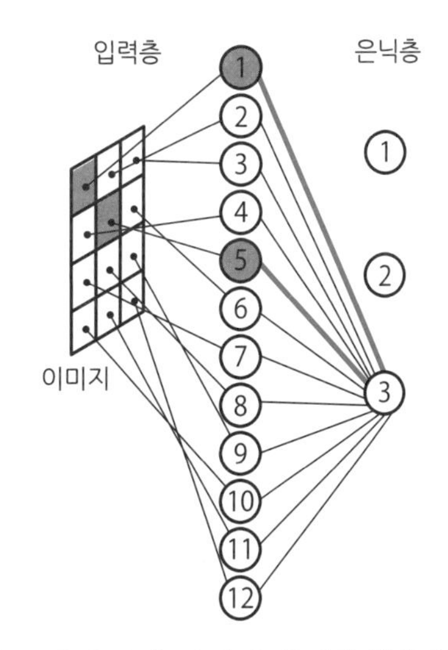

이렇게 해서, 검사원은 입력층과 연결된 '가중치'의 크기에 따라 주어진 패턴의 함유율을 산출할 수 있는 것입니다. 단순한 인공 뉴런이 문자 이미지 안의 정보를 판별하는 것은 이러한 단순한 작업에 의해서 이루어집니다.

그런데 검사원이 목표 패턴의 함유율을 산출하는 것은 이미지에 포함된 특징을 추출하는 것으로 바꾸어 말할 수 있습니다. 이것을 신경망에서는 "은닉층은 **특징 추출** 역할을 담당한다."라고 표현합니다.

■ 출력층의 '판정원'은 담당 문자의 확신도를 출력

마지막으로 출력층 판정원의 동작을 살펴봅시다.

출력층의 '판정원'은 '검사원'으로부터 보고받은 특징 패턴의 함유율로부터 자신이 담당하는 문자의 확신도를 0과 1 사이로 수치화합니다. 앞에서 정한 것처럼, 판정원 ①은 '○'의 확신도를 수치화하고, 판정원 ②는 '×'의 확신도를 수치화합니다.

그런데 판정원 ①이 '○'라고 판정하는 역할을 담당한다는 것은, 은닉층의 검사원 ②로부터 오는 굵은 화살표를 가지고 있음을 의미합니다. 필기체 문자 '○'의 문자에는 특징 패턴 ②가 포함되어 있을 가능성이 높기 때문입니다.

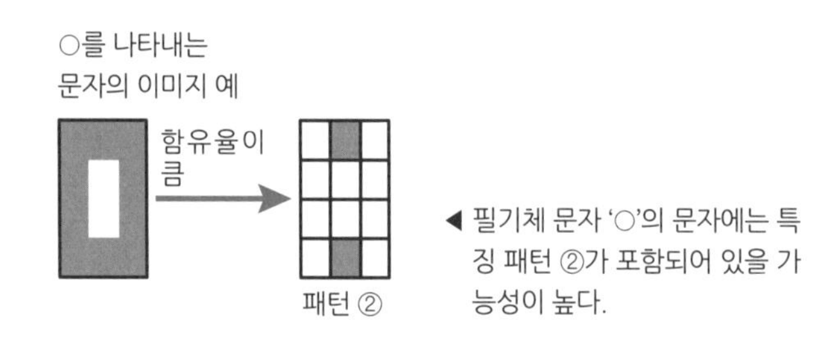

◀ 필기체 문자 '○'의 문자에는 특징 패턴 ②가 포함되어 있을 가능성이 높다.

판정원 ②가 '×'라고 판정하는 역할을 담당한다는 것은, 은닉층의 검사원 ① ③으로부터 오는 굵은 화살표를 가지고 있음을 의미하고, 검사원 ②로부터 오는 가는 화살표를 가지고 있다는 것을 의미합니다. 필기체 문자 '×'의 문자에는 패턴 ① ③이 포함되어 있을 가능성이 높기 때문입니다.

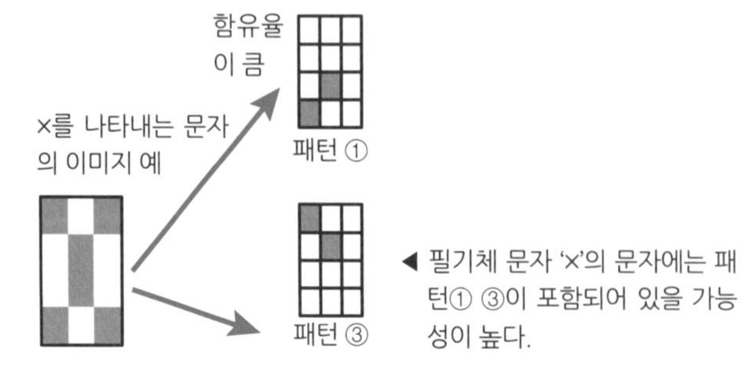

◀ 필기체 문자 '×'의 문자에는 패턴① ③이 포함되어 있을 가능성이 높다.

은닉층의 경우와 마찬가지로, 뉴런의 세계로 말하면, 굵은 화살은 '가중치'가 큰 것을 의미합니다. 가는 화살은 식 (2)의 가중치를 작게 하는 것이 됩니다. 은닉층의 경우와 완전히 동일한 구조로 '입력의 선형합' (2)로부터 목표 정보를 선별하여 자신의 임무에 대한 판단이 쉽도록 할 수 있습니다.

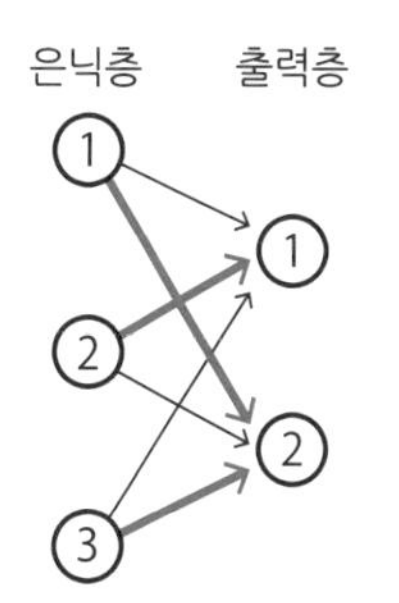

◀ 'O'라고 판정하는 판정원 ①의 경우는, 패턴 ②의 검사를 담당하는 검사원 ②로부터 오는 화살이 굵어진다(가중치가 커진다).

'x'라고 판정하는 판정원 ②의 경우는, 패턴 ①의 검사를 담당하는 검사원 ① ③으로부터 오는 화살이 굵어진다(가중치가 커진다).

의인화된 표현으로 그리면, 더욱 이해가 쉬울 것입니다. 정보를 전달하는 파이프의 굵기로 일이 결정되는 것은 어딘가 인간사회와 유사합니다.

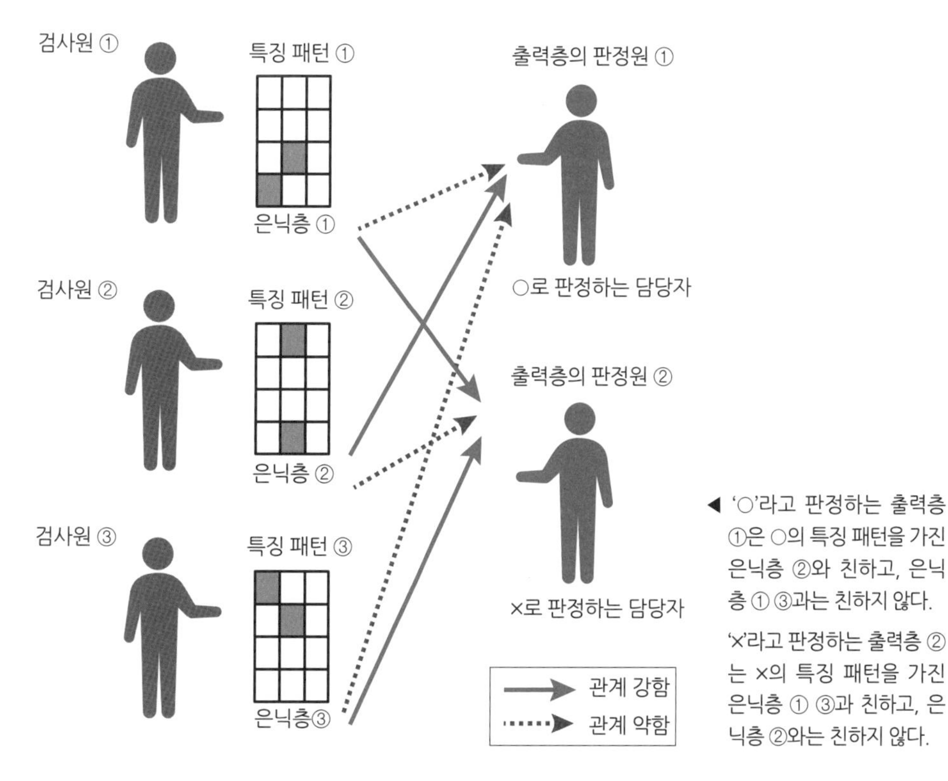

◀ 'O'라고 판정하는 출력층 ①은 ○의 특징 패턴을 가진 은닉층 ②와 친하고, 은닉층 ① ③과는 친하지 않다.

'x'라고 판정하는 출력층 ②는 ×의 특징 패턴을 가진 은닉층 ① ③과 친하고, 은닉층 ②와는 친하지 않다.

■ 정리하면

지금까지의 이야기를 정리해봅시다. 결국 각 층간의 화살의 굵기, 다시 말하면, '가중치'의 크기가 신경망이 이미지를 판별하는 키가 되는 것을 알 수 있습니다. 그 결과를 다음 그림으로 정리해봅시다.

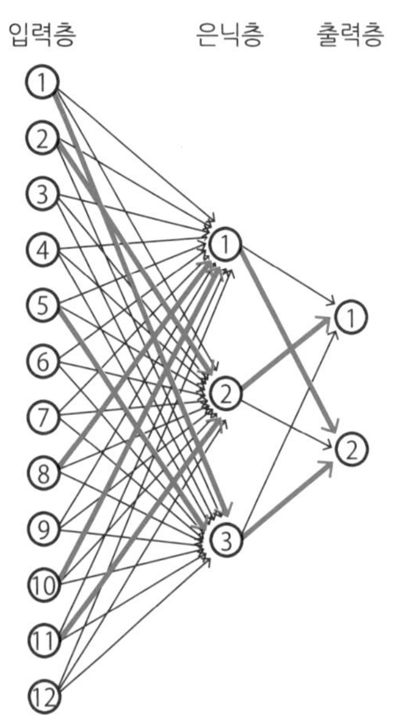

◀ 완성된 신경망 이미지. 굵은 화살은 가중치가 큰 것을 나타낸다. 신경망이 식별을 가능하게 하는 비밀은 이 화살의 굵기(가중치의 크기)에 있다.

■ 비밀은 네트워크의 연계

이상의 이야기를 구체화하기 위해 다음 예를 알아봅시다.

예 2 아래 그림과 같은 필기체 문자 '○'의 이미지가 입력되었을 때, 신경망이 '○'라고 판정하는 구조를 알아봅시다.

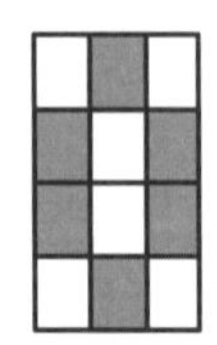

◀ 문자 '○'를 나타내는 이미지

이 문자 이미지에는 특징 패턴 ②가 포함되어 있습니다. 따라서 운반원 ②, ⑪은 굵은 화살을 가지고 있는 검사원 ②에게 강한 신호를 보냅니다. 그러면 검사원 ②는 굵은 화살을 가진 판정원 ①에게 강한 신호를 보냅니다. 이렇게 해서 'O'를 판정하는 출력층의 판정원 ①은 "이 이미지는 'O'"라고 확신하고, 확신도로 1에 가까운 값을 출력합니다. 이에 비해서 약한 신호만 받은 출력층의 판정원 ②는 "이 이미지는 '×'"라는 확신도로 0에 가까운 값을 출력합니다. 이렇게 해서 신경망은 출력층 2명의 확신도를 비교하여 "이 문자 이미지는 'O'"라고 판정합니다.

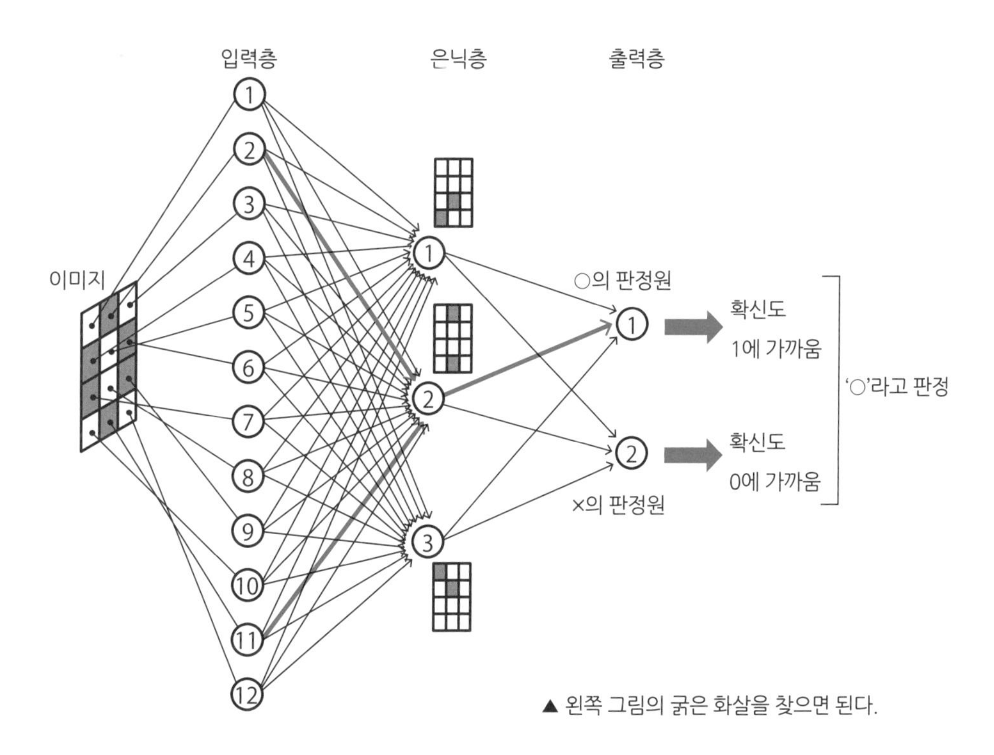

▲ 왼쪽 그림의 굵은 화살을 찾으면 된다.

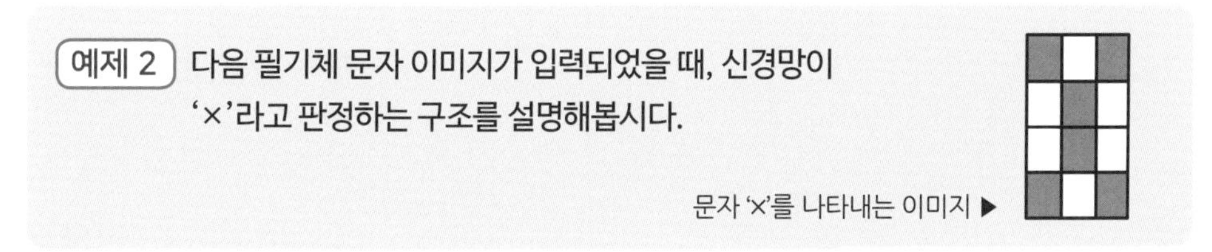

예제 2 **다음 필기체 문자 이미지가 입력되었을 때, 신경망이 '×'라고 판정하는 구조를 설명해봅시다.**

문자 '×'를 나타내는 이미지 ▶

풀이 이 문자 이미지에는 특징 패턴 ①과 ③이 포함되어 있습니다. 70페이지 그림의 굵은 화살(정보 전달 파이프)을 찾아 '×'라고 판정하는 판정원 ②에게 강한 신호를 보내고, 판정원 ②는 1에 가까운 확신도를 출력합니다. 이에 비해서 약한 신호만 받은 출력층의 판정원 ①은 "이 이미지는 '○'"라는 확신도로 0에 가까운 값을 출력합니다. 이렇게 해서 신경망은 두 사람의 출력층 확신도를 비교하는 것으로 "이 이미지는 '×'"라고 판정하게 됩니다. **(답)**

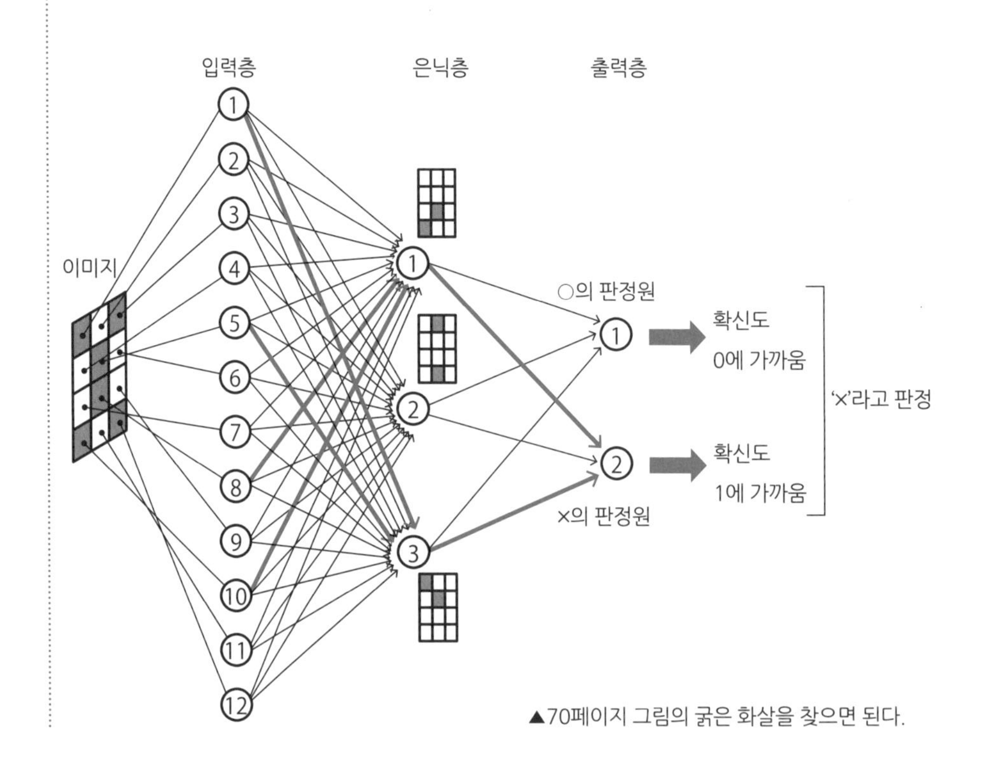

▲70페이지 그림의 굵은 화살을 찾으면 된다.

■ 임계값의 역할은 불필요한 정보를 차단

일단, 은닉층의 검사원이 입력층으로부터 온 정보를 가려내는 구조가 '가중치'에 있다는 것을 알았지만, 또 하나의 매개변수인 '임계값'은 어떤 동작을 하는 것일까요?

예를 들면, 은닉층의 검사원 담당자에 관해서 생각해봅시다. 검사원은 자신과 굵은 화살로 연결된 입력층의 운반원으로부터 오는 신호가 중요합니다. 그러나 그 외의 운반원으로부터 오는 신호는 잡음이 됩니다. 그 잡음을 차단하는 역할이 '임계값'인 것입니다. 임계값을 알맞게 설정하는 것으로 담당한 목표 신호는 받아들이고, 그 외의 신호는 잘 차단하는 것이 가능합니다.

■ 매개변수의 결정 방법

이제까지는 은닉층의 검사원이 담당하는 '특징 패턴'이 처음부터 주어졌다고 가정했습니다. 그러나 앞에서도 기술한 것처럼, 실제로는 무엇이 이미지의 특징인지 알 수가 없습니다. 어떻게 해서 이미지의 특징이 결정되는 것일까요? 또한 각 뉴런의 가중치도 구체적으로 어떻게 결정되는 것일까요?

이 질문에 답하는 것이 **네트워크 스스로 결정한다**라는 아이디어입니다. 다시 말하면, 가중치와 임계값은 주어진 데이터로부터 신경망 스스로 결정하는 것입니다. 사람이 하나하나 자상하게 가르치는 작업은 하지 않습니다.

지금 알아보는 예로 생각해봅시다. 필기체 '○' '×' 이미지 데이터가 몇 장 있고, 그것들에 한 장씩 '○' 혹은 '×'인지 정답이 기록되어 있다고 가정합시다. 그러면 처음에 할 일은 신경망에 각 이미지를 읽어 들여 '○'와 '×'의 확신도를 계산하는 것입니다. 다음으로는 각 이미지에 부착된 정답과의 오차를 산출하고, 이미지 데이터 모두에 대해서 이러한 오차의 총합을 구합니다. 마지막으로 이 오차의 총합이 최소로 되도록 가중치와 임계값을 컴퓨터로 결정하는 것입니다.

주 이러한 이미지와 정답 세트를 **훈련 데이터** 또는 **학습 데이터**라고 부릅니다.

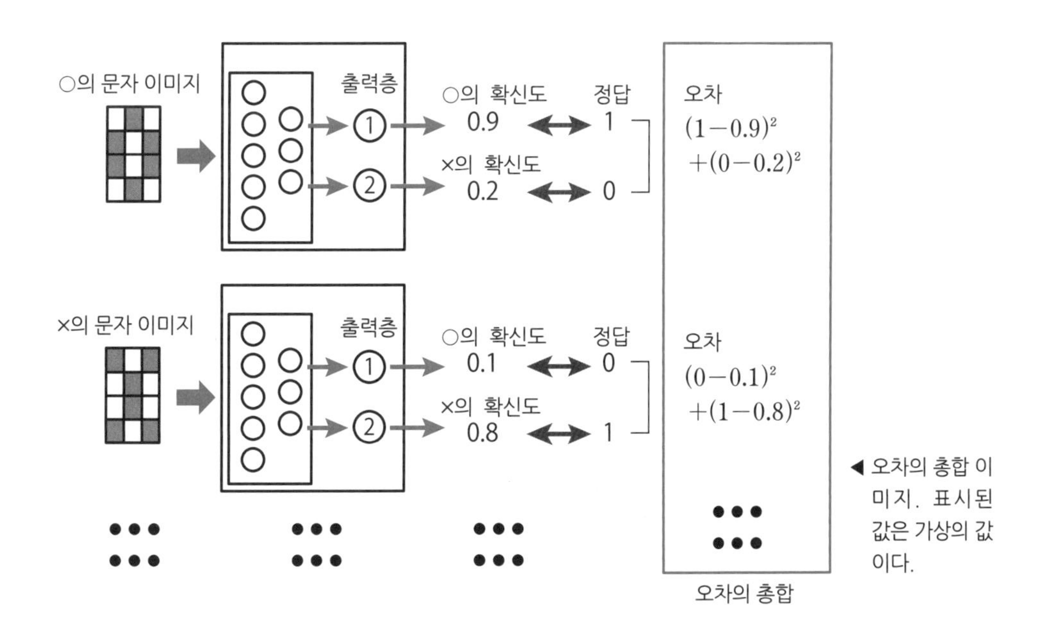

◀ 오차의 총합 이미지. 표시된 값은 가상의 값이다.

이상의 수학적 절차를 수학 모델의 '**최적화**'라고 하며, 과거부터 연구된 것입니다. 이 책에서는 그중 가장 간단한 방법인 회귀분석을 소개합니다(2장 §04). 이 최적화 기법으로부터 신경망의 가중치와 임계값이 결정되는 것입니다. 다른 표현으로는, 최적화 계산을 하면 신경망은 이미지 데이터로부터 자기 자신을 결정하는 것입니다. 이것이 앞에서 기술한 "네트워크 스스로가 결정"한다는 표현이 됩니다. 사람이 지식을 제공할 여지가 없는 것입니다.

■ 컴퓨터 기술 발전의 산물

네트워크의 연계가 판단을 내리는 구조는 이제까지의 수학적 접근법과는 다른 큰 가능성을 가지고 있습니다. 지금까지의 수학 모델은, 모델을 규정하는 매개변수를 가능한 한 적고 간결하게 만들려고 시도했습니다. 이에 비해 신경망 모델은 방대한 수의 매개변수(즉, 가중치와 임계값)가 포함되어 있습니다. 이와 같은 모델을 만들 수 있게 된 것은, 전적으로 컴퓨터 기술의 발전 덕분입니다. 컴퓨터는 수백만 개의 가중치와 임계값을 싫증내지 않고 계산해 주기 때문입니다.

■ 신경망의 아이디어를 정리

신경망을 구성하는 뉴런 하나하나는 단순한 동작을 합니다. 입력을 선형합으로 정리하고(식 (2)), 그 크기로부터 0과 1 사이의 수로 변환합니다(식 (1)) (식 (1) (2)는 65페이지 참조). 이 네트워크는 이미지의 의미를 판별할 수 있는 핵심 부분의 가중치를 데이터에 맞추어 조정합니다. 특징 패턴이 나타날 때, 그것을 담당자에게 보고하기 쉽도록 화살표의 가중치(즉, 정보 전달 파이프의 굵기)를 스스로 결정하는 것입니다.

이것은 개미 사회와도 유사합니다. 개미 한 마리 한 마리는 큰 지능이 없지만, 서로가 네트워크를 구성하고, 관계를 함께 구축함으로써 복잡한 사회를 만들 수 있습니다.

이 절 이후는 Excel을 이용하여, 이상의 내용을 확인해봅시다.

§ 02 신경망이 필기체 문자를 식별

앞의 절에서는 신경망의 구조를 사람의 역할에 비유하여 알아보았습니다. 이 절부터는 Excel을 이용하여 구체적으로 그 구조를 알아봅시다. 우선 주제를 명확하게 하고, 그것을 위한 데이터를 준비합니다.

■ 이제부터 알아보는 구체적인 예

앞의 절(이 장 § 01)에서 알아본 다음 주제 I 을 구체적인 예로서, Excel을 이용하면서 논의를 진행합니다.

> **주제 I** 4×3 화소 흑백 2진 이미지로 읽어 들인 필기체 문자 'O', '×'을 식별하는 합성곱 신경망을, 64장의 필기체 이미지와 정답으로 구성되는 훈련 데이터를 이용하여 작성해봅시다.

신경망은 § 01에서 알아본 다음 그림으로 나타내는 네트워크를 이용합니다.

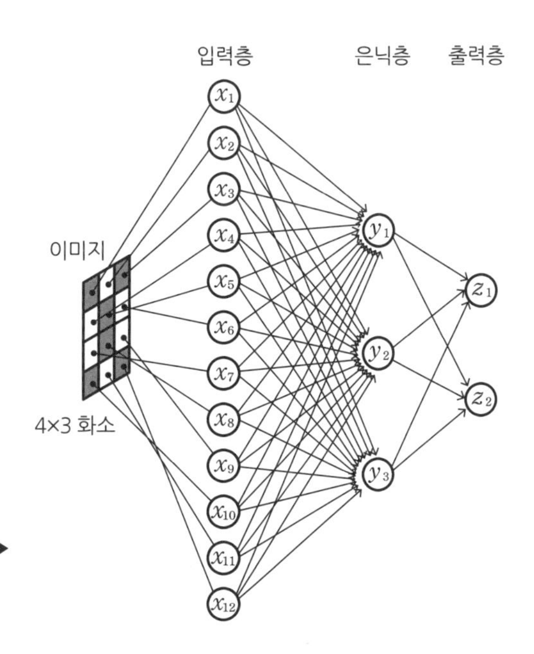

이 장의 목표가 되는 신경망의 형태. ▶ 또한 뉴런에 부착된 명칭에 관해서는 이제부터 설명한다.

4 신경망의 구조

앞 절에서는 각 뉴런을 의인화하여 신경망의 구조를 알아보았습니다. 이제부터는 Excel을 이용하여, 구체적인 수치로 신경망의 구조를 알아보도록 합니다. 그 중에서도 은닉층과 출력층의 의미가 수치적으로 명확해질 것입니다.

■ 각 층의 역할

앞 페이지에 제시한 것처럼, 이제부터 생각하는 신경망은 '입력층' '은닉층' '출력층'의 세 층으로 구성됩니다. 각 층이 어떤 동작을 하는가에 관해서는 앞 절(§01)에서 의인화하여 알아보았지만, 여기에서 다시 한 번 확인합니다.

입력층의 12개 뉴런은 네트워크에 이미지 정보를 나르는 '운반원' 역할을 담당합니다. 다시 말하면, 입력층 뉴런은 입력 신호를 중간층에 전달하는 것 외에는 아무런 처리도 행하지 않습니다.

은닉층의 3개 뉴런은 '특징 추출' 역할을 수행합니다. 입력된 이미지 데이터로부터 특징 패턴을 찾습니다.

출력층의 2개 뉴런은 위의 뉴런이 '○'에, 아래 뉴런이 '×'에 강하게 반응하도록 되어 있습니다. 은닉층에서 추출한 특징으로부터 '○' '×'를 종합적으로 판정하고, 그 확신도를 출력합니다.

이상과 같은 해석은 뒤에서 확인할 수 있으므로, 여기에서는 미스터리 소설의 예고편 정도로 생각해주기 바랍니다.

■ 4×3=12 픽셀의 흑백 2진 이미지

앞의 절(§01)에서도 확인했지만, '4×3 = 12 픽셀의 흑백 2진 이미지'라는 것은 다음과 같은 이미지를 말합니다.

○ 이미지 예

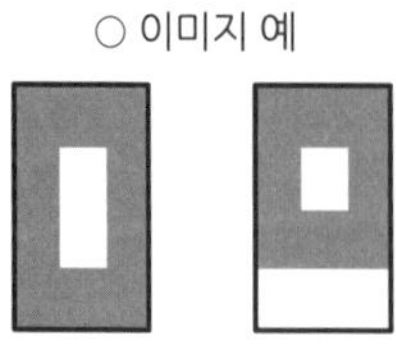

× 이미지 예

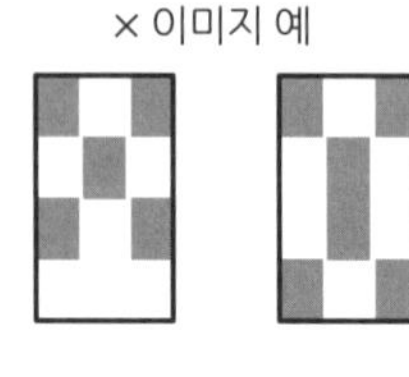

◀ 흑백 2진 이미지 예. 이 책에서는 진하게 칠한 부분을 1, 칠하지 않은 흰 부분을 0으로 표현한다.

그러나 Excel은 이와 같은 무늬를 다루지 않으므로, 무늬를 수치로 치환하는 것이 필요합니다. 이 장의 (주제 I)에서는 흑백 2진 이미지이기 때문에 다음 그림과 같이 0과 1 두 값의 패턴으로 치환됩니다.

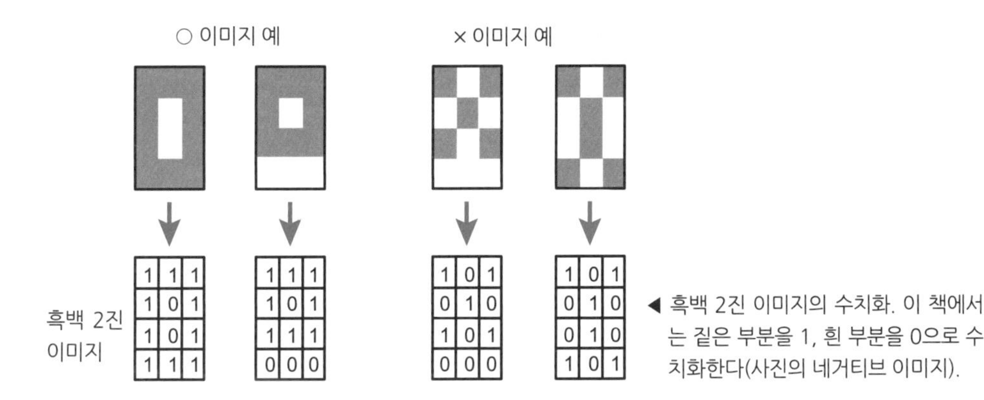

◀ 흑백 2진 이미지의 수치화. 이 책에서는 짙은 부분을 1, 흰 부분을 0으로 수치화한다(사진의 네거티브 이미지).

그러나 비록 수치화되었다고 하나, 이와 같은 이미지를 읽어도 컴퓨터는 무엇을 의미하는지 이해할 수 없습니다. 따라서 각 필기체 문자 이미지에는 그것이 무엇을 의미하는가를 나타내는 '정답'을 첨부해야만 합니다. 이 필기체 문자 이미지와 그 정답 세트를 **훈련 데이터**라고 합니다. (또는 **학습 데이터**라고도 합니다.) 지금 살펴보는 (주제 I)의 경우, 필기체 '○' '×' 이미지와 그 이미지가 '○' '×' 중 어느 것을 표현하는가를 나타내는 '정답' 세트가 훈련 데이터가 됩니다.

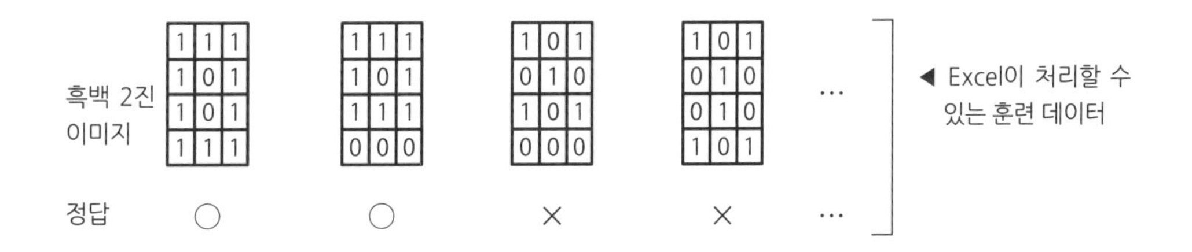

◀ Excel이 처리할 수 있는 훈련 데이터

주 신경망에서 '비지도 학습(Unsupervised Learning)' '강화 학습(Reinforcement Learning)'이라고 부르는 타입은 '정답'을 직접 제공하지 않습니다. 이 책은 이와 같은 경우는 고려하지 않습니다.

■ 이미지 데이터를 Excel에 입력

그렇다면 훈련 데이터를 Excel에 입력해봅시다.

예제 4×3 화소 흑백 2진 이미지로 읽어 들인 필기체 문자 '○'와 '×'를 정답과 함께 Excel에 입력해봅시다.

주 이 워크시트는 다운로드 사이트 (→ 8페이지)에 있는 '4.xlsx' 중의 '데이터' 탭에 있습니다. 또한 부록 A에 그 필기체 문자 이미지가 수록되어 있습니다.

풀이 다음 그림에 나타낸 것처럼, 필기체 문자 이미지와 그 정답을 입력합시다.

○과 ×의 식별

훈련 데이터

(훈련 데이터는 다운로드한 것을 이용)

번호	1	2	3	4	5	6	7		62	63	64
문자 이미지	1 1 1	0 1 1	1 1 0	1 1 1	1 1 1	0 0 0	0 0 0	0	0 0 1	1 0 0	0 0 1
	1 0 1	1 0 1	1 0 1	1 0 1	1 0 1	1 1 1	0 1 1	1	0 1 0	1 0 0	1 0 1
	1 0 1	1 0 1	1 0 1	1 0 1	1 0 1	1 0 1	1 0 1	1	0 1 0	0 1 0	0 1 0
	1 1 1	1 1 1	1 1 1	1 1 0	0 1 1	1 1 1	1 1 1	1	1 0 1	1 0 1	1 0 0
정답	○	○	○	○	○	○	○	○	×	×	×

정답의 ○와 × 이미지를 무작위로 배치해두는 쪽이 뒤의 최적화 계산 시 수렴성이 좋아집니다. 그러나 지금 고려하는 데이터는 단순한 것이기 때문에 결과를 쉽게 이해할 수 있도록 ○와 ×를 분리해서 입력합니다.

주 데이터를 읽어 들인 워크시트의 탭 이름은 '데이터'로 합니다.

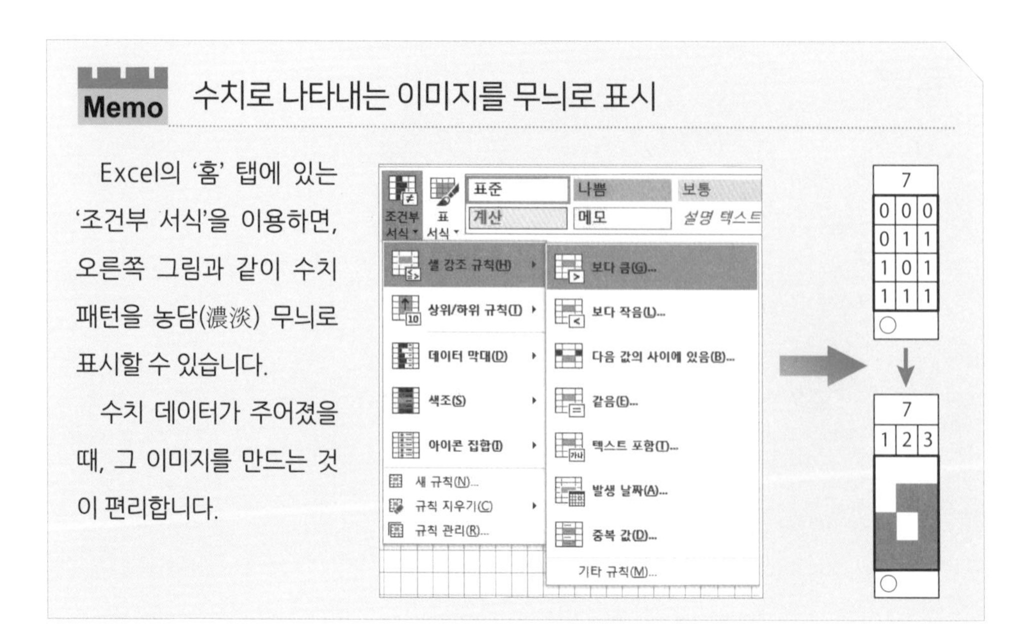

Memo 수치로 나타내는 이미지를 무늬로 표시

Excel의 '홈' 탭에 있는 '조건부 서식'을 이용하면, 오른쪽 그림과 같이 수치 패턴을 농담(濃淡) 무늬로 표시할 수 있습니다.

수치 데이터가 주어졌을 때, 그 이미지를 만드는 것이 편리합니다.

§ 03 훈련 데이터에서 신경망의 출력을 산출

앞 절(§02)에서는 구체적인 신경망을 제시하고, 그것을 위한 훈련 데이터를 Excel 워크시트에 입력했습니다. 이 절에서는 첫 번째 이미지에 관한 출력값을 계산해봅시다.

> 주 이 절의 예제 워크시트는 다운로드 사이트 (→ 8페이지)에 있는 '4.xlsx' 중의 '예제' 탭에 함께 수록되어 있습니다.

■ 변수와 기호 이름

신경망의 출력을 구하기 위해서는 뉴런 사이의 관계를 알아볼 필요가 있지만, 그 전에 관계를 기술할 때 필요한 변수 이름에 관해서 확인해 보겠습니다.

3장에서는 단일 뉴런을 표현하기 위해 다음 기호를 도입했습니다.

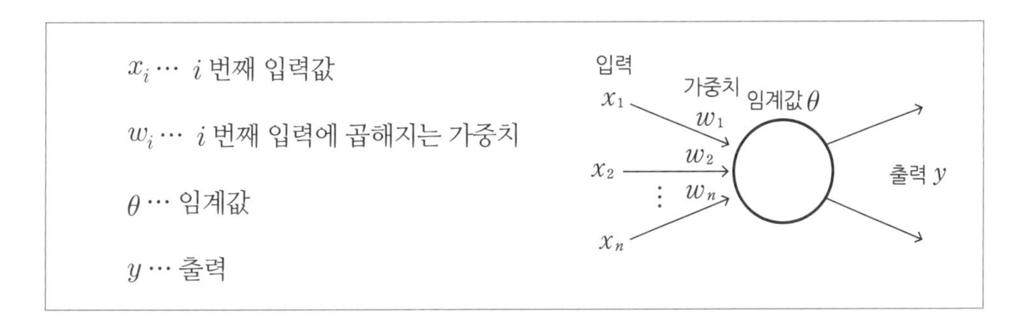

그러나 이러한 기호로 신경망을 기술하기에는 부족합니다. 네트워크 안의 뉴런을 표현할 때, 어느 층의 몇 번째에 위치하는가의 정보가 필요하기 때문입니다. 이것에 유의하면서 뉴런에 새로운 이름을 부여합시다.

층을 구별하기 위해, 입력층 뉴런 이름에는 x 문자를, 은닉층 뉴런 이름에는 y 문자를, 출력층 뉴런 이름에는 z 문자를 이용합니다.

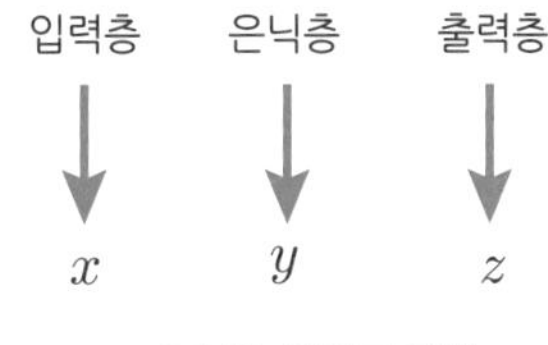

▲ 3층을 문자로 구별

각 층 안의 뉴런의 위치는 해당 층의 위로부터 위치 번호를 이용합니다. 그 번호를 x, y, z에 첨자로 붙여서 뉴런 이름으로 합니다.

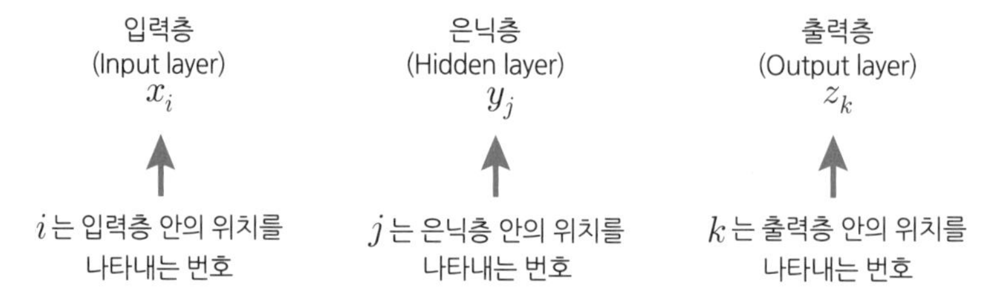

이렇게 이름을 붙인 뉴런의 출력은 뉴런 이름과 동일하게 합니다. 즉, 각 뉴런의 이름과 출력변수 이름은 동일한 것입니다.

다음은 네트워크의 각 뉴런에 관계된 '가중치'와 '임계값', 그리고 뉴런의 '입력 선형합'을 기술하는 변수 이름에 관해서 생각합니다. 이것들은 다음 그림과 같이 약속합시다.

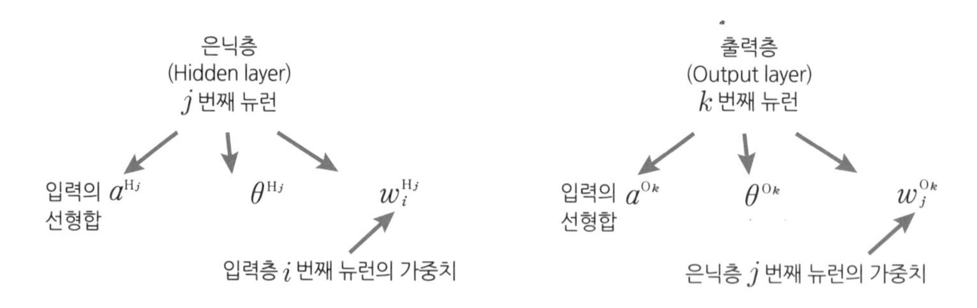

이와 같이 약속하면, 다음 그림처럼 층의 뉴런 위치 관계가 표시됩니다.

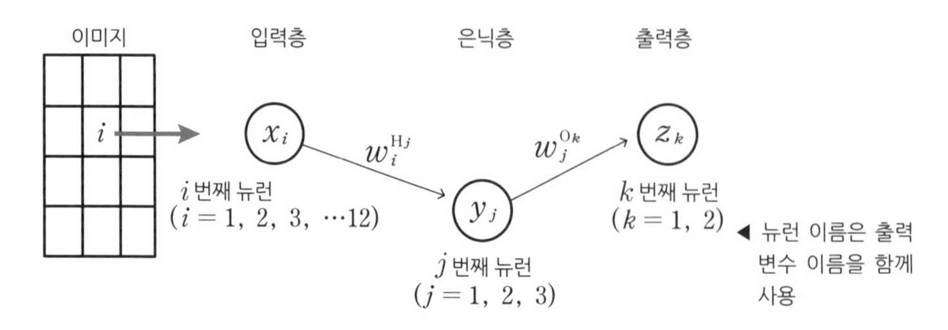

또한 각 뉴런에서, 가중치, 임계값, 입력의 선형합에 관한 의미와 역할은 앞의 장(3장)에서 알아본 단일 뉴런의 경우와 동일합니다. 이상을 표로 정리해둡시다.

기호 이름	의미
x_i	입력층 i번째 뉴런의 입력을 나타내는 변수. 입력층에서는 출력과 입력이 동일한 값이기 때문에 출력의 변수도 된다. 또한 해당하는 뉴런의 이름으로도 이용된다.
y_j	은닉층 j번째 뉴런의 출력을 나타내는 변수. 또한 해당하는 뉴런의 이름으로도 이용된다.
z_k	출력층 k번째 뉴런의 출력을 나타내는 변수. 또한 해당하는 뉴런의 이름으로도 이용된다.
$w_i^{\mathrm{H}j}$	입력층 i번째 뉴런 x_i로부터 은닉층 j번째 뉴런 y_j를 향한 화살표의 가중치. 신경망을 결정하는 매개변수이다.
$w_j^{\mathrm{O}k}$	은닉층 j번째 뉴런 y_j로부터 출력층 k번째 뉴런 z_k를 향한 화살표의 가중치. 신경망을 결정하는 매개변수이다.
$\theta^{\mathrm{H}j}$	은닉층 j번째에 있는 뉴런의 임계값. 신경망을 결정하는 매개변수이다.
$\theta^{\mathrm{O}k}$	출력층 k번째에 있는 뉴런의 임계값. 신경망을 결정하는 매개변수이다.
$a^{\mathrm{H}j}$	은닉층 j번째 뉴런에 관한 입력의 선형합
$a^{\mathrm{O}k}$	출력층 k번째 뉴런에 관한 입력의 선형합

■ 네트워크를 식으로 표현

이제 신경망 안의 뉴런 관계를 식으로 표현하는 준비가 가능해졌습니다. 조속히 그 관계식을 작성해봅시다.

그러나 네트워크를 구성하는 각 뉴런은 3장에서 알아본 단순한 뉴런과 동일한 동작을 합니다. 따라서 관계식을 만드는 방법에 관한 새로운 이야기는 없지만, 다수의 뉴런이 나타나므로 그 만큼 식은 복잡해집니다.

우선, 은닉층 뉴런에 관해서 알아봅시다. 아래 그림은 은닉층의 첫 번째 뉴런 y_1에 대해서 변수의 관계를 나타냅니다.

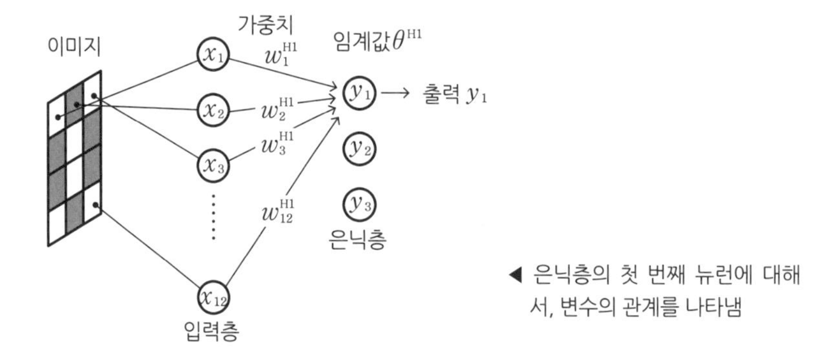

◀ 은닉층의 첫 번째 뉴런에 대해서, 변수의 관계를 나타냄

이 그림을 참고하여, 은닉층에 관한 모든 관계식을 작성할 수 있습니다.

[은닉층 뉴런에 관한 입력의 선형합과 출력]

$$\left.\begin{aligned} a^{H1} &= w_1^{H1}x_1 + w_2^{H1}x_2 + w_3^{H1}x_3 + \cdots + w_{12}^{H1}x_{12} + \theta^{H1} \\ a^{H2} &= w_1^{H2}x_1 + w_2^{H2}x_2 + w_3^{H2}x_3 + \cdots + w_{12}^{H2}x_{12} + \theta^{H2} \\ a^{H3} &= w_1^{H3}x_1 + w_2^{H3}x_2 + w_3^{H3}x_3 + \cdots + w_{12}^{H3}x_{12} + \theta^{H3} \end{aligned}\right\} \cdots (1)$$

$$y_1 = \sigma(a^{H1}),\ y_2 = \sigma(a^{H2}),\ y_1 = \sigma(a^{H3})\ (\sigma\text{는 시그모이드 함수}) \cdots (2)$$

다음으로 출력층 뉴런에 관해서 알아봅시다. 아래 그림은 출력층의 첫 번째 뉴런에 관해서 변수의 관계를 나타냅니다.

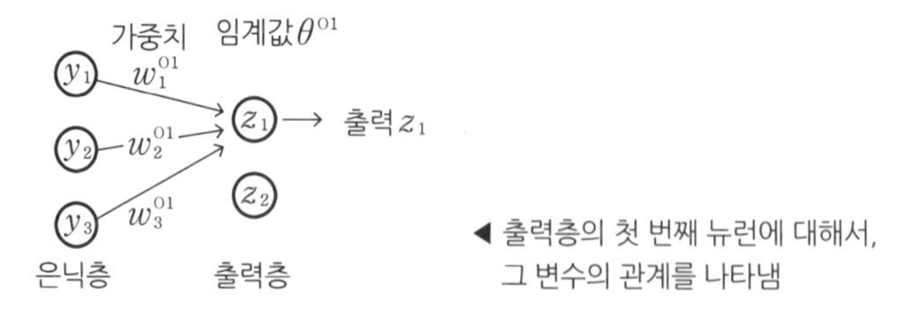

◀ 출력층의 첫 번째 뉴런에 대해서, 그 변수의 관계를 나타냄

이 그림을 참고하여, 출력에 관한 모든 관계식을 작성할 수 있습니다.

[출력층 뉴런에 관한 입력의 선형합과 출력]

$$\left.\begin{aligned} a^{O1} &= w_1^{O1}y_1 + w_2^{O1}x_2 + w_3^{O1}x_3 - \theta^{O1} \\ a^{O2} &= w_1^{O2}y_1 + w_2^{O2}x_2 + w_3^{O2}x_3 - \theta^{O2} \end{aligned}\right\} \cdots (3)$$

$$z_1 = \sigma(a^{O1}),\ \ z_2 = \sigma(a^{O2})\ (\sigma\text{는 시그모이드 함수}) \cdots (4)$$

■ 정답을 변수화

이미지 식별을 위한 훈련 데이터의 경우, 각 이미지에는 그것이 무엇을 의미하는가에 관한 정답이 붙어있습니다. 지금의 (주제 I)에는 필기체 문자 이미지에 '○' 와 '×' 중 어느 문자인가를 나타내는 정답이 붙어있게 됩니다. 그런데 '○' '×'으로는 처리가 어렵기 때문에, 계산이 쉽도록 바꿔 써봅시다. 그것이 다음 표에 제시한 변수 t_1, t_2 쌍입니다.

기호 이름	의미	이미지가 '○'일 때	이미지가 '×'일 때
t_1	'○'의 정답 변수	1	0
t_2	'×'의 정답 변수	0	1

주 t는 teacher의 머리글자. 훈련 데이터 또는 학습 데이터의 정답이기 때문에, 이 변수명이 자주 이용됩니다.

이런 t_1, t_2 쌍으로 정답을 표현하면, 뒤에서 소개하는 오차(→ 이 장의 § 04)를 정의하기 쉬워집니다.

■ 문자 한 개분의 이미지를 작업용 워크시트에 입력

뉴런 사이의 관계식을 확인할 수 있습니다. 훈련 데이터 중의 첫 번째 이미지와 정답에 관해서, 차례대로 따라가면서 처리해봅시다. 우선 작업용 워크시트에 문자 한 개분의 이미지와 정답을 입력합니다.

예제 1 앞 절에서 입력했던 훈련 데이터의 첫 번째 이미지를 이제부터 작업하는 워크시트의 입력층에 입력합니다. 그리고 입력층은 화소값을 그대로 출력합니다. 또한 입력층의 아래에 있는 정답란 왼쪽에는 위의 변수 t_1, 오른쪽에는 t_2 값을 입력합니다.

풀이 앞 절(§02)에서 얻은 훈련 데이터로부터 첫 번째 이미지를 다음 그림의 형식으로 새로운 계산용 워크시트에 복사합니다.

> **주** 앞 절(§02)에서 훈련 데이터가 입력된 시트명은 'Data'라고 합니다(→ 78페이지).

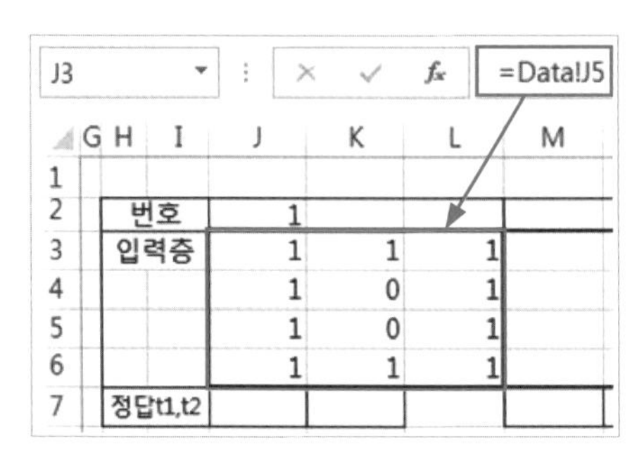

◀ 훈련 데이터의 첫 번째 이미지는 J3으로 시작하는 것으로 한다((→§02).

다음으로 정답란을 작성합니다. 앞의 표 t_1, t_2를 약속에 따라 아래 그림과 같이 입력합니다.

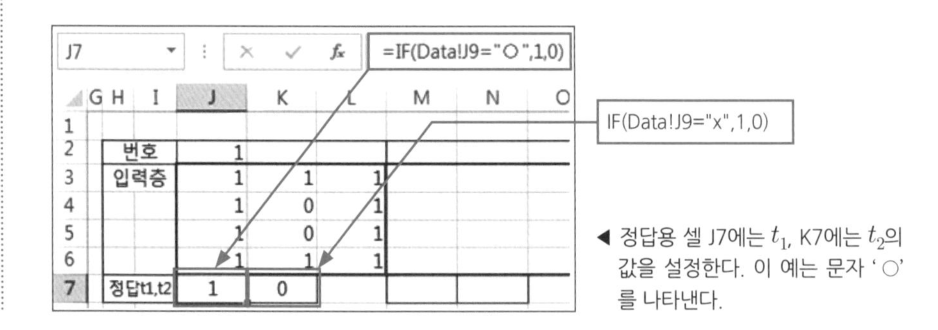

◀ 정답용 셀 J7에는 t_1, K7에는 t_2의 값을 설정한다. 이 예는 문자 '○'를 나타낸다.

■ 가상의 매개변수 설정

신경망의 계산 목표는 매개변수, 즉 가중치와 임계값의 결정입니다. 처음에는 그 값들을 알 수가 없습니다. 그러나 값이 없으면 Excel의 계산이 진행되지 않고, 이제부터 작업이 불가능하므로 가상의 가중치와 임계값을 설정합니다. 일단 값을 입력하고 이야기를 진행하는 것입니다.

> **예제 2** 가중치와 임계값으로 가상의 값을 입력합시다. 또한 이 가중치와 임계값은 다음 형식으로 입력합니다.

	A	B	C	D	E	F	G	H	I	J	K	L
1		○와 ×의 식별										
2		가중치와 임계값							번호	1		
3			1	0.06	0.17	0.12			입력층	1		
4				0.08	0.33	0.18				1		
5				0.15	0.92	0.12				1		
6				0.98	0.11	0.20				1		
7			2	0.08	0.91	0.12			정답t1,t2	1	0	
8		은		0.29	0.18	0.21						
9		닉		0.35	0.12	0.22			은닉층	1	2	3
10		층		0.19	0.97	0.03			출력 y	0.77		
11			3	1.00	0.16	0.93						
12				0.89	0.97	0.11						
13				0.94	0.12	0.09						
14				0.04	0.06	0.13						
15			임계값	0.97	0.92	0.94						
16		출	1	0.18	0.92	0.06			출력층	1	2	
17		력	2	0.99	0.10	0.84			출력z	0.51		
18		층	임계값	1.00	0.94							

은닉층 첫 번째 뉴런이 입력층 각 뉴런에 주어진 가중치(은닉층 두 번째, 세 번째도 마찬가지). 화소 위치와 이에 대응하는 입력층 뉴런의 위치와는 일치.

은닉층 뉴런의 임계값. 왼쪽부터 차례대로 첫 번째, 두 번째, 세 번째 뉴런의 임계값

출력층 첫 번째 뉴런이 입력층 각 뉴런에 주어진 가중치(출력층 두 번째도 마찬가지)

출력층 뉴런의 임계값. 왼쪽부터 차례대로 첫 번째, 두 번째 뉴런의 임계값

풀이 위 그림에 제시된 가중치와 임계값의 영역 첫 번째에 RAND 함수를 입력합니다. RAND 함수는 0 ~ 1의 난수를 발생하는 함수입니다.

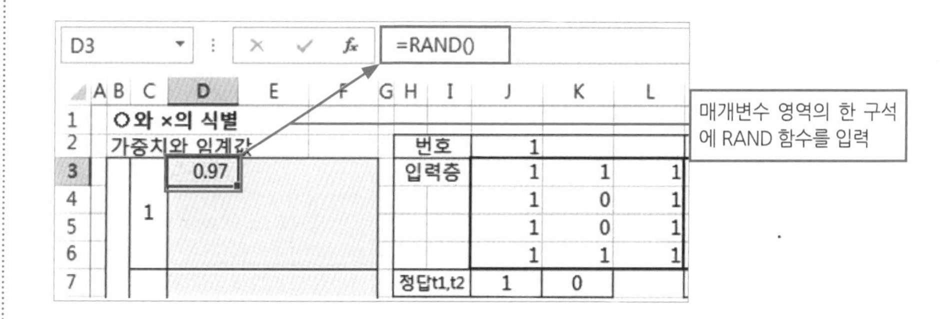

이 함수를 모든 가중치와 임계값 영역에 복사하고, 값을 확정(값을 복사)합니다. 이렇게 하면 위의 워크시트가 얻어집니다.

■ 신경망의 출력을 계산해 보자

이제까지 입력한 가중치와 임계값, 그리고 첫 번째 이미지를 이용하여, 신경망의 각 뉴런 출력을 구합니다. 하나의 셀에 대해 하나의 뉴런이 대응한다는 것을 확인합니다.

예제 3 지금까지의 준비를 바탕으로 훈련 데이터의 첫 번째 이미지에 대해서, 은닉층과 출력층 뉴런의 출력을 산출해 봅시다.

풀이 앞의 식 (1) ~ (4)를 이용하여, 은닉층과 출력층 뉴런의 출력 $y_i\,(i = 1, 2, 3)$, $z_j\,(j = 1, 2)$를 산출해 봅시다.

J10 =1/(1+EXP(-SUMPRODUCT(J3:L6,$D$3:$F$6)+$D$15))

	B	C	D	E	F	H–I	J	K	L	M	N	O
1	O와 ×의 식별											
2	가중치와 임계값					번호	1			2		
3		1	0.06	0.17	0.12	입력층	1	1	1	0	1	
4			0.08	0.33	0.18		1	0	1	1	0	
5			0.15	0.92	0.12		1	0	1	1	0	
6			0.98	0.11	0.20		1	1	1	1	1	
7		2	0.08	0.91	0.12	정답t1,t2	1	0		1	0	
8	은		0.29	0.18	0.21							
9	닉		0.35	0.12	0.22	은닉층	1	2	3	1	2	3
10	층		0.19	0.97	0.03	출력 y	0.77	0.92	0.97			
11		3	1.00	0.16	0.93							
12			0.89	0.97	0.11							
13			0.94	0.12	0.09							
14			0.04	0.06	0.13							
15		임계값	0.97	0.92	0.94							
16	출	1	0.18	0.92	0.06	출력층	1	2		1	2	
17	력	2	0.99	0.10	0.84	출력z	0.51	0.67				
18	층	임계값	1.00	0.94								

오른쪽에 복사

=1/(1+EXP(-SUMPRODUCT($D$16:$F$16,J10:L10)+$D$18))

역시 가상의 값으로 계산하기 때문에, 이 출력값을 논의하는 것은 무의미합니다.

Excel의 장점

Excel로 신경망을 구현하는 장점은, 식 (1) ~ (4)를 몰라도 계산식을 작성할 수 있다는 것입니다. 뉴런의 동작을 머릿속에 이미지로 그리기만 하면, 그 이미지에 따라 직접 워크시트에 함수를 입력할 수 있습니다.

§ 04 정답과 출력의 오차

앞 절(§ 03)에서는 가상으로 주어진 가중치와 임계값을 이용하여, 주어진 한 장의 이미지로부터 신경망의 출력값을 구했습니다. 이 절에서는 이 때 산출한 출력층의 출력값이 정답과 얼마나 일치하는지를 나타내는 '기준'이 되는 '제곱오차'에 관해서 알아보겠습니다.

신경망 출력값의 의미

앞에서 다룬 것처럼, 주제 I 에 제시한 출력층에 있는 두 개의 뉴런은 위로부터 첫 번째는 '○'를, 두 번째는 '×'에 반응하도록 의도되었습니다. 이것을 염두에 두고, 앞 절(§ 03) 신경망의 산출값을 살펴봅시다.

앞 절(§ 03)의 예제 3 에서 다룬 이미지 예는 문자 '○'를 나타냅니다. 그런데 이 경우, 오른쪽 그림과 같은 출력을 산출하는 것은 무리입니다.

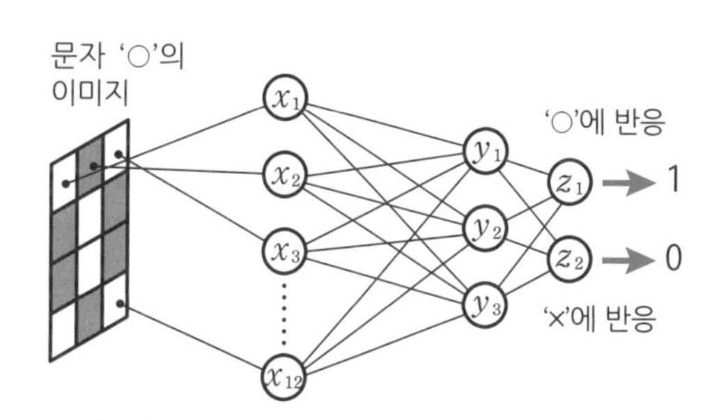

▲ 출력층의 첫 번째 뉴런은 '○'을, 두 번째 뉴런은 '×'을 탐지하는 역할. 따라서 '○'이 읽히면, $z_1 = 1$, $z_2 = 0$이라고 산출되는 것이 바람직하다.

그러나 앞 절의 산출 결과는 오른쪽 그림 그대로입니다. 시그모이드 함수를 이용하는 한, 당연하지만 출력값은 0이나 1은 되지 않습니다.

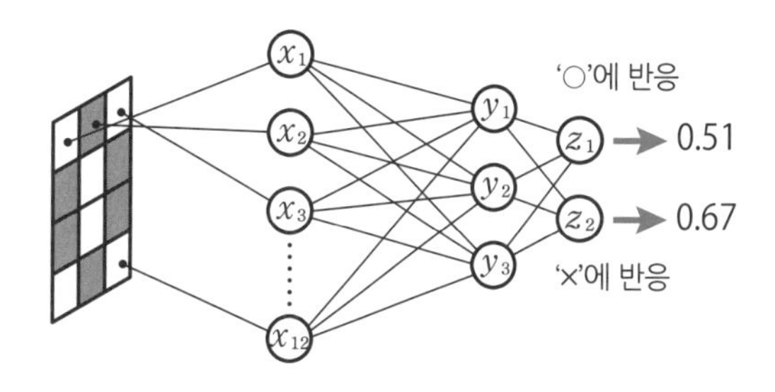

출력층이 산출한 0.51, 0.67이라는 것이 어떤 의미가 있는가 알아봅시다. 출력층 뉴런의 출력 z_1, z_2의 값은 신경망 전체의 결론입니다. 또한 시그모이드 뉴런의 출력값은 그 뉴런의 '활성도'를 나타냅니다(→ 3장 § 04). 지금은 그것을 뉴런 z_1, z_2의 '확신도'라고 바꿔 부르기로 합시다. 그러면 '○'를 탐지하는 역할을 하는 출력층 뉴런 z_1의 값이 그림과 같이 0.51인 것은 "아마 0.51 정도로 ○이다"라고 신경망 전체가 확신한다고 생각됩니다. '×'를 탐지하는 역할을 하는 출력층 뉴런 z_2의 값이 그림과 같이 0.67인 것은 "아마 0.67 정도로 ×이다"라고 신경망 전체가 확신한다고 생각됩니다.

◀ 출력층 z_1, z_2의 값은 신경망 전체가 "○의 확신도는 0.51" "×의 확신도는 0.67"라고 판단한 것이 된다.

주 이 단계에서는 '가중치', '임계값'은 가상의 값이고, 신경망이 산출한 값도 가상의 값입니다. 따라서 z_1, z_2값 자체를 논의하는 것은 의미가 없습니다.

■ 정답과 신경망의 출력 오차

이상의 이야기로부터 중요한 것을 발견할 수 있습니다. 문자 '○'가 읽힐 때, z_1의 출력값과 1과의 차이가 작으면 작을수록, 또한 z_2의 출력값과 0과의 차이가 작으면 작을수록 신경망은 좋은 결과를 산출하는 것입니다.

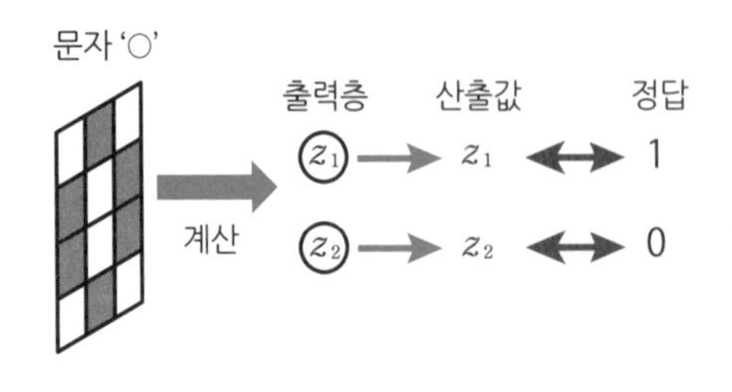

◀ 문자 '○'가 읽힐 때, 산출값 z_1과 1과의 차이가 작으면 작을수록, 산출값 z_2와 0과의 차이가 작으면 작을수록 좋은 산출 결과이다.

따라서 문자 '○'가 읽힐 때 신경망의 산출값 오차를 평가하기 위해, 다음 값 Q를 고려합니다.

$$\text{문자 '○'가 읽힐 때}: Q = (1 - z_1)^2 + (0 - z_2)^2 \cdots (1)$$

이 값 Q가 작아질 때, 신경망은 "좋은 값을 산출한다"라는 것입니다.

문자 '×'가 읽힐 때에도 마찬가지입니다. z_1의 출력값과 0과의 차이가 작으면 작을수록, 또한 z_2와 1과의 차이가 작으면 작을수록 신경망은 좋은 결과를 산출하게 됩니다.

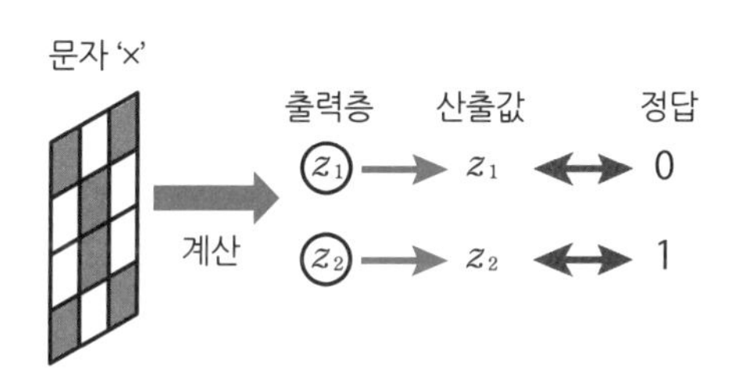

◀ 문자 '×'가 읽힐 때, 산출값 z_1과 0과의 차이가 작으면 작을수록, 산출값 z_2와 1과의 차이가 작으면 작을수록 좋은 산출 결과

따라서 문자 '×'가 읽힐 때 신경망의 산출값 오차를 평가하기 위해 다음 값 Q를 고려합니다.

$$\text{문자 '×'가 읽힐 때}: Q = (0 - z_1)^2 + (1 - z_2)^2 \cdots (2)$$

이 값 Q가 작아질 때, 신경망은 "좋은 값을 산출한다"라는 것입니다.

이상의 식 (1) (2)로 정의한 값 Q를 신경망이 산출한 값의 **제곱오차**라고 합니다.

주 문헌에 따라 이 책에서 제시하는 식 (1) (2)와는 계수의 차이가 있습니다. 많은 문헌에서 오차역전파법을 고려하여 계수에 1/2을 붙입니다.

여기에서 제곱오차 (1) (2)가 그 용어가 나타내는 대로, 제곱의 합이라는 것에 유의하기 바랍니다. 한 이미지만의 오차라면 일부러 제곱 계산을 할 필요는 없지만, 데이터 전체의 오차를 예측할 때 제곱합이 중요합니다. 단순히 출력값과 정답과의 차이만을 더하면, 데이터 전체에서 오차의 합이 서로 상쇄되어 버리고, 옳은 오차의 평가가 불가능해지기 때문입니다. 이것은 2장에서 알아본 회귀분석과 동일한 이유입니다.

■ 제곱오차의 식 표현

이상의 오차 (1) (2)에 관한 논의를 그림으로 제시하면, 다음과 같아집니다.

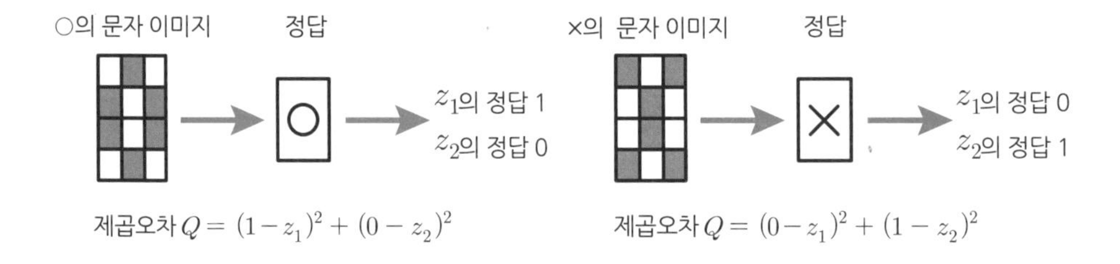

그런데, 앞 절(§03)에서는 이미지의 정답을 나타내기 위해 t_1, t_2 쌍을 준비했습니다. t_1, t_2는 다음 표의 의미를 가진 변수입니다.

기호 이름	의미	이미지가 '○'일 때	이미지가 '×'일 때
t_1	'○'의 정답 변수	1	0
t_2	'×'의 정답 변수	0	1

이 정답의 쌍 t_1, t_2를 이용하면 제곱오차 Q의 식 (1) (2)는 다음과 같이 하나로 정리됩니다.

$$Q = (t_1 - z_1)^2 + (t_2 - z_2)^2 \cdots (3)$$

실제로, 예들 들면 '×' 문자가 읽힐 때, $t_1 = 0$, $t_2 = 1$이고, 식 (3)은 다음과 같이 됩니다.

$$Q = (0 - z_1)^2 + (1 - z_2)^2$$

이것은 식 (2)와 일치합니다.

이와 같이 제곱오차를 하나의 식 (3)으로 표현해두면, Excel에 식을 입력할 때 편리합니다.

■ 제곱오차를 Excel로 계산해보자

이제까지 알아본 것을 실제로 Excel로 확인해 봅시다.

예제 앞 절(§ 03)에서 계산한 신경망의 출력값으로부터 제곱오차를 구해봅시다.

주 이 절의 예제 워크시트는 다운로드 사이트 (→ 8페이지)에 있는 '4.xlsx' 중의 '예제' 탭에 수록되어 있습니다.

풀이 식 (3)을 이용하면, 지금 알아본 이미지에 관한 제곱오차 Q는 다음과 같이 구해집니다.

J20 =SUMXMY2(J7:K7,J17:K17)

	A	B	C	D	E	F	G	H	I	J	K	L
1		O와 ×의 식별										
2		가중치와 임계값						번호		1		
3				0.06	0.17	0.12		입력층		1	1	1
4			1	0.08	0.33	0.18				1	0	1
5				0.15	0.92	0.12				1	0	1
6				0.98	0.11	0.20				1	1	1
7				0.08	0.91	0.12		정답t1,t2		1	0	
8		은	2	0.29	0.18	0.21						
9		닉		0.35	0.12	0.22		은닉층		1	2	3
10		층		0.19	0.97	0.03		출력 y		0.77	0.92	0.97
11				1.00	0.16	0.93						
12			3	0.89	0.97	0.11						
13				0.94	0.12	0.09						
14				0.04	0.06	0.13						
15			임계값	0.97	0.92	0.94						
16		출	1	0.18	0.92	0.06		출력층		1	2	
17		력	2	0.99	0.10	0.84		출력z		0.51	0.67	
18		층	임계값	1.00	0.94							
19										오차Q		
20					Q_T					0.69		

식 (3)을 이용하면, 산출값의 제곱오차가 구해진다

주 단순한 예측으로는 제곱오차 Q가 0부터 2까지의 수치가 됩니다. 당연하지만, 0에 가까워질수록 오차가 작아지는 것입니다.

Memo 제곱오차와 SUMXMY2 함수

Excel에 구비되어 있는 SUMXMY2 함수는 제곱오차를 산출할 때 강력한 무기가 됩니다. 사용 방법에 관해서는 2장 § 01에서 알아보았지만, 위의 워크시트에서 그 편리함이 실감날 것입니다.

§ 05 신경망의 목적함수

앞 절(§04)에서는 하나의 이미지와 그 정답으로부터 신경망이 산출하는 출력값과 정답과의 제곱오차를 산출했습니다. 이 절에서는 이 오차를 훈련 데이터 전체에 대해서 모두 더해보겠습니다.

■ 모델의 최적화

이제까지는 가중치와 임계값에 가상의 값을 이용했습니다. 그러면 이러한 값은 어떻게 결정되는 것일까요?

일반적으로 데이터를 분석하기 위한 수학 모델은 매개변수로 규정됩니다. 2장 §04에서는 그 전형적인 예로서 회귀분석을 알아보았습니다. 회귀분석에서는 회귀계수와 절편이 매개변수 역할을 수행합니다. 그래서 매개변수를 데이터에 가능한 한 적합하도록 결정하는 문제를 **최적화 문제**라고 부른다는 것을 확인했습니다.

신경망의 결정도 최적화 문제 중 하나입니다. 모델의 매개변수인 '가중치'와 '임계값'을 훈련 데이터에 가능한 한 일치하도록 결정하는 것이 목표가 되는 것입니다. 즉, 가중치와

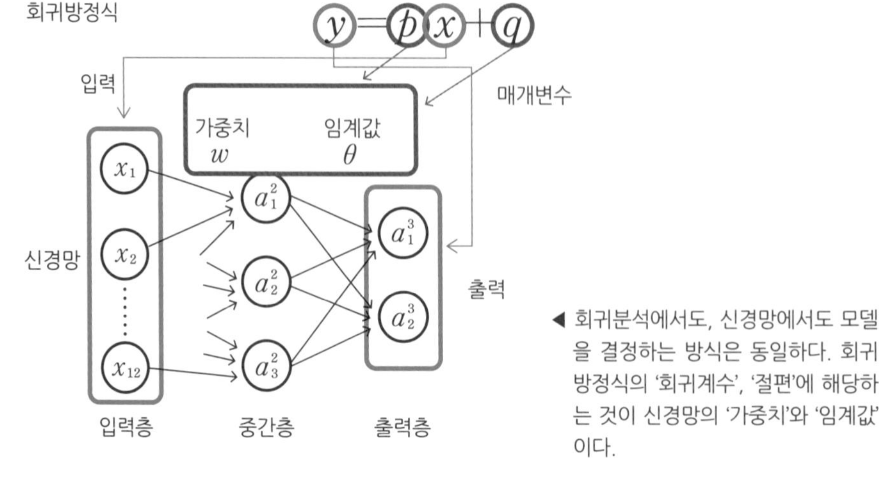

◀ 회귀분석에서도, 신경망에서도 모델을 결정하는 방식은 동일하다. 회귀방정식의 '회귀계수', '절편'에 해당하는 것이 신경망의 '가중치'와 '임계값'이다.

임계값은 회귀분석과 동일하게 결정되는 것입니다. 오차의 총합이 최소화되도록 매개변수가 결정됩니다.

그렇다면, 이 시나리오에 준해서 이제까지 알아본 신경망의 가중치와 임계값을 결정해봅시다. 이 절에서는 훈련 데이터 전체에 관한 제곱오차 Q의 총합이 어떻게 구해지는지 알아봅니다.

■ 신경망의 목적함수

회귀분석에서도 알아보았지만(→ 2장 § 04), 데이터 전체에 관해 제곱오차 Q를 모두 더한 값 Q_T를 **목적함수**라고 부릅니다. 지금 생각하는 주제 I 의 신경망에 관해서 그 목적함수를 식으로 표시해봅시다.

앞 절(§ 04)에서 알아본 것처럼, 하나의 이미지에 대한 신경망의 산출값과 정답과의 오차는 다음과 같이 주어집니다.

$$Q = \left\{(t_1 - z_1)^2 + (t_2 - z_2)^2\right\} \cdots (1)$$ (§ 04의 식 (3)을 다시 수록)

그런데 훈련 데이터의 어떤 필기체 문자 이미지에 관한 것인가는 이 기호로는 알 수 없습니다. 따라서 k번째 이미지의 제곱오차를 다음과 같이 나타내도록 합니다.

$$Q_k = \left\{(t_1[k] - z_1[k])^2 + (t_2[k] - z_2[k])^2\right\} \quad (k = 1,\ 2,\ \cdots,\ 64) \cdots (2)$$

여기에서 $t_1[k]$, $t_2[k]$는 k 번째 필기체 문자 이미지의 정답을 나타내고, $z_1[k]$, $z_2[k]$는 k 번째 필기체 문자 이미지에 대한 신경망의 출력층 뉴런의 계산값을 나타냅니다. 또한 값 64는 지금 알아보고 있는 훈련 데이터의 크기로, 다시 말하면 이미지 수입니다.

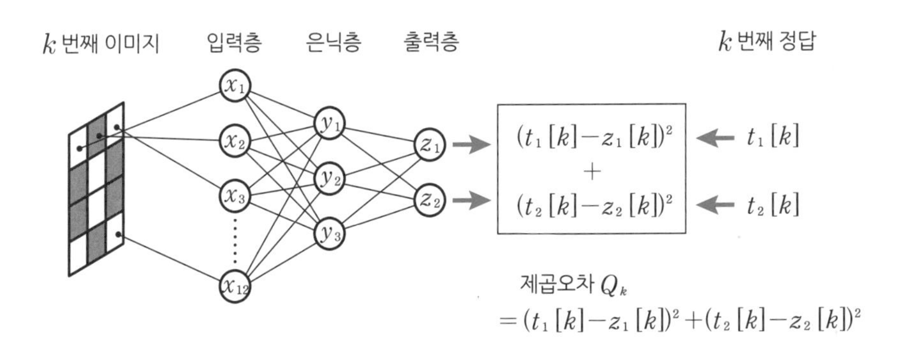

신경망을 결정하기 위해 주어진 이미지와 정답의 세트 전체에 관해서 이 Q_T를 모두 더한 것이 훈련 데이터 전체의 오차입니다. 이것이 신경망의 목적함수 Q_T가 됩니다.

$$Q_T = Q_1 + Q_2 + \cdots + Q_{64}$$

여기에서 64는 훈련 데이터에 포함된 필기체 이미지의 수입니다.

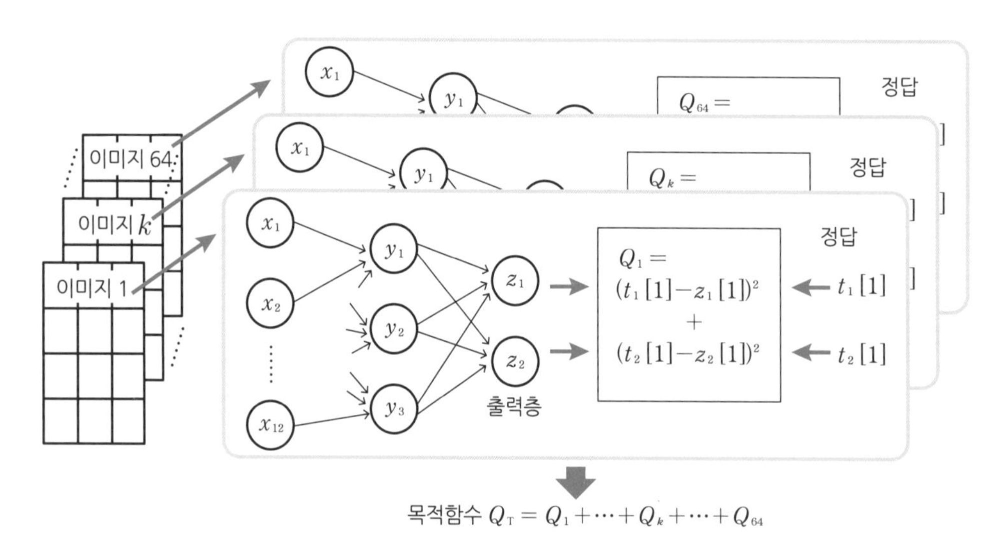

▲ 목적함수를 구하는 방법. 각 이미지에 관한 제곱오차의 총합이 목적함수

덧붙이자면, 식 (3)을 가중치와 임계값의 구체적인 관계식으로 표현하는 것은 현실적으로 무리입니다.

■ 목적함수를 Excel로 계산해 보자

실제로 지금 알아본 주제 I 에 대해서 신경망의 목적함수의 값을 Excel로 구해봅시다.

예제 1 **앞 절(§04)의 워크시트에서 얻어진 하나의 이미지에 관한 제곱오차를 훈련 데이터 전체에 관해서 모두 더해봅시다.**

주 이 절의 예제 워크시트는 다운로드 사이트 (→ 8페이지)에 있는 '4.xlsx' 중의 '예제' 탭에 수록되어 있습니다.

풀이 지금까지는 훈련 데이터 첫 번째 이미지에 관해서 각 뉴런의 출력값을 산출하고, 제곱오차를 구했습니다. 목적함수는 전체 훈련 데이터에 관한 제곱오차의 합이기 때문에, 이 첫 번째 이미지에 관해서 수행한 처리를 전체 데이터에 대해서 실행해야만 합니다. 스프레드시트 소프트웨어의 편리한 점은 이 처리를 복사 연산으로 수행할 수 있다는 점입니다. 아래 그림과 같이, 첫 번째 이미지에 관해서 실행된 처리를 전체 이미지에 관해서 복사하면 됩니다.

	H	I	J	K	L	M	N	O	…	GQ	GR	GS
1												
2	번호		1			2				64		
3	입력층		1	1	1	0	1	1	0	0	0	1
4			1	0	1	1	0	1	0	1	0	1
5			1	0	1	1	0	1	0	0	1	0
6			1	1	1	1	1	1	1	1	0	0
7	정답t1,t2		1	0		1	0			0	1	
8												
9	은닉층		1	2	3	1	2	3		1	2	3
10	출력 y		0.77	0.92	0.97	0.76	0.91	0.92	7	0.79	0.50	0.76
11												
12												
13												
14												
15												
16	출력층		1	2		1	2			1	2	
17	출력z		0.51	0.67		0.51	0.66			0.41	0.63	
18												
19			오차 Q			오차 Q			오	오차 Q		
20			0.69			0.68				0.31		

오른쪽으로 복사

복사가 종료되면, 목적함수 (3)을 산출합니다. 위의 그림에서 구한 제곱오차 Q를 SUM 함수로 모두 더합니다.

Memo 매개변수의 결정 방법

모델의 매개변수를 결정하기 위한 목적함수를 최소화하는 방법이 신경망에서는 자주 이용됩니다. 매개변수의 결정에는 **최우추정법**이라고 부르는 다른 방법도 있는데, 확률적으로 가장 일어나기 쉬운 매개변수를 참값으로 하는 결정법입니다.

F20 | f_x | =SUM(J20:GS20)

	A	B	C	D	E	F	G	H	I	J	K	GQ	GR	GS
1		O와 ×의 식별												
2		가중치와 임계값						번호		1		64		
3			1	0.06	0.17	0.12		입력층		1	1	0	0	1
4				0.08	0.33	0.18				1	0	1	0	1
5				0.15	0.92	0.12				1	0	0	1	0
6				0.98	0.11	0.20				1	1	1	0	0
7			2	0.08	0.91	0.12		정답t1,t2		1	0	0	1	
8		은		0.29	0.18	0.21								
9		닉		0.35	0.12	0.22		은닉층		1	2	1	2	3
10		층		0.19	0.97	0.03		출력 y		0.77	0.92	0.79	0.50	0.76
11			3	1.00	0.16	0.93								
12				0.89	0.97	0.11								
13				0.94	0.12	0.09								
14				0.04	0.06	0.13								
15			임계값	0.97	0.92	0.94								
16		출	1	0.18	0.92	0.06		출력층		1	2	1	2	
17		력	2	0.99	0.10	0.84		출력z		0.51	0.67	0.41	0.63	
18		층	임계값	1.00	0.94									
19										오차 Q		오차 Q		
20					Q_T	31.19				0.69		0.31		

앞에서도 기술한 것처럼, 이 목적함수의 값 Q_T는 가상의 가중치와 가상의 임계값에서 얻어진 것입니다. 따라서 이 단계에서 목적함수의 값을 논의하는 것은 무의미합니다.

Memo 어려운 '비지도 학습'

여기에서 알아본 신경망의 매개변수 결정법은 **지도 학습**(Supervised Learning)이라고 합니다. 정답이 주어졌기 때문입니다. 그러나 우주인으로부터 도착한 문자 이미지의 해설을 예로 생각해보면 알 수 있듯이, 그 문자 이미지가 어떤 종류로 구성되는가, 그 바른 답은 무엇인가 등은 불명확합니다. 이와 같은 정보에서 바른 문자 인식을 하는 것은 지도 학습보다 훨씬 더 어렵습니다. 이와 같은 경우의 매개변수 결정 방법을 **비지도 학습**(Unsupervised Learning)이라고 합니다.

§ 06 신경망의 최적화

앞 절(§05)에서는 가중치와 임계값이 주어졌을 때 신경망의 산출값과 정답과의 오차의 총합(= 목적함수)을 구하는 방법을 알아보았습니다. 이 절에서는 오차의 총합을 최소화하여, 실제로 가중치와 임계값을 구해봅시다.

■ 최적화의 실행

앞 절(§05)에서 얻어진 목적함수를 이용하여, 신경망의 가중치와 임계값을 구해봅시다. 이 작업을 수학 세계에서는 일반적으로 '최적화'라고 부르지만, 신경망에서는 **학습**이라고 부릅니다.

최적화에는 보통 수학 지식이 필요하지만, 다행스럽게도 지금 알아보는 주제 I 과 같은 단순한 신경망이라면 Excel의 해 찾기를 이용하여 간단하게 최적화를 수행할 수 있습니다. 수학 기법은 아무 것도 몰라도 됩니다.

■ Excel에서 목적함수를 최소화

앞 절(§05)에서 구한 목적함수 Q_T를 Excel의 해 찾기를 이용하여 최소화해 봅시다. 역시 Excel의 이용법은 2장 §03, 2장 §04를 참조하기 바랍니다.

예제 1 이제까지 작성한 워크시트를 이용하여, 목적함수를 해 찾기로 최소화해 봅시다.

주 이 절의 예제 워크시트는 다운로드 사이트 (→ 8페이지)에 있는 '4.xlsx' 중의 '예제' 탭에 수록되어 있습니다.

4

신경망의 구조

풀이 해 찾기를 호출하여, '목표 설정:(T)'에 목적함수의 셀을 지정하고, '변수 셀 변경:(B)'에 '가중치'와 '임계값'을 지정합니다. 역시 '가중치'와 '임계값'을 모두 모델에 충실하도록 하기 위해 양수값으로 설정합니다. 실제 생명 세계에서는 음의 매개변수가 존재하지 않기 때문입니다.

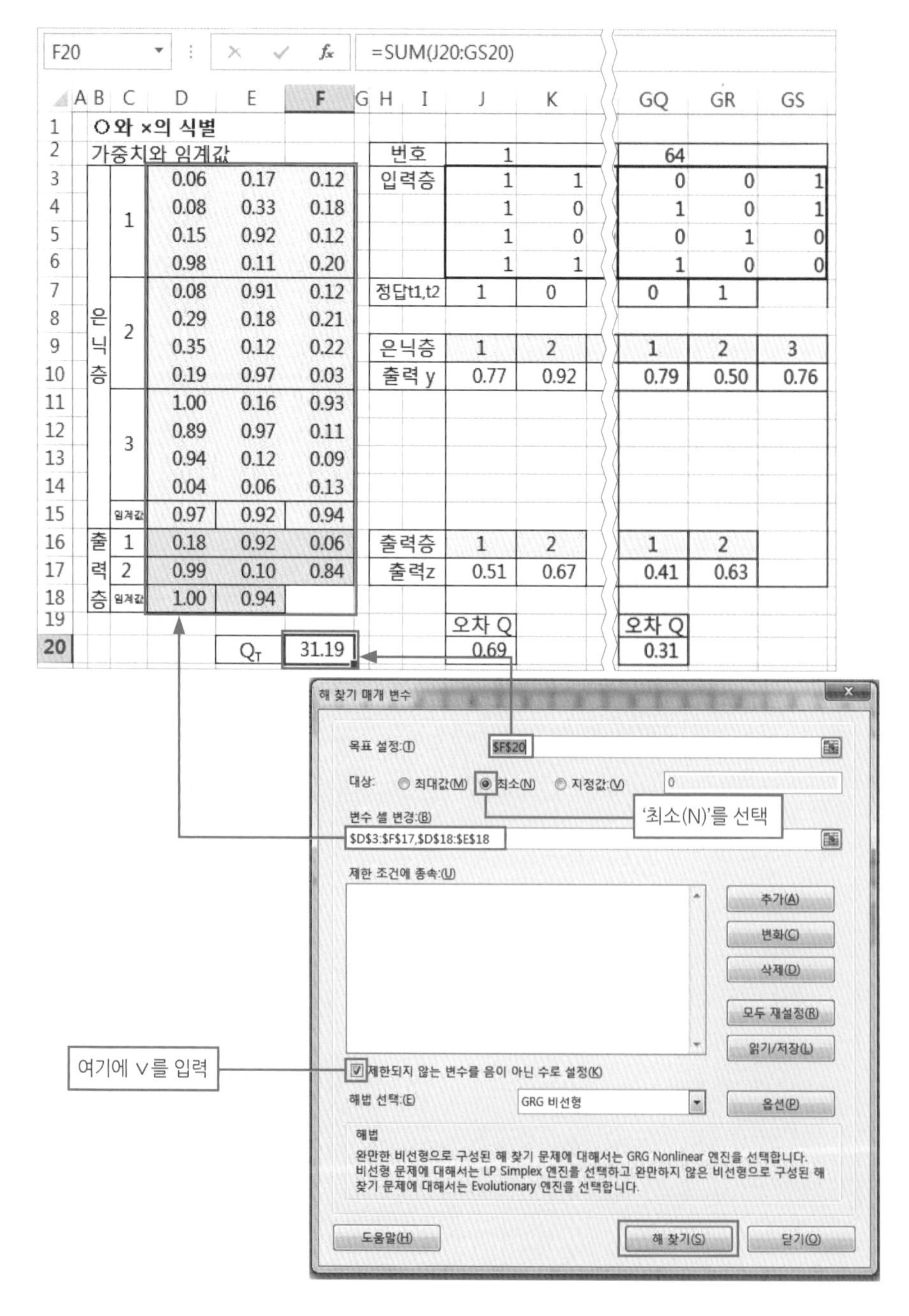

해 찾기 계산이 성공하면, 아래 그림과 같이 가중치와 임계값이 구해집니다.

	A	B	C	D	E	F
1		O와 ×의 식별				
2		가중치와 임계값				
3				0.26	0.00	0.93
4			1	0.00	2.52	0.00
5				0.00	6.39	0.00
6				4.63	0.00	0.25
7				0.04	4.80	0.03
8		은	2	0.53	0.00	0.35
9		닉		0.63	0.02	0.38
10		층		0.00	4.78	0.02
11				3.10	0.00	2.10
12			3	0.00	5.32	0.00
13				0.00	0.07	0.02
14				0.02	0.00	0.06
15			임계값	10.30	3.74	7.84
16		출	1	0.00	11.54	0.03
17		력	2	14.38	0.00	10.32
18		층	임계값	5.77	5.91	
19						
20					Q_T	0.00

◀ 해 찾기의 산출값. 목적함수 Q_T의 값이 0이 되기 때문에, 이 해는 데이터에 충분히 적합되었다는 것을 알 수 있다.

또한 결과의 워크시트는 다운로드 사이트 (→ 8페이지)에 있는 '4.xlsx' 중의 '예제_학습' 탭에 모두 수록되어 있다.

Memo 계산 결과는 초깃값에 의존

수학적으로 말하면, 목적함수 Q_T를 최소화하는 매개변수가 최선의 매개변수가 됩니다. 그러나 신경망 등과 같은 복잡한 모델이 되면, 'Q_T의 최솟값'은 불명확합니다. 매개변수의 초깃값을 여러 가지로 변경하고, 그 중에 최소인 것을 최선의 해로 하는 방법 밖에 없습니다.

그러나 초깃값을 여러 가지로 변경하면, 'Q_T의 최솟값'은 안정되어 가지만, 매개변수의 값은 때때로 변화합니다. 곤란하다고 생각되지만, 생물학적으로는 당연한 것이라 할 수 있습니다. 같은 생각에 도달하더라도, 여러 가지 사고 과정이 있다는 점이 유사하기 때문입니다. 1장에서도 알아보았지만, 신경망을 이해하는 것이 동물 지능의 이해에도 도움이 되는 응용 사례 중 하나일 것입니다.

§ 07 최적화된 매개변수를 해석

Excel에서 신경망의 계산을 하는 최대 장점은 산출결과를 시각적으로 바로 확인할 수 있다는 점입니다. 이 절에서는 그 장점을 살려, 은닉층, 출력층의 내용을 살펴봅시다. 데이터 분석이라는 관점에서 보면 가장 흥미 깊은 주제가 됩니다.

■ 큰 가중치에 초점을 맞추면

앞의 절(§06)에서 결정된 가중치와 임계값은 신경망을 결정하는 매개변수입니다. 그중에서 '가중치'는 뉴런이 그 이웃층의 뉴런과 연결된 결합의 강도를 나타냅니다. 다시 말하면, 정보교환 파이프의 굵기를 표현합니다. 따라서 앞의 결과를 이용하여, 크기순으로 상위 두 개의 가중치 값을 취하고, 다른 것은 무시하는 표를 작성해 봅시다(소수는 반올림하고, 0이 되는 것은 무조건 무시).

■은닉층

뉴런 번호	가중치 값		
1			
		7	
	5		
2		5	
		5	
3	3		
		5	

■출력층

뉴런 번호	가중치 값		
1		12	
2	15		11

▲ 출력층 첫 번째 뉴런에 관한 가중치는 하나 외에는 모두 0이 되기 때문에 무시한다. 덧붙이자면, 이러한 잡음 제거를 실질적으로 담당하는 것이 임계값의 역할이다.

다음으로, 이 표에 제시된 가중치와 관계된 뉴런을 화살표로 연결해 봅시다. 출력층의 뉴런 1과 2로 나누어서 네트워크를 그리면, 다음과 같이 됩니다. 이것이 오른쪽 위의 그림입니다. 이 그림으로부터 산출결과를 해석합니다.

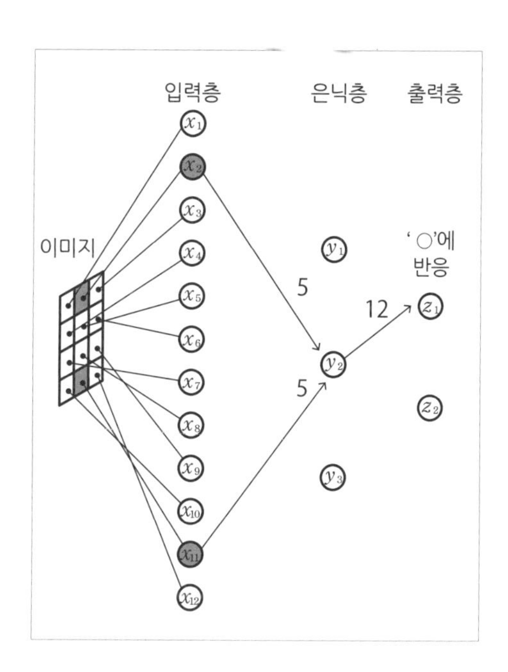

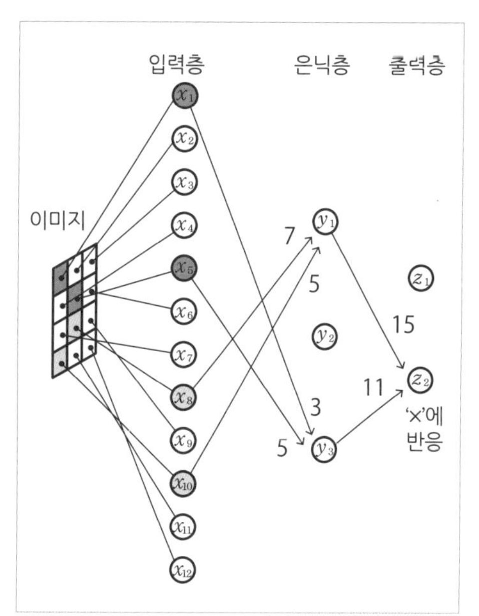

■ 은닉층 뉴런의 가중치로 특징 추출

위의 그림에서, 우선 입력층과 출력층의 연결을 살펴봅시다. 은닉층 y_1에는 입력층 화소의 쌍 (x_8, x_{10})이 강하게 연결되어 있다는 것을 알 수 있습니다. 또한 은닉층 y_2에는 입력층 화소의 쌍 (x_2, x_{11})이, 은닉층 y_3에는 입력층 화소의 쌍 (x_1, x_5)이 강하게 연결되어 있다는 것을 알 수 있습니다.

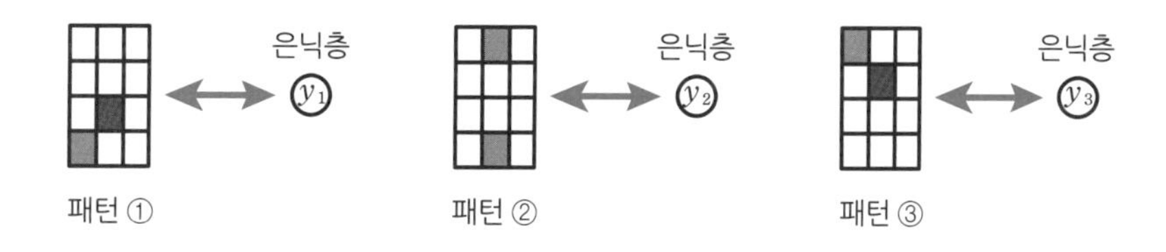

위의 그림과 같이 화소의 쌍을 차례대로 패턴 ①, ②, ③이라고 이름을 붙입니다. 그러면, 이러한 패턴을 가진 이미지가 읽히면, 해당 패턴과 강하게 연결된 은닉층 뉴런이 흥분하게(즉, 출력이 1에 가까워지게) 됩니다. 그리고 은닉층 뉴런의 출력(즉, 흥분도)을 조사해보면, 이미지 중 패턴 ①~③이 포함되어 있는가의 여부를 판별할 수 있습니다.

은닉층 뉴런은 이와 같이 가중치를 조정하는 것으로 이미지 안의 패턴 ①~③을 추출합니다. 앞에서 "은닉층은 특징 추출을 한다"라고 기술했지만(→ §01, §02), 이와 같은 구조로 그 기능을 수행하는 것입니다.

주 이것을 이해한 다음 이 장의 §01을 읽으면, 앞에서 살펴본 '검사원'의 의미를 잘 알 수 있을 것입니다.

■ 출력층 뉴런은 특징 추출된 패턴으로부터 문자를 판단

다음으로 출력층을 살펴봅시다. 먼저 뉴런 z_1을 알아봅시다. 이 뉴런은 '○'에 흥분(즉, 출력이 1에 가까워짐)하는 것으로 기대됩니다. 앞 페이지 위의 그림에서 화살표를 따라가면, 뉴런 z_1과 강하게 연결되어 있는 은닉층 뉴런은 y_2입니다. 따라서 그 뉴런 y_2는 앞에 제시한 그림의 패턴 ②와 강하게 연결되어 있습니다. 결국은 출력층 뉴런 z_1은 패턴 ②를 이용하여 이미지가 '○'인가의 여부를 판정하게 됩니다.

◀ 뉴런 z_1은 앞 페이지 그림의 패턴 ②로부터 이미지가 '○'인가를 판정한다.

이번에는 뉴런 z_2를 알아봅시다. z_2는 '×'에 흥분(즉, 출력이 1에 가까워짐)하는 것으로 기대되는 뉴런입니다. 뉴런 z_2와 강하게 연결되어 있는 은닉층 뉴런은 y_1과 y_3입니다. 그 y_1은 앞의 그림 패턴 ①과 y_3은 앞의 그림 패턴 ③과 강하게 연결되어 있습니다. 결국은 출력층 뉴런 z_2는 패턴 ①과 ③를 조합하여, 이미지가 '×'인가의 여부를 판정하게 됩니다.

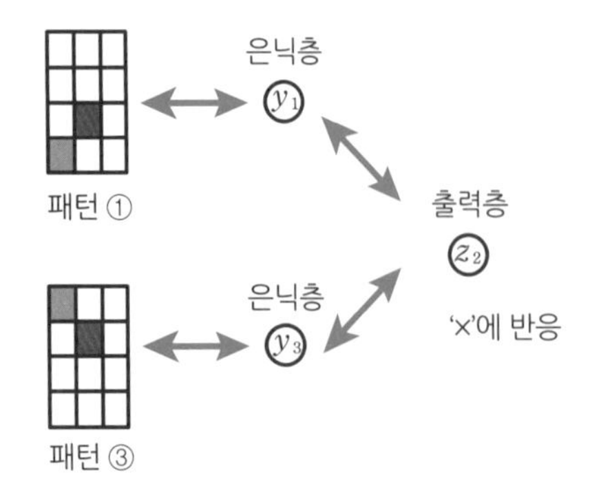

◀ 뉴런 z_2는 앞 페이지 그림의 패턴 ①, ③으로부터 이미지가 '×'인가를 판정한다.

■ 특징 추출된 패턴의 의미

패턴 ①을 필기체 문자 '○'와 '×'과 비교해 봅시다. 지금 기술한 것처럼, 패턴 ①은 '×'의 판정에 이용됩니다. 패턴 ①은 아래 그림과 같이 문자 '×'에는 포함되고, '○'에는 포함되지 않는 '부품'입니다.

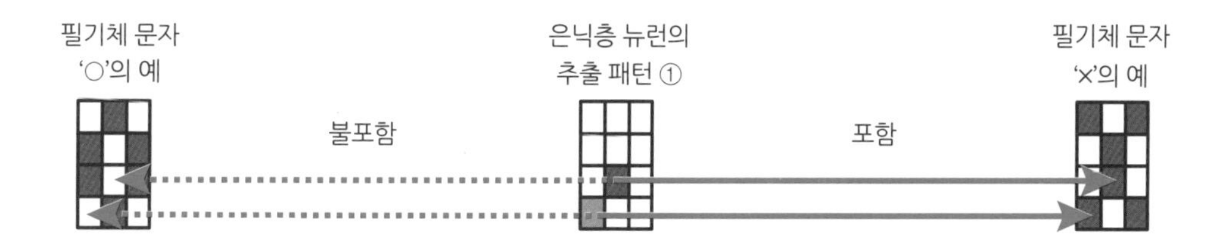

패턴 ②에 대해서도 마찬가지입니다. 앞에 기술한 것처럼, 패턴 ②는 '○'의 판정에 이용됩니다. 실제로 패턴 ②는 아래 그림과 같이 문자 '○'에는 포함되고, '×'에는 포함되지 않는 '부품'입니다.

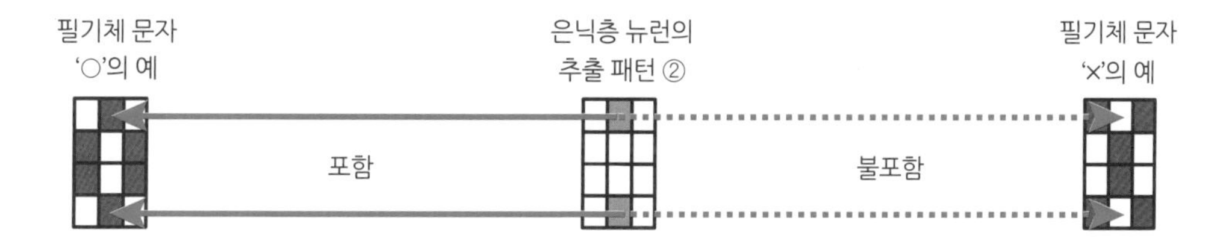

추출 패턴 ③에 대해서도 마찬가지입니다. 추출 패턴 ③은 '×'의 판정에 이용됩니다. 실제로 추출 패턴 ③은 아래 그림과 같이 문자 '×'에는 포함되고, '○'에는 포함되지 않는 '부품'입니다.

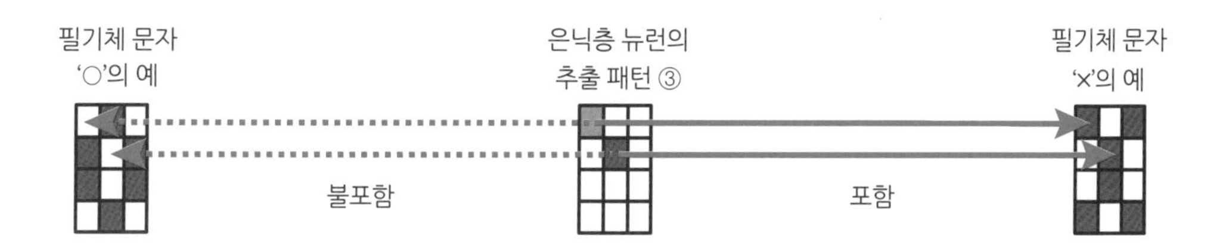

이렇게 해서, 신경망의 출력층이 어떤 식으로 입력 문자 이미지가 '○' 혹은 '×'인지의 여부를 판정하는지 그 구조를 살펴보았습니다. 특징적인 '부품'(패턴)의 유무로 판단을 내리는 것입니다.

얻어진 결론은 매우 상식적입니다. 원리적으로는 사람과 동일한 일을 실행하는 것입니다. 이 장의 처음(§01)에 의인화한 설명을 한 것이 Excel의 계산으로 확인된 것입니다.

■ 임계값의 의미는 시각화 불가능

이제까지 산출결과의 '가중치'를 알아보았습니다. 다음으로 '임계값'에 관해서 살펴보도록 합시다. 앞 (예제)의 계산결과는 다음과 같습니다.

은닉층의 임계값		
1	2	3
10.65	4.01	7.69

출력층의 임계값	
1	2
5.66	6.07

이러한 값은 '가중치'의 경우와 같이 시각화할 수는 없습니다. 왜냐하면 이러한 매개변수는 최적화를 위한 '**흑자**(黑子)[1]'의 존재로 전면에 나타나지 않고 그림자 역할을 하기 때문입니다.

예를 들어, 출력층의 첫 번째 뉴런 z_1에 관해서 알아봅시다. 뉴런의 입력 선형합 a^{O1}은 다음과 같이 표현됩니다. 여기에서 θ^{O1}은 뉴런의 임계값입니다(→ 이 장 §03).

$$a^{O1} = w_1^{O1}y_1 + w_2^{O1}y_2 + w_3^{O1}y_3 - \theta^{O1} \cdots (1)$$

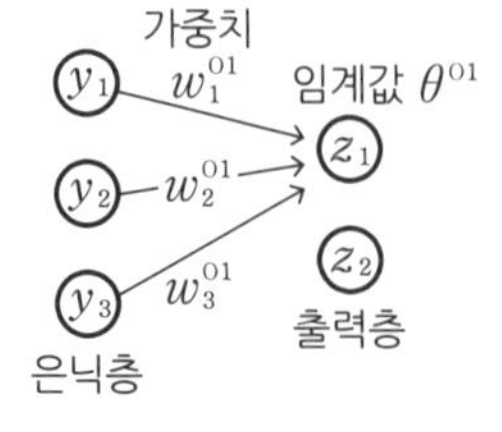

◀ 출력층의 첫 번째 뉴런 z_1에 관한 입력 선형합 a^{O1}을 작성하기 위한 그림. 이 뉴런 z_1은 필기체 문자 '○'를 탐지하기 위한 뉴런이다.

1 역자 주: (일본의 가부키 등의 무대에서) 검은 옷을 입고 배우 뒤에서 연기를 돕는 사람으로, 자신은 나서지 않고 수수한 일을 하는 사람을 비유하는 말입니다.

이제 '○'과 '×'의 필기체 문자 이미지가 각각 1장씩 읽히고, 식 (1)의 '$w_1^{O1}y_1 + w_2^{O1}y_2 + w_3^{O1}y_3$' 부분의 값이 가상으로 각각 8, 3으로 구해졌다고 합시다.

'○'일 때 : $w_1^{O1}y_1 + w_2^{O1}y_2 + w_3^{O1}y_3 = 8$

'×'일 때 : $w_1^{O1}y_1 + w_2^{O1}y_2 + w_3^{O1}y_3 = 3$

주 '○'에 강하게 반응하는 것을 기대하는 뉴런 z_1에는 당연히 '○'이 입력될 때의 값이 '×'가 입력될 때의 값보다 커집니다.

'○'이 입력될 때의 식 (1)의 값을 $a^{O1}(○)$라고 하고, '×'가 입력될 때의 식 (1)의 값을 $a^{O1}(×)$라고 하고, 그 뉴런 출력을 차례대로 $z_1(○)$, $z_1(×)$라고 합시다. 그러면 식 (1)로부터 다음과 같이 나타낼 수 있습니다. 여기에서 $\sigma(a)$는 시그모이드 함수입니다.

'○'일 때 : $a^{O1}(○) = 8-\theta^{O1},\ z_1(○) = \sigma(a^{O1}(○))$

'×'일 때 : $a^{O1}(×) = 3-\theta^{O1},\ z_1(×) = \sigma(a^{O1}(×))$

그러면 임계값의 크기에 따라, 다음 그림의 위치 관계가 생깁니다.

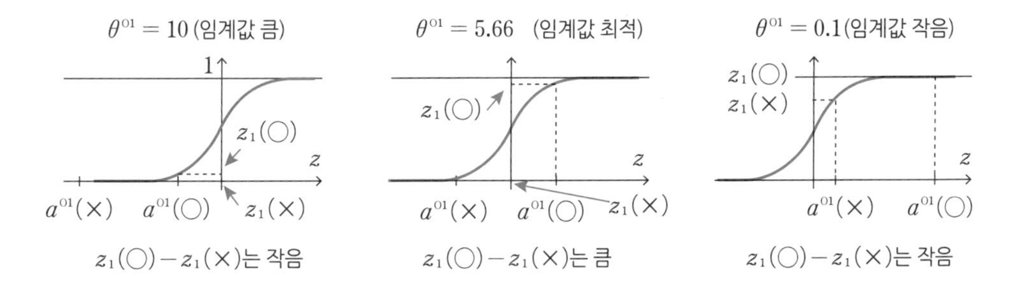

이 그림으로부터 알 수 있듯이, 가운데 그림처럼 '임계값' θ^{O1}을 설정하면, '○'과 '×'에 대한 뉴런의 출력차가 커집니다(왼쪽과 오른쪽 그림의 경우에는 출력차 $z_1(○) - z_1(×)$가 작아지고, 구별이 어려워집니다). 임계값을 조정하는 것으로 '○'과 '×'의 차이를 보다 선명하게 구별할 수 있게 된 것입니다.

이렇게 해서 신경망에서 임계값의 의미를 알 수 있습니다. 활성화 함수를 이용한 뉴런에 의해 식별을 쉽게 하기 위해서 각 뉴런의 출력 차이를 두드러지게 조정하는 역할을 담당하는 것입니다. 이것은 뉴런 사이의 연결을 나타내는 '가중치'에서는 담당하지 않는 역할입니다.

§ 08 신경망을 테스트하자

이제까지 훈련 데이터를 이용하여 신경망을 결정했지만, 그것은 어디까지나 '훈련'용이었습니다. 새로운 이미지를 만날 때, 그 신경망이 실제로 바르게 판정할 수 있는지를 알아봅시다.

주 이 절의 예제 워크시트는 다운로드 사이트 (→ 8페이지)에 있는 '4.xlsx' 중의 '테스트' 탭에 함께 수록되어 있습니다.

■ 새로운 이미지를 입력

앞의 절(§ 06)에서 결정한 신경망이 바른 동작을 하는 것을 다음 예제로 확인해 봅시다.

예제 1 오른쪽에 제시한 테스트용 필기체 문자에 관해서, '○'과 '×' 어느 것으로 판정하는가를 알아봅시다.

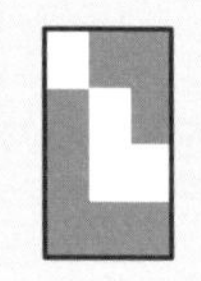

풀이 결과를 제시해봅시다.

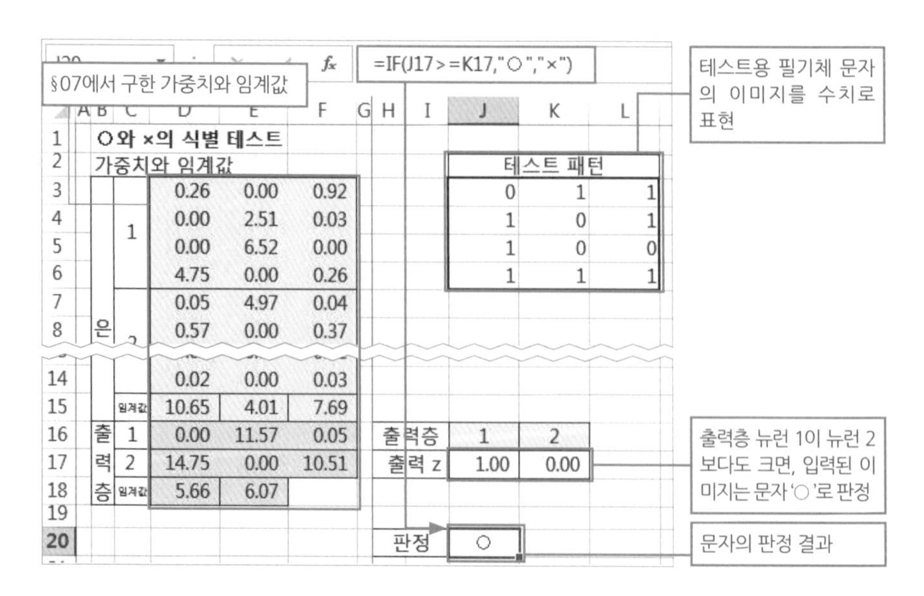

이 테스트용 필기체 문자는 불량 화소라서 ○인가 ×인지는 정확히 판정할 수 없습니다. 그러나 사람이라면 '○'라고 판정할 것입니다. 이 워크시트도 '○'라고 판정합니다. 앞 절까지 작성한 신경망은 사람과 마찬가지 판단을 내립니다.

예제 2 오른쪽에 제시한 테스트용 필기체 문자에 관해서, 이제까지 작성한 신경망이 '○'과 '×' 어느 것으로 판정하는가를 알아봅시다.

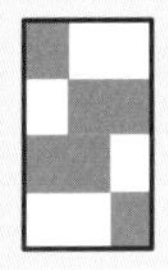

풀이 결과를 제시해봅시다.

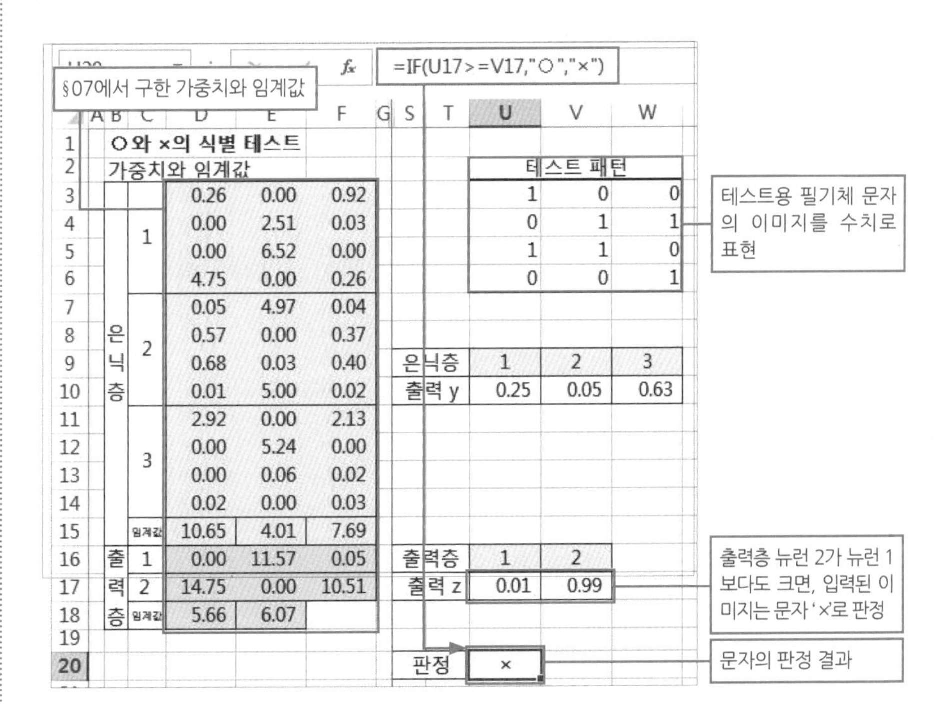

이 테스트용 필기체 문자는 사람이라면 '×'라고 판정할 것입니다. 이 워크시트도 '×'라고 판정합니다. 앞 절까지 작성한 신경망은 앞의 예제 1 처럼 사람과 마찬가지 판단을 내립니다.

§ 09 현실의 필기체 문자에 신경망을 응용

이제까지는 매우 간단한 필기체 문자 이미지에 관해서 신경망을 적용했습니다. 그러나 현실의 데이터에 대해서는, 이 절에서 본 신경망에는 곤란한 문제가 생깁니다. 그것을 알아봅시다.

■ 실제의 필기체 문자에 신경망을 적용

현실의 필기체 숫자를 구별하기 위해서는 이제까지 알아본 4×3 해상도의 이미지로는 도움이 되지 않습니다. 예를 들면, 오른쪽 문자는 필기체 숫자 '1' '2'이지만, 이러한 작은 이미지조차도 9×9 화소가 필요합니다. 실제로 확대하면, 다음 그림에 제시한 것처럼 9×9 칸에 간신히 들어갑니다.

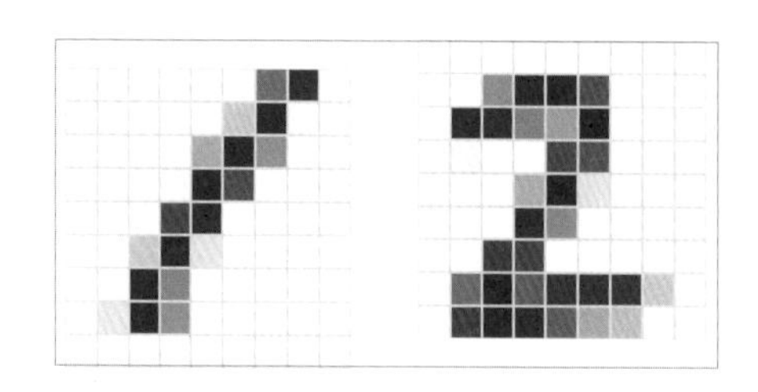

◀ 위의 두 필기체 숫자를 확대한 그림.
9 × 9 칸에 들어간다.

이 작은 필기체 숫자 1, 2를 이제까지 알아본 신경망으로 식별해봅시다. 다시 말하면, 은닉층에 3개의 뉴런, 출력층에 2개의 뉴런을 배치하는 신경망을 이용하는 것입니다.

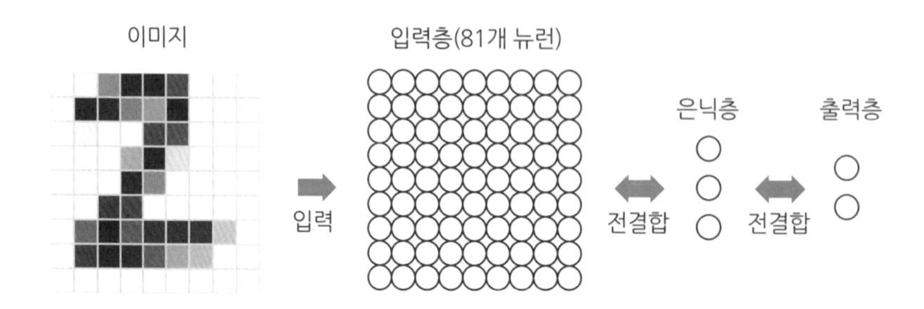

여기에서 지금까지와 크게 다른 점이 하나 보입니다. 입력층 뉴런이 커진 점입니다. 화소 수가 9×9이기 때문에 입력층 뉴런 수도 이에 따라서 9×9개가 됩니다(아래 그림). 지금까지는 4×3 화소였기 때문에 4×3개의 뉴런만 필요했습니다.

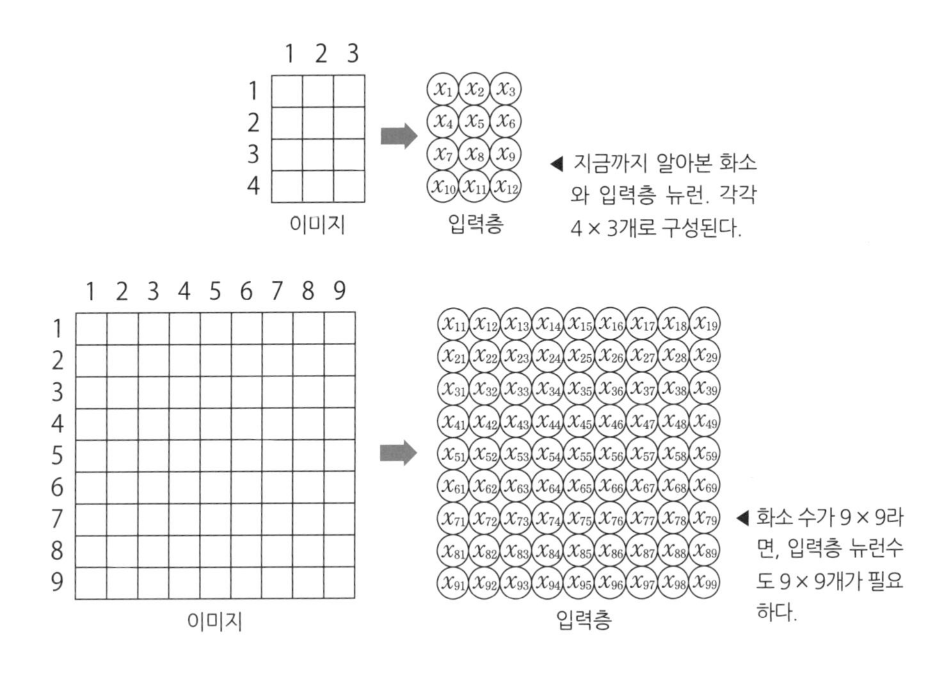

◀ 지금까지 알아본 화소와 입력층 뉴런. 각각 4 × 3개로 구성된다.

◀ 화소 수가 9 × 9라면, 입력층 뉴런수도 9 × 9개가 필요하다.

이러한 뉴런 수의 증가는 신경망 이론 자체에 영향을 미치지는 않습니다. 그러나 Excel로 구현하게 되면, 큰 문제가 생깁니다. 결정해야 할 매개변수 수가 늘어나는데서 오는 해 찾기의 성능 초과 문제입니다.

이미지의 해상도가 9×9 화소가 되면, 은닉층의 각 뉴런은 입력층에서 오는 화살표의 수는 9×9개가 됩니다. 그러면 은닉층 뉴런이 이러한 화살표에 제공하는 '가중치'의 개수는 다음 값이 됩니다.

$$3\times(9\times9) = 243\text{개}$$

따라서 Excel로 구현하면, 다음 페이지 위의 그림과 같은 워크시트가 됩니다. 여기에 훈련 데이터를 제공하고, 최적화를 위해 해 찾기를 실행해 봅시다. 그러면 아래의 메시지가 나오고 이상 종료하게 됩니다. 해 찾기는 200개까지의 매개변수만 취급할 수 있기 때문입니다.

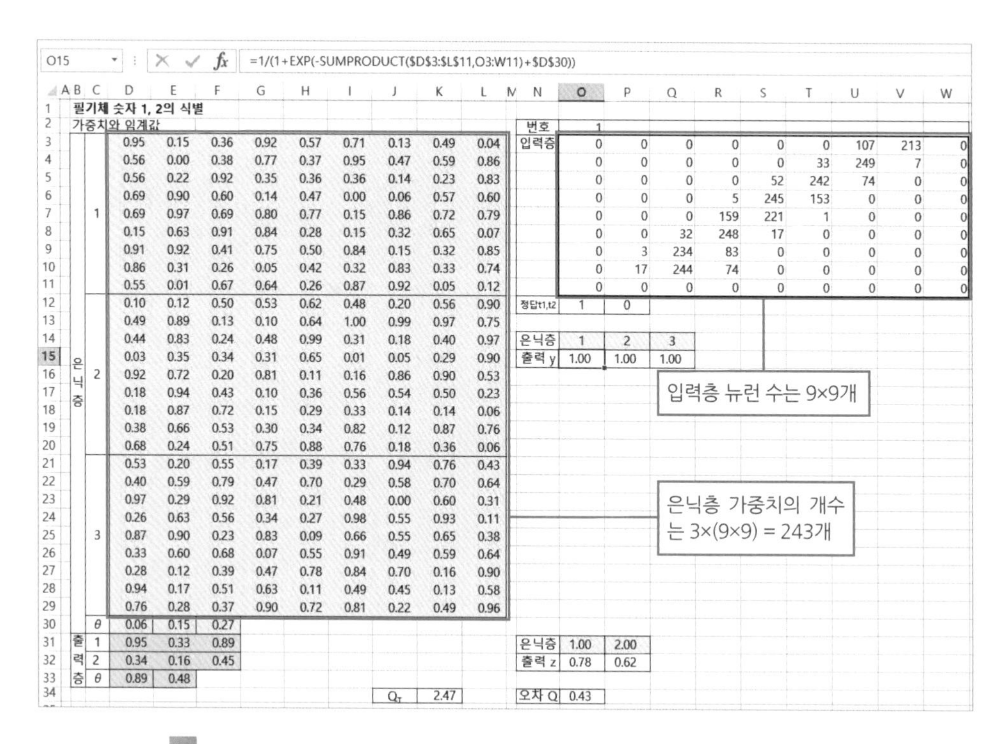

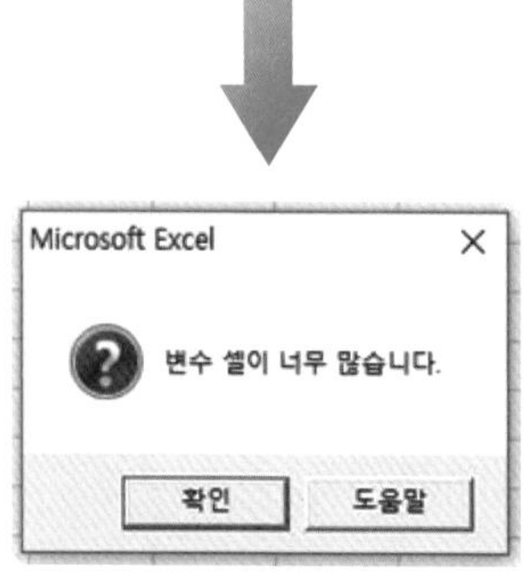

◀ Excel의 해 찾기는 200개를 넘는 매개변수는 결정할 수 없다.

이 오버플로우 문제는 Excel의 해 찾기 성능이 낮기 때문으로 생각됩니다. 그러나 실제 문제를 생각하면 그렇게 간단한 이야기가 아닙니다. 실제로 이용되는 화소는 1,000만 화소가 보통입니다. 따라서 아무런 연구도 없이 지금까지의 신경망을 컴퓨터에 구현하면, Excel뿐만 아니라 컴퓨터도 계산이 불가능하게 됩니다. 즉, 신경망에 뭔가 연구가 필요하다는 것을 알 수 있습니다. 여기에서 등장한 것이 **합성곱 신경망**입니다. 다음 장에서는 이 신경망에 대해서 알아보도록 합시다.

Chapter

05

합성곱 신경망의 구조

합성곱 신경망의 구조에 관해서 알아봅시다. 합성곱 신경망은 현재 화제가 되고 있는 딥러닝의 기본이 되는 신경망으로, 이 책이 목표로 하는 주제입니다.

§ 01 개괄적인 합성곱 신경망의 구조

딥러닝이라는 것은 은닉층(중간층)이 몇 겹으로 중첩된 신경망으로, **심층 학습**이라고 번역되기도 합니다. 은닉층이 구조를 가짐으로써 보다 효율적으로 학습이 진행되도록 한 신경망입니다. 그 중에서도 특히 근래에 각광을 받고 있는 것이 **합성곱 신경망**(Convolutional Neural Network, 약칭으로 CNN)입니다.

여기에서는, 이러한 합성곱 신경망이 어떤 구조로 기능을 하는가를, 4장 § 01의 '**개괄적인 신경망의 구조**'에 등장했던 '운반원' '검사원' '판정원'의 세 가지 역할을 하는 담당자로 해설하기로 합니다.

■ 신경망의 문제점

앞 장에서 알아본 신경망을 다시 살펴봅시다. 이것은 12개의 뉴런으로 구성되는 입력층, 3개의 뉴런으로 구성되는 중간층(은닉층), 그리고 2개의 뉴런으로 구성되는 출력층으로 구성됩니다.

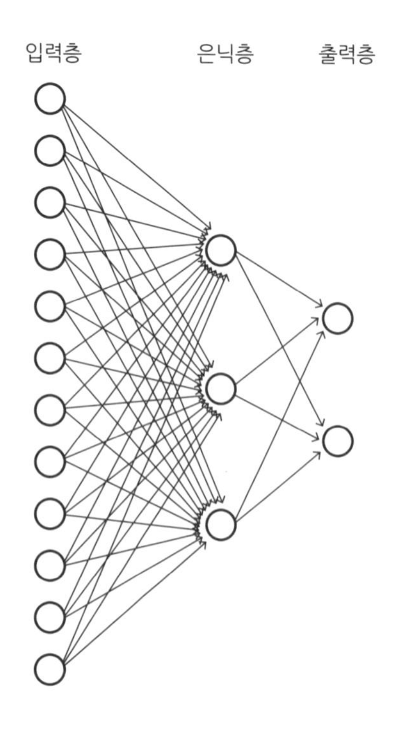

4장에서 살펴본 신경망. ▶
이런 간단한 형태로도
일단 문자 식별이 가능.

이런 간단한 신경망으로 4×3 화소에 맞는 간단한 필기체 문자 '○', '×'를 구별할 수 있었습니다. 그러나 기껏해야 두 개의 간단한 문자를 구별하기 위해서도, 은닉층은 입력층과 3×12(= 36)개의 화살로 연결되어 있습니다. 바로 이 개수가 신경망의 문제점이 되는 것입니다.

예를 들어, 사진에서 고양이와 개를 식별하는 신경망을 작성하는 일을 생각해보기 바랍니다. 현대에는 저렴한 가격의 디지털 카메라라도 1,000만 화소의 해상도를 가집니다. 그러면 입력층으로부터 은닉층의 하나의 뉴런으로 향하는 화살의 수는 1,000만 개나 됩니다. '○', '×'의 구별과 다르게 고양이와 개를 식별하기 위해서는 은닉층에는 적어도 1,000개의 뉴런을 배치할 필요가 있는 것입니다. 그러면 은닉층과 입력층 사이의 화살의 개수는 다음 그림과 같이 방대한 수가 됩니다.

1,000만 화소 × 은닉층 뉴런 수 1,000개 = 백 억(개)

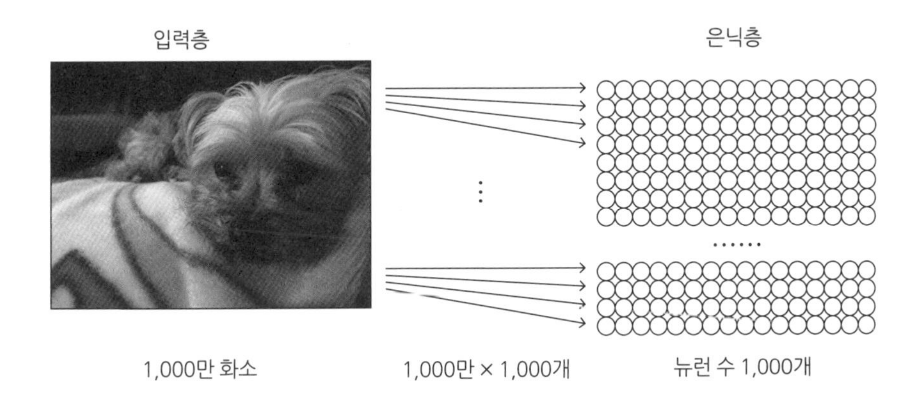

이와 같은 방대한 수의 매개변수를 결정하기 위해서는, 슈퍼컴퓨터로도 애를 먹습니다. 또한 이에 대응하는 데이터를 준비하는 것도 매우 어렵습니다. 이와 같은 문제를 해결하는 것이 합성곱 신경망입니다.

주 데이터의 크기가 매개변수의 개수 이상이 되어야, 모델이 결정됩니다(→ 2장 § 04).

■ 특징 추출이 핵심

합성곱 신경망 아이디어의 기본은 4장에서 알아본 신경망과 동일합니다. 다만, 은닉층이 수행하는 '특징 추출'에 좀 더 연구가 이루어집니다.

앞 장에서도 살펴본 것처럼, 신경망을 구성하는 각 층을 사람의 역할에 미루어 보면, 은닉층에 '검사원'이 대응됩니다. 이 담당자는 입력된 이미지로부터 목적하는 특징 패턴을 검사하여, 그 '함유율'을 위의 층에 보고합니다.

합성곱 신경망의 은닉층에도 동일하게 '검사원' 담당자가 상주하고, 특징 패턴의 검사 작업을 합니다. 그 검사 작업 방법은 신경망과 합성곱 신경망에서 크게 달라집니다.

신경망의 검사원은 의자에 앉은 채로 아래층에서 오는 전체 담당자의 보고를 기다리며, 편한 자세로 일을 하는 타입입니다. 이에 비해서 합성곱 신경망의 검사원은 활동적이고, 적극적으로 정보를 수집하러 가는 타입입니다. 이 적극성이야말로 네트워크를 간결하게 만들고, 모델의 매개변수를 대폭 절감시켜주는 것입니다.

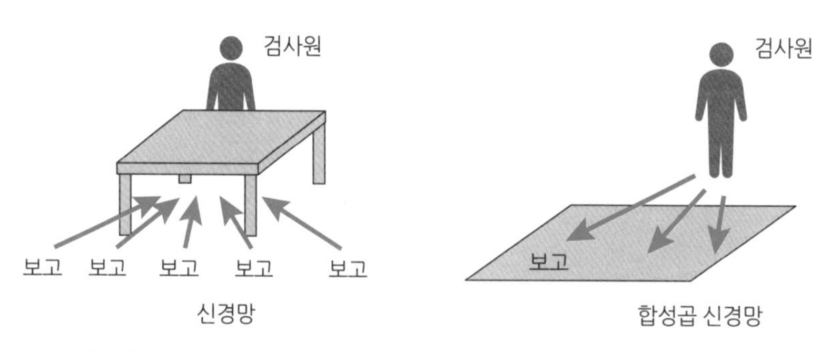

▲ 신경망의 검사원은 보고를 기다리는 타입. 이에 비해서 합성곱 신경망은 검사원이 적극적으로 정보를 수집하러 가는 타입.

■ 예로 알아보자

이야기를 구체적으로 하기 위하여, 이 장은 다음의 주제를 이용하여 이야기를 진행해 나갑니다.

주제 Ⅱ 9×9=81 화소의 흑백 이미지로 읽어 들인 필기체 숫자 '1', '2'를 식별하는 합성곱 신경망을 작성합시다.

먼저, 9 × 9 = 81 화소의 흑백 이미지로 읽어 들인 필기체 숫자 '1', '2'라는 것이 어떤 것인가 다음에 예시해 봅시다.

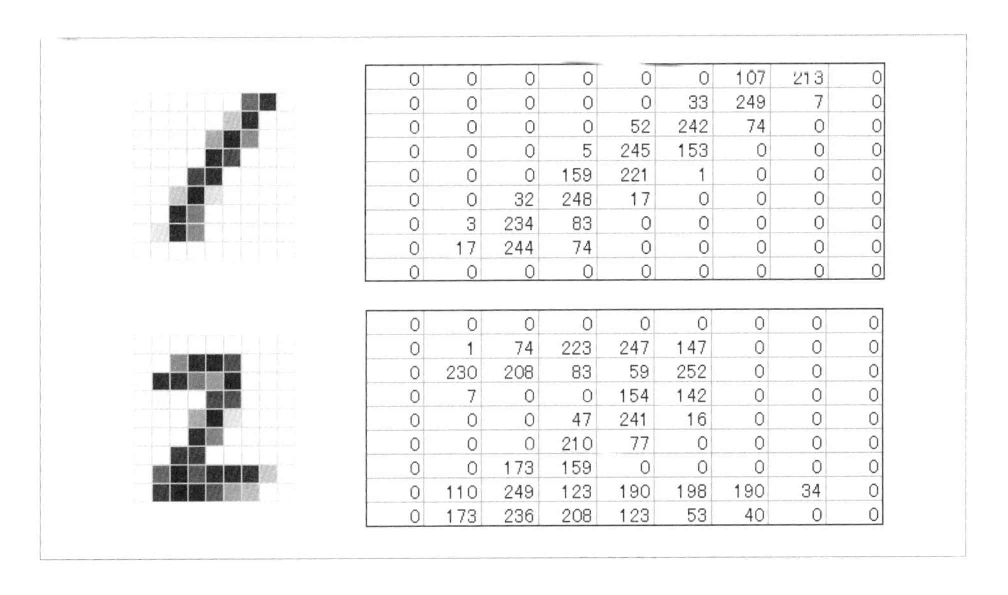

0	0	0	0	0	0	107	213	0
0	0	0	0	0	33	249	7	0
0	0	0	0	52	242	74	0	0
0	0	0	5	245	153	0	0	0
0	0	0	159	221	1	0	0	0
0	0	32	248	17	0	0	0	0
0	3	234	83	0	0	0	0	0
0	17	244	74	0	0	0	0	0
0	0	0	0	0	0	0	0	0

0	0	0	0	0	0	0	0	0
0	1	74	223	247	147	0	0	0
0	230	208	83	59	252	0	0	0
0	7	0	0	154	142	0	0	0
0	0	0	47	241	16	0	0	0
0	0	0	210	77	0	0	0	0
0	0	173	159	0	0	0	0	0
0	110	249	123	190	198	190	34	0
0	173	236	208	123	53	40	0	0

그런데 이제부터 알아보는 신경망에서는, 앞 장과 비교하기 쉽도록 은닉층의 '검사원' 수는 앞 장과 동일하게 3명으로 합니다. 출력층에서 두 숫자 '1', '2'를 식별하는 '판정원' 2명이 있는 것도 앞 장과 동일합니다. 입력층에는 화소 수와 동일한 인원이 필요하기 때문에, 9 × 9 = 81명의 '운반원'이 필요하게 됩니다.

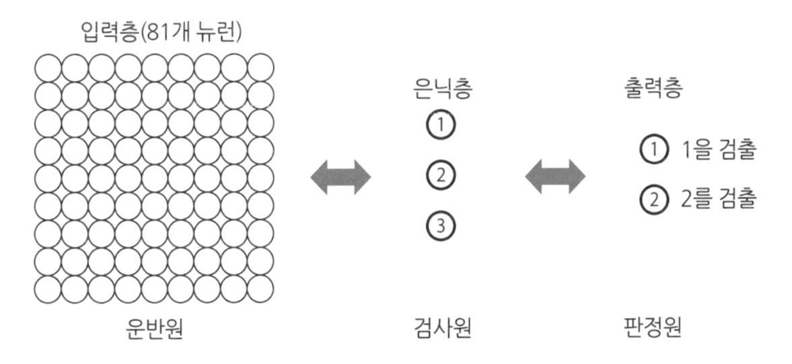

▲ 9 × 9 = 81 화소의 흑백 이미지로 읽어 들인 필기체 숫자 '1' '2'를 식별하는 합성곱 신경망의 구성.

■ 합성곱 신경망 입력층의 역할

먼저 입력층에 관해서 생각합니다. 신경망에서 알아본 것처럼(→ 4장 § 01), 이 층은 신경망으로 이미지 정보를 나르는 '운반원'에 대응됩니다. 그들의 역할은 신경망의 경우와 완전히 동일합니다. 각 화소에 1명씩 담당자가 배치되고, 각 담당자의 임무는 입력된 화소 정보(즉, 신호의 크기)에 관해서 아무것도 가공하지 않고, 그대로 위층에 보고하는 것입니다. 다만, 총 81명(= 9 × 9명)에게 임무가 부여됩니다.

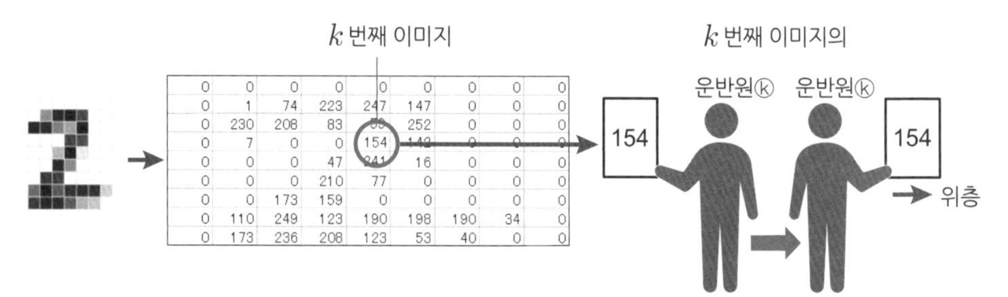

▲입력층의 k 번째 '운반원'. 입력층의 각 뉴런은 이미지 정보 그대로 은닉층의 담당자에게 보고한다. 또한 다음 절 이후에는 해 찾기를 유효하게 작동시키기 위해, 크기를 100분의 1로 출력하는 방법을 채택

■ 합성곱 신경망 은닉층의 역할

다음으로 은닉층에 관해서 생각합니다. 이 층에 있는 뉴런에는 신경망의 경우와 마찬가지로 이미지에 특정 패턴의 유무를 조사하여 그 패턴의 함유율을 위층에게 보고하는 '검사원'이 대응됩니다. 이 예제에서는 은닉층에 3개의 뉴런 ①~③이 있기 때문에 세 개의 특징 패턴에 관심을 기울이는 담당자 ①~③이 있는 것을 의미합니다.

주 여기에서 함유율이라고 해도 이미지에 관련된 표현으로, 엄밀한 의미는 아닙니다.

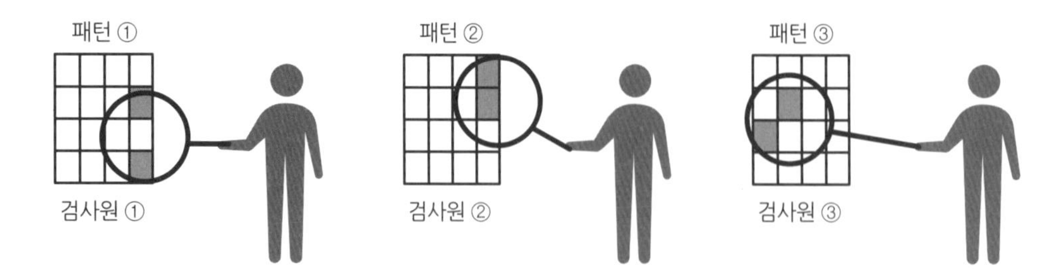

▲ 각각 다른 특정 패턴을 판독하는 역할을 하는 담당자. 이 그림의 패턴은 어디까지나 가상의 예이고, 실제로는 뒤에서 설명하는 '최적화'로 결정된다. 판독결과는 해당 패턴의 함유율로서 위층(출력층) 전원에게 보고한다.

여기까지의 검사원에 관한 설명은 기본적으로 신경망의 경우와 동일합니다. 그러나 신경망과 합성곱 신경망이 기본적으로 다른 점은 입력층으로부터 정보를 받는 방법에 있습니다.

신경망은 입력층 운반원 전체 담당자로부터 일괄적으로 정보를 받습니다.

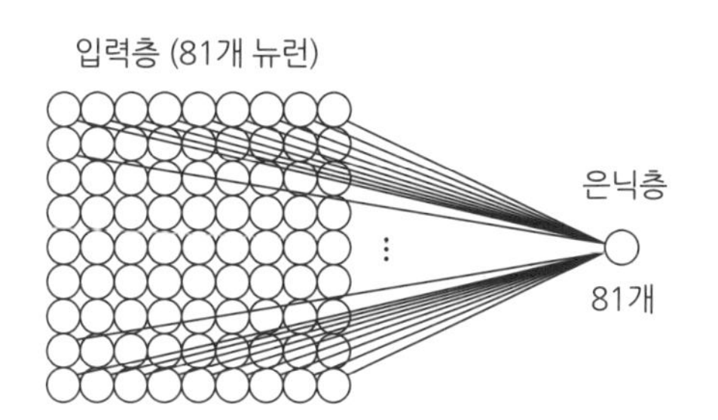

◀ 신경망의 은닉층이 정보를 받는 방법. 입력층 담당자 전원으로부터 검사원은 정보를 받는다.

이에 비해서 합성곱 신경망은 입력층 운반원으로부터 정보를 작게 나누어서 받습니다. 이렇게 하는 것으로 '검사원'이 동시에 대응하는 입력층 담당자의 사람 수가 적어지고, 담당하는 특징 패턴을 탐색하는 수고를 대폭 줄일 수 있습니다.

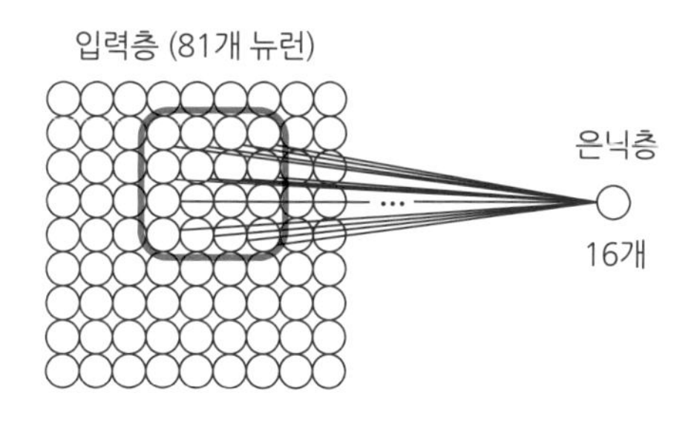

◀ 합성곱 신경망의 은닉층이 정보를 받는 방법. 입력층 담당자를 작게 나누어 그룹화하여 정보를 받는다.

여기에서 은닉층 3명의 검사원 중 한 명인 검사원 ⓧ가 다음 패턴의 이미지를 검사하는 역할을 담당하기로 한다고 합시다. 이 패턴은 4 × 4(= 16) 화소로 구성된다고 가정합니다.

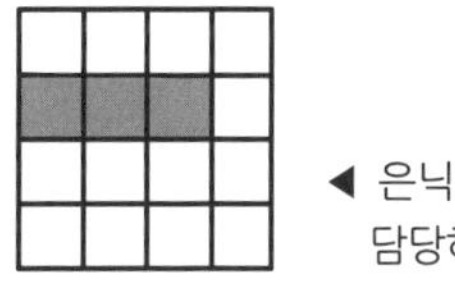

◀ 은닉층의 검사원 ⓧ가 담당하는 특징 패턴

검사하는 패턴의 크기로서, 실제적인 합성곱 신경망에는 5×5 크기가 많이 사용되지만, 이 책에서는 간단하게 하기 위해, 검사하는 특징 패턴의 크기를 4×4로 크기를 축소합니다.

이 검사원 ⓧ는 입력원으로부터 전달받은 이미지를 특징 패턴의 크기로 작게 나누어 차례대로 스캔해갑니다. 그리고 작게 나눈 구획마다 신경망의 경우와 동일한 처리를 합니다. 즉, 담당하는 특징 패턴의 함유율을 각 검사원은 독자적으로 산출합니다.

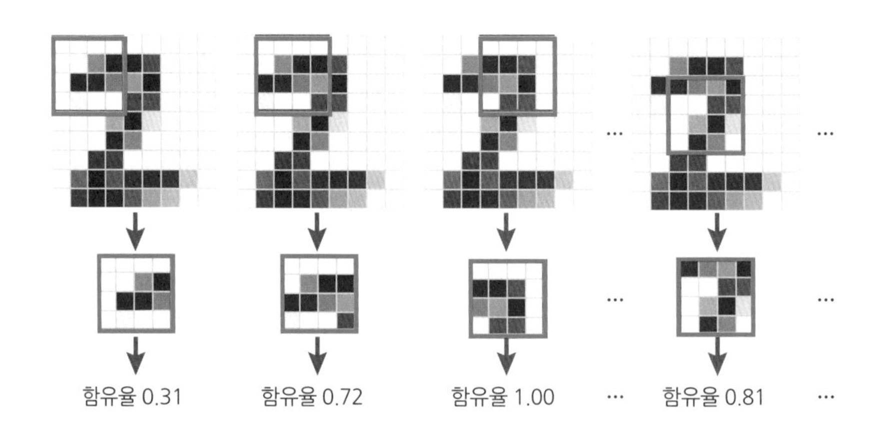

덧붙이자면 합성곱 신경망의 경우, 함유율은 '특징 패턴의 **유사도**'라고 표현하는 방법이 어울릴지도 모릅니다. 위의 그림을 보면 알 수 있듯이, 신경망에 비하면 조사하는 범위가 적어지기 때문입니다.

그런데 위의 그림에서 알 수 있듯이, 합성곱 신경망에서는 입력 이미지를 작게 나눈 것으로 그 출력은 함유율의 표가 됩니다. 이에 비해 신경망의 경우, 은닉층의 각 검사원은 입력 이미지를 일괄 처리하기 때문에 출력은 한 개의 함유율만 가집니다.

0.92

▲ 신경망의 은닉층 뉴런의 출력은 '수'

0.31	0.72	1.00	0.99	0.92	0.49
0.98	0.99	0.99	0.92	0.83	0.73
0.19	0.53	0.81	0.81	0.81	0.48
0.26	0.80	0.82	0.82	0.74	0.21
0.65	0.80	0.80	0.80	0.33	0.18
0.86	0.86	0.86	0.52	0.18	0.18

▲ 합성곱 신경망의 은닉층 뉴런의 출력은 '표'

은닉층에는 검사원 스탭을 3명으로 가정했기 때문에 1명당 1장, 총 3장의 표가 출력됩니다. 이 표 한 세트가 하나의 층을 형성합니다. 이것이 **합성곱층**이라고 부르는 층입니다. **컨볼루션층**이라고도 부릅니다.

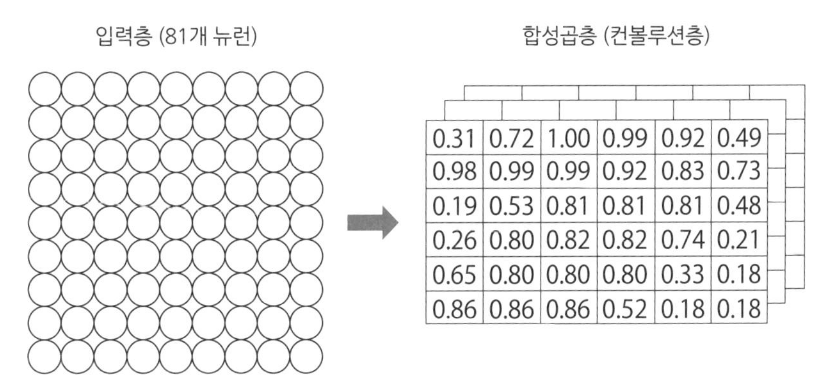

0.31	0.72	1.00	0.99	0.92	0.49
0.98	0.99	0.99	0.92	0.83	0.73
0.19	0.53	0.81	0.81	0.81	0.48
0.26	0.80	0.82	0.82	0.74	0.21
0.65	0.80	0.80	0.80	0.33	0.18
0.86	0.86	0.86	0.52	0.18	0.18

▲ 조사하는 화소를 작게 나눈 만큼 은닉층의 검사원은 3장의 표로 출력을 제공한다. 이것이 합성곱층을 형성한다.

■ 풀링층에서 정보를 압축

보통 검사원이 산출한 합성곱 신경망의 표는 아직 큽니다. 지금의 예에서는 기껏해야 9×9 화소이지만, 실제는 100×100 화소 이상의 이미지를 취급합니다. 따라서 검사원은 다시 정보의 압축을 시도합니다.

정보의 압축법으로 예를 들면, 다음과 같은 방법을 생각할 수 있습니다. 합성곱층으로 얻어진 각 출력표를 2×2 크기로 구분하고, 그 구분된 네 개중 가장 큰 값을 최댓값으로 선출하는 것입니다. 이렇게 하면, 표는 4분의 1로 축약됩니다. 앞의 검사원 ⓧ가 출력한 표를 예로 들어 알아봅시다.

0.31	0.72	1.00	0.99	0.92	0.49
0.98	0.99	0.99	0.92	0.83	0.73
0.19	0.53	0.81	0.81	0.81	0.48
0.26	0.80	0.82	0.82	0.74	0.21
0.65	0.80	0.80	0.80	0.33	0.18
0.86	0.86	0.86	0.52	0.18	0.18

→

0.99	1.00	0.92
0.80	0.82	0.81
0.86	0.86	0.33

합성곱층에 있는 3장의 표에 이 처리를 시행해봅시다. 이렇게 압축된 표들을 **풀링층 (Pooling Layer)**이라고 부릅니다. 정보의 내용은 거칠어지지만, 입력층의 81 화소의 정보는 간결한 정보로 정리됩니다.

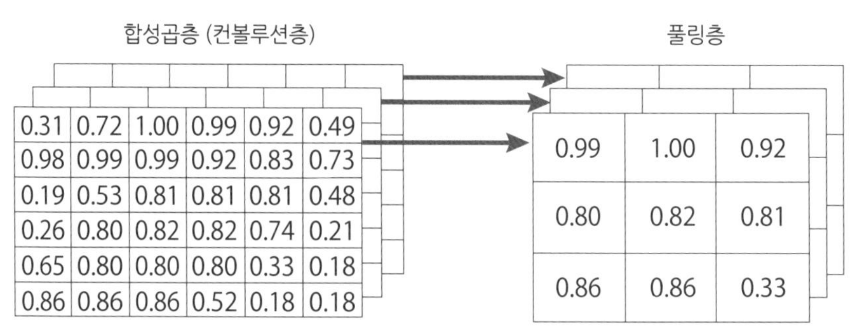

▲ 합성곱층의 정보는 풀링층에서 다시 4분의 1로 축약된다.

은닉층은 이상의 합성곱층과 풀링층 두 층으로 구성됩니다.

■ 합성곱 신경망 출력층의 역할

다음에 출력층에 관해 생각해봅시다. 이 층에 있는 뉴런은 '판정원'의 역할을 담당하지만, 그 임무는 신경망과 완전히 동일합니다. 아래층(풀링층)으로부터 정보를 조합하여 자신이 담당하는 문자와 일치하는가의 확신도를 0과 1 사이의 수치로 표현합니다. 지금 알아보는 (주제Ⅱ)에는 '1'과 '2' 두 문자의 식별이기 때문에 '1'의 확신도를 수치화하는 판정원 ①과 '2'의 확신도를 수치화하는 판정원 ② 두 사람을 배치합니다.

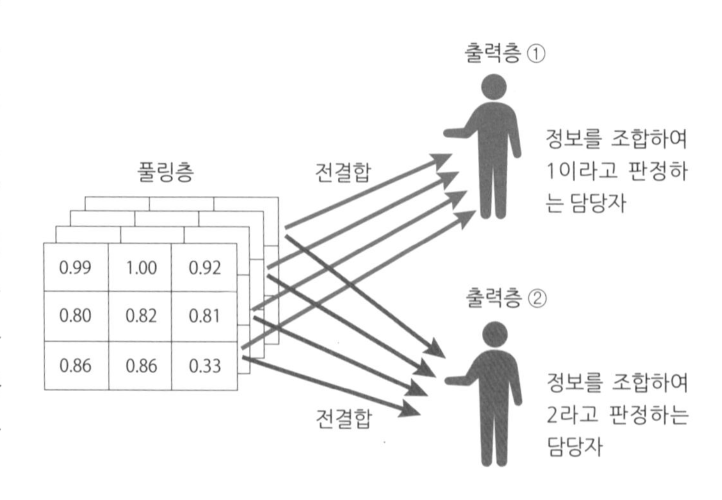

풀링층으로부터 정보를 조합하는 방식은 신경망의 경우와 마찬가지입니다. 풀링층의 각 성분으로부터 나오는 화살표에 가중치를 붙여 담당한 숫자가 어떤가의 판단이 쉽도록 값을 설정합니다.

이렇게 해서 출력층이 완성됩니다. 출력층 담당자가 내리는 결론은 합성곱 신경망 전체의 결론이 됩니다.

■ 정리해 보면

이야기를 정리해 봅시다. 다음 그림은 이제까지 작성한 합성곱 신경망을 이용하여 필기체 숫자를 식별하는 구조를 표현합니다.

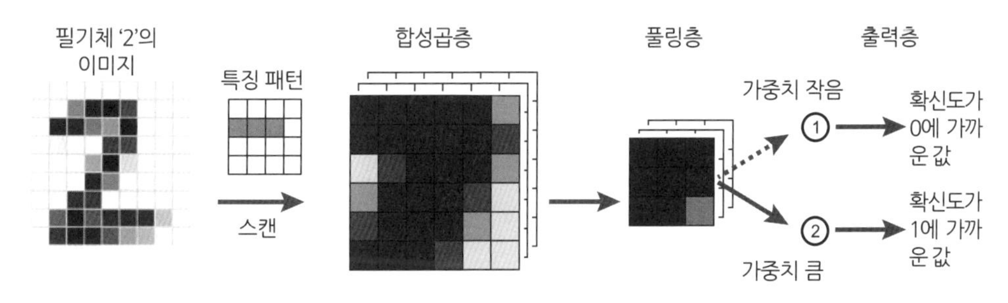

▲ 큰 값은 진하게 표시한다. 데이터와 일치하는 특징 패턴을 이용하면, 오른쪽으로 갈수록 정보가 압축되어가는 것을 알 수 있다.

■ 임계값의 역할

'특징 패턴'과 '가중치'를 중심으로 이야기를 진행했지만, 합성곱 신경망에서 중요한 동작을 하는 '임계값'에 관해서 확인해 봅시다.

신경망의 경우와 마찬가지로, 임계값은 음지에서 지원하는 역할을 하므로 이미지로는 표현하기 어려운 것입니다. 그러나 그 음지에서 지원하는 역할의 존재가 없으면, 합성곱 신경망이 기능을 할 수 없습니다. 왜냐하면 합성곱 신경망의 각 담당자가 정보를 출력할 때, 필요한 정보만을 정확히 제시하고, 불필요한 정보는 가능하면 차단하도록 각 담당자에게 역할이 부여되었기 때문입니다. 그것은 신경망의 경우와 완전히 동일한 역할입니다 (→ 4장 §01, §07).

■ 매개변수의 결정법

이제까지는 특징 패턴과 가중치, 임계값은 주어진 것으로 가정하고 이야기를 진행했습니다. 그러나 그것을 어떤 값으로 설정하면 좋은지는 처음에는 불명확합니다. 그것을 결정하기 위해서 '**합성곱 신경망 스스로 결정**'하는 방법이 이용됩니다.

이제까지 알아본 (주제Ⅱ)를 예로 살펴봅시다. 훈련 데이터에는 '1', '2'의 필기체 숫자 이미지 데이터가 몇 장 있고, 각 장에는 '1' 혹은 '2'에 해당하는 정답이 표시되어 있습니다. 그러면 우리들이 해야 할 일은 신경망에 한 장 한 장씩 이미지를 읽어 들여, '1'인가 '2'인가의 확신도를 계산하는 것입니다. 그리고 한 장 한 장의 이미지에 표시된 정답과의 오차를 산출하면 됩니다. 뒤에 남은 일은 이미지 데이터 모두에 대해 이러한 오차의 총합이 최솟값이 되도록 특징 패턴, 가중치, 임계값을 컴퓨터로 결정하는 것입니다.

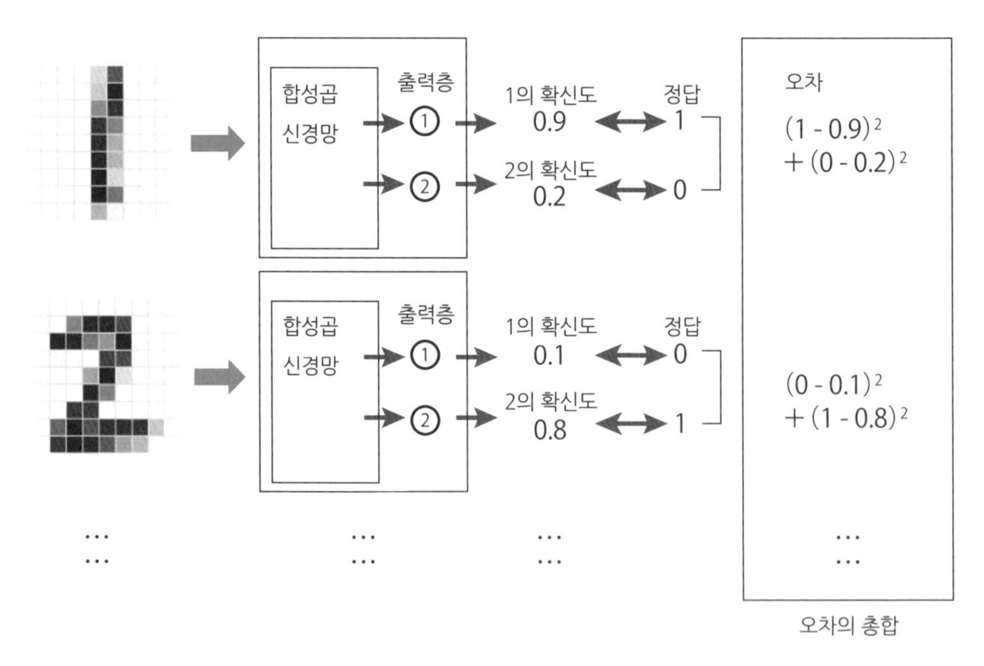

▲ 가중치와 임계값을 결정하는 구조. 표시된 값은 가상의 값이다.

이상의 계산법은 신경망의 경우와 동일합니다. 수학 모델의 **최적화**라고 부르는 기법이고, **학습**이라고도 부릅니다. 사람이 가르쳐주는 것은 아무 것도 없습니다.

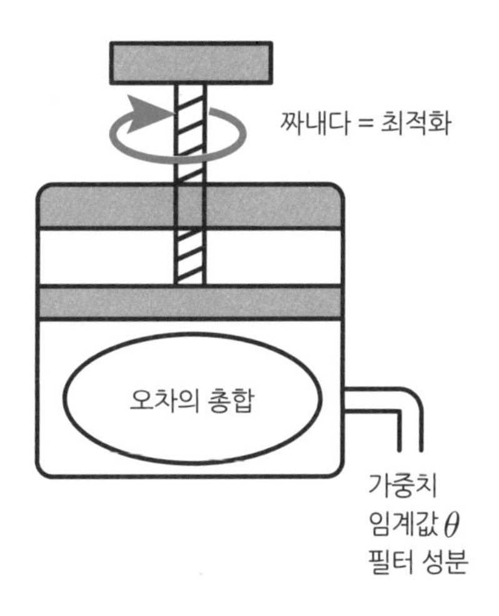

◀ 사람, 다시 말하면 컴퓨터가 하는 일은 최적화의 계산뿐이다. 합성곱 신경망에 지식을 가르쳐주는 것은 없다. 이것이 합성곱 신경망의 중요한 특징으로, "스스로 결정한다"라고 표현되는 내용이다.

Memo AI는 정의가 되지 않은 용어

현대를 AI 붐이라고 말하지만, 그 AI에 관해서 명확하게 정의가 되어 있지는 않습니다. 1장에서도 기술했듯이, 이전에 'AI 밥솥' 'AI 세탁기' 등이라는 상품도 판매되었지만, 그 'AI'라는 것이 우리가 상상하는 AI와는 크게 다릅니다.

우리가 상상하는 AI에는 유명한 고전 만화영화 '우주소년 아톰'의 이미지가 투영되어 있습니다. "사람과 대화한다" "생각한다" "감정을 이해한다"가 AI의 필수 요소라고 생각하는 것입니다. 그러나 현실에 그와 같은 AI는 존재하지 않습니다.

AI라는 것은 '지적인 기계, 특히 지적인 컴퓨터 프로그램을 작성하는 과학과 기술'(출처: 일본 인공지능학회 홈페이지)이라는 정의도 있지만, 도대체 '지적'이라는 것이 무엇인가에 관해서 논의할 필요가 있을 것입니다. 요약하자면, AI는 정의가 되지 않은 용어인 것입니다.

인공지능 연구에는 두 가지 입장이 있습니다. 하나는 인간의 지능 그 자체를 가진 기계를 만들려고 하는 입장이고, 또 하나는 인간이 지능을 사용하는 일을 기계에게 시키는 입장입니다. 실제의 연구 대부분이 후자의 입장에 서 있습니다. 그렇다면, 산업계에서는 AI가 최대 관심사의 하나입니다. 따라서 이 분야로 이 책의 주제인 합성곱 신경망의 기술이 확실히 침투하고 있습니다.

§ 02 합성곱 신경망이 필기체 숫자를 식별

앞 절(§01)에서는 합성곱 신경망이 어떠한 것인지를 사람의 역할에 비유하여 이야기식으로 알아보았습니다. 이 절부터는 Excel을 이용하여 구체적으로 식을 따라가면서 구조를 알아보기로 하겠습니다. 이 절에서는 훈련 데이터를 준비합니다.

■ 신경망의 한계

이미지 식별을 신경망이 수행할 때, 대상이 되는 이미지가 갖는 화소 수가 커지면, 은닉층의 가중치가 커지고, 컴퓨터의 자원을 다 써버리게 됩니다. 앞 장 마지막 절(4장 §09)에서는 그 구체적인 예를 확인했습니다.

이 문제를 해결하는 것이 **합성곱 신경망**으로. 근래에 매스컴 등에서 화제를 독차지하고 있는 기법입니다. 합성곱 신경망은 동적인 중간층을 설정하는 것으로, 컴퓨터 자원을 효과적으로 활용하는 기술을 이용합니다.

■ 필기체 숫자 데이터 준비

이 장의 구체적인 주제로 앞 절(§01)에서도 소개한 다음 (주제Ⅱ)를 이용합니다. 이 주제에 따라 합성곱 신경망의 구조를 Excel을 이용하여 차례대로 알아보도록 합시다.

> **주제Ⅱ** 9 × 9 = 81 화소의 흑백 이미지로 읽어 들인 필기체 숫자 '1', '2'를 식별하는 합성곱 신경망을 190장의 필기체 이미지와 그 정답으로 구성되는 훈련 데이터를 이용하여 작성해 봅시다.

이 (주제Ⅱ)는 단순한 것으로, 실제로는 훨씬 복잡한 구조를 가진 것을 이용합니다. 그러나 그 내용이 이해되면, 복잡한 것에도 응용할 수 있을 것입니다.

처음에 기술한대로, 이 절에서는 훈련 데이터를 준비합니다. 훈련 데이터로서는 다음에 제시하는 '1', '2'의 총 190 문자를 숫자 이미지로 이용합니다. 추가로 숫자 이미지가 무엇을 나타내는지에 관한 정답을 덧붙여야 합니다. 사람은 이러한 이미지를 보고 1인지 2인지를 구별할 수 있기 때문에, 다음 그림에서는 생략합니다.

주 이 필기체 숫자 '1'과 '2'는 MNIST 데이터로부터 1과 2의 필기체 숫자 190 문자만 골라서 판별 가능한 최소 해상도(9 × 9 화소)로 축소한 것입니다. 확대한 그림은 부록 B에 수록했습니다. 또한 MNIST 데이터에 관해서는 아래의 **Memo**를 참조하기 바랍니다.

그러면 Excel에 위의 훈련 데이터를 입력해 봅시다.

예제 **9×9 화소 흑백 이미지로 읽어 들인 필기체 숫자 '1'과 '2'를 Excel에 입력해 봅시다.**

주 이 예제의 워크시트는 다운로드 사이트 (→ 8페이지)에 있는 '5.xlsx' 중의 'Data' 탭에 수록되어 있습니다. 또한 부록 B에 그 필기체 숫자 이미지를 실어 놓았습니다.

MNIST 데이터

MNIST(Mixed National Institute of Standards and Technology)는 28 × 28 화소의 60,000개의 학습 샘플과 10,000개의 테스트 샘플로 구성되는 필기체 숫자 이미지 데이터베이스입니다. NIST라는 미국 국립표준기술연구소가 준비해둔 견본 데이터가 MNIST입니다. 이 책에서는 이것을 해석 가능한 최소 해상도 9 × 9로 변환한 것을 이용합니다.

또한 MNIST의 상세한 내용은 다음 웹사이트를 보기 바랍니다.

http://yann.lecun.com/exdb/mnist/

풀이 이 책의 다운로드 사이트로부터 Excel 워크시트(5.xlsx)를 다운받으면, 다음 훈련 데이터가 얻어집니다. 내용에 관해서는 다운받은 파일을 열어 확인하기 바랍니다.

K	L	M	N	O	P	Q	R	S	T	U	V	W	X	Y	Z	AA	AB	AC	AD
번호	1									2									3
	0	0	0	0	0	0	107	213	0	0	0	0	171	5	0	0	0	0	0
	0	0	0	0	0	33	249	7	0	0	0	0	193	94	0	0	0	0	0
	0	0	0	0	52	242	74	0	0	0	0	0	193	138	0	0	0	0	0
이	0	0	0	5	245	153	0	0	0	0	0	0	78	138	0	0	0	0	0
미	0	0	0	159	221	1	0	0	0	0	0	0	193	138	0	0	0	0	0
지	0	0	32	248	17	0	0	0	0	0	0	0	193	138	0	0	0	0	0
	0	3	234	83	0	0	0	0	0	0	0	0	236	138	0	0	0	0	0
	0	17	244	74	0	0	0	0	0	0	0	0	229	115	0	0	0	0	0
	0	0	0	0	0	0	0	0	0	0	0	0	0	0	0	0	0	0	0
정답	1									1									1

훈련 데이터는 다운받은 것을 이용

BMM	BMN	BMO	BMP	BMQ	BMR	BMS	BMT	BMU	BMV	BMW	BMX	BMY	BMZ	BNA	BNB	BNC	BND	BNE
	189									190								
0	0	0	28	129	72	1	0	0	0	0	0	0	0	74	88	0	0	0
0	0	12	252	118	242	29	0	0	0	0	0	0	0	189	57	0	0	0
0	0	0	15	0	234	72	0	0	0	0	0	0	0	228	38	0	0	0
0	0	1	140	77	253	13	114	197	83	0	0	0	0	252	11	0	0	0
0	49	250	225	254	163	6	101	235	2	0	0	0	2	228	0	0	0	0
0	38	249	238	133	251	249	184	7	0	0	0	0	40	202	0	0	0	0
0	7	76	0	0	19	5	0	0	0	0	0	0	52	159	0	0	0	0
0	0	0	0	0	0	0	0	0	0	0	0	0	6	225	0	0	0	0
0	0	0	0	0	0	0	0	0	0	0	0	0	0	1	0	0	0	0
R28C21	2									1								

주 이 훈련 데이터를 읽어 들인 워크시트 탭 이름은 [Data]로 합니다.

■ 이미지의 확인

여기에서는 수치화된 이미지의 형식에 관해서 확인합니다. 흑백 이미지는 각 화소에 0~255까지의 숫자가 배정되어 밝기를 표시합니다. 표준으로는 0이 검은 색을, 255가 흰 색을 표현합니다. 그러나 필기체 숫자와의 대응을 화면상에서 조사할 때, 이렇게 해서는 불편하므로, 이 책에서는 흑과 백의 수치를 반전시켜 표시합니다. 필름 사진의 네거티브 필름을 나타낸다고 생각하면, 이해하기 쉬울 것입니다. 이렇게 변환해도 얻어지는 결과는 동일하지만, 반전시키는 쪽이 직감적인 해석이 쉽다고 생각됩니다. 이것은 앞의 4장 신경망의 경우에도 이용합니다.

<표준적인 데이터의 수치화>

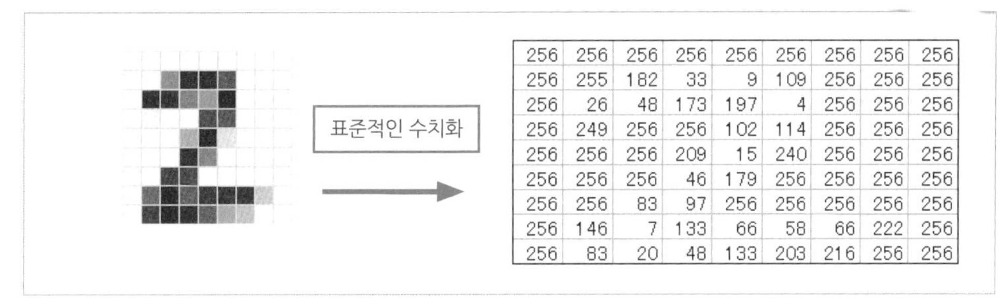

256	256	256	256	256	256	256	256	256
256	255	182	33	9	109	256	256	256
256	26	48	173	197	4	256	256	256
256	249	256	256	102	114	256	256	256
256	256	256	209	15	240	256	256	256
256	256	256	46	179	256	256	256	256
256	256	83	97	256	256	256	256	256
256	146	7	133	66	58	66	222	256
256	83	20	48	133	203	216	256	256

<이 책에서 이용하는 명암을 반전시킨 수치화>

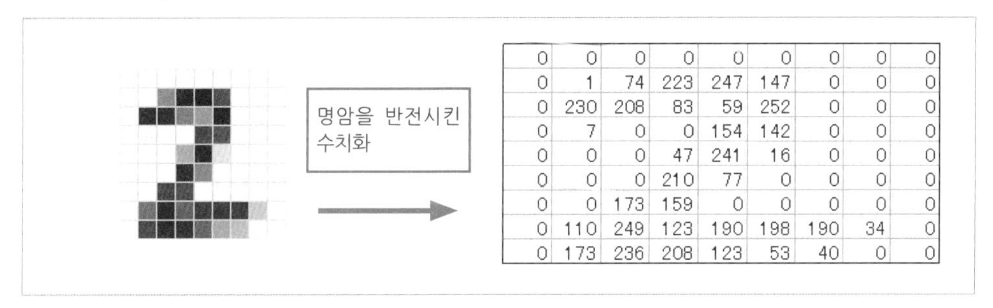

0	0	0	0	0	0	0	0	0
0	1	74	223	247	147	0	0	0
0	230	208	83	59	252	0	0	0
0	7	0	0	154	142	0	0	0
0	0	0	47	241	16	0	0	0
0	0	0	210	77	0	0	0	0
0	0	173	159	0	0	0	0	0
0	110	249	123	190	198	190	34	0
0	173	236	208	123	53	40	0	0

주 위 표와 아래 표의 대응하는 수치를 더하면, 그 값은 256이 됩니다. 또한 명암을 반전시킨 이미지는 과거 아날로그 필름의 '네거티브 필름'에 해당합니다.

■ 훈련 데이터의 정답

예제를 풀기 위해 다운로드한 파일을 보면, 여기에 정답란이 있습니다. 이것은 대상 이미지가 무엇을 나타내는가를 표시하는 것입니다. 앞에서 몇 번 기술한 것처럼, 이렇게 정답으로 설정한 데이터를 **훈련 데이터(training data)**라고 합니다. 정답이 필요한 것은, 주어진 이미지가 무엇을 의미하는지 컴퓨터는 명확히 알지 못하기 때문입니다.

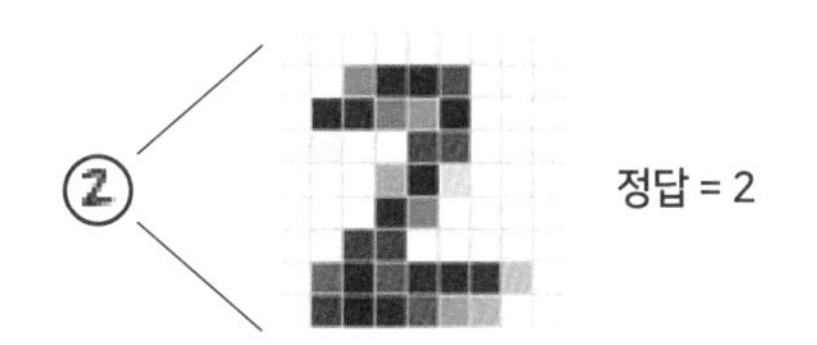

◀ 이 필기체 숫자가 2라는 것을 컴퓨터에게 가르쳐주기 위해서는 정답 '2'가 필요하다. 이 세트의 모임이 훈련 데이터이다.

§ 03 합성곱 신경망의 입력층

실제로 Excel로 합성곱 신경망을 동작시키기 위해서는 뉴런의 관계를 명시해야만 합니다. 뉴런의 관계를 우선 입력층에 대해서 알아봅니다.

■ 입력층을 격자 모양으로 표현

4장의 신경망에서도 알아보았지만, 입력층에 있는 뉴런은 데이터에 아무런 작용을 하지 않습니다. 화소로부터의 신호를 그대로 신경망에 받아들이는 동작을 합니다. 그 입력층에 있는 뉴런의 이름으로는 4장과 마찬가지로 로마자 x를 이용하기로 합니다.

주 다음 절 이후의 이야기이지만, 앞 장과 마찬가지로 은닉층은 y, 출력층은 z를 기본적으로 이용합니다.

그러나 앞 장에서 살펴본 신경망은 오른쪽 그림에 표시한 것처럼, 입력층 뉴런 이름으로 단순히 1~12까지의 첨자를 변수명에 배분합니다(12는 화소 수입니다).

그러나 화소 수가 커지면, 이 명명법은 이해하기 어렵게 됩니다. 이 장에서 취급하는 화소 수는 9×9 = 81이기 때문에 81까지의 번호를 x에 첨자로 붙이게 되어, 읽기 어려워지기 때문입니다. 또한 이미지와의 대응이 불명확하게 되어 버립니다. 따라서 이미지 i행 j열에 있는 화소에 대응하는 입력층의 뉴런에는 x_{ij}라는 이름을 붙입니다.

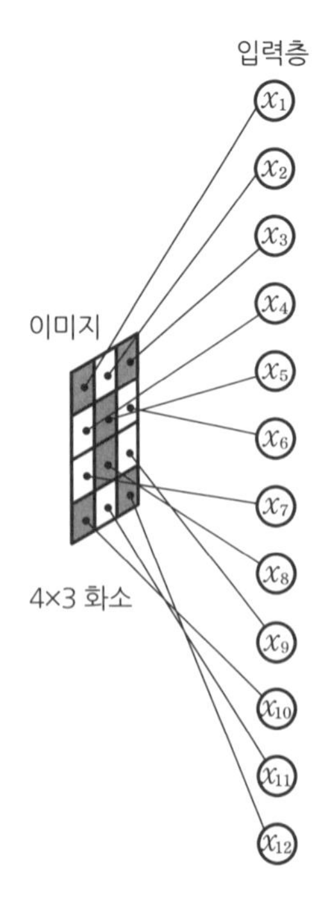

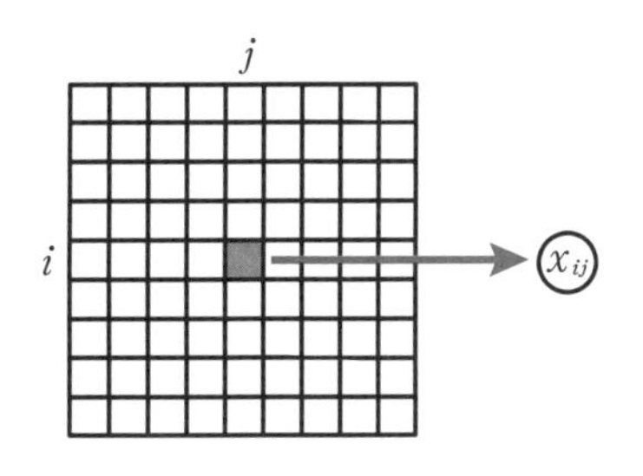

◀ 이미지 중의 i행 j열에 있는 화소의 신호를 받는 입력층의 뉴런 이름은 x_{ij}

이렇게 하는 것으로, 화소와 입력층 뉴런과의 대응은 일목요연하게 됩니다. 대응하는 모두에 대해 써보면, 다음과 같아집니다.

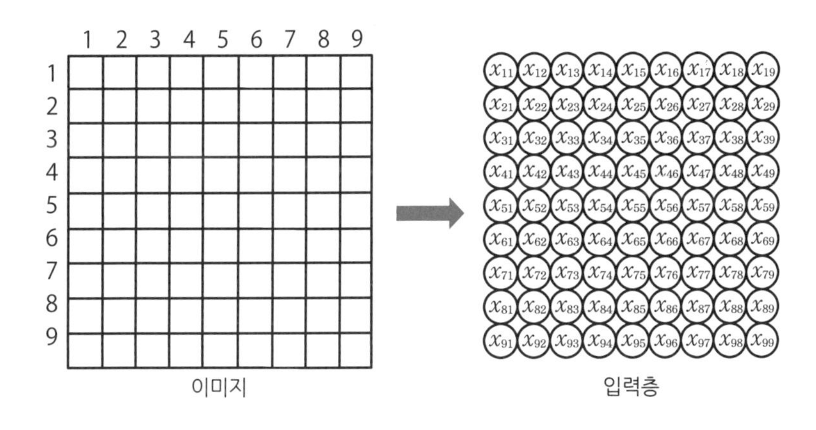

뉴런 이름은 신경망 때와 마찬가지로, 출력변수의 이름으로도 이용하도록 합니다. 그러면, 입력층 뉴런은 신호에 아무런 작용을 가하지 않기 때문에, 일반적으로는 다음의 관계가 성립합니다.

> x_{ij} = 입력층 i행 j열에 있는 뉴런의 이름
>
> = 입력층 i행 j열에 있는 뉴런의 출력값 ⋯ (1)

예 1 x_{11}은 이미지의 1행 1열 위치에 있는 화소 신호를 받는 뉴런 이름 및 그 출력입니다(아래 그림).

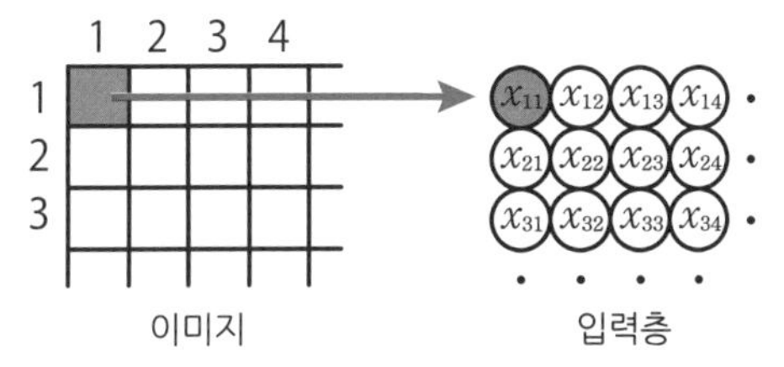

■ 입력층 뉴런을 Excel로 표현

해 찾기에 의한 최적화를 위해, 이 책에서는 입력층의 출력을 화소신호의 100분의 1로 변환하기로 합니다. 이렇게 하면, Excel의 해 찾기 계산 공간이 절약되고 수렴성이 향상되기 때문입니다(→ 131페이지의 **Memo** 참조).

예제 **훈련 데이터 첫 번째 이미지에 대해서, 화소로부터의 신호를 1/100 배로 출력하는 것으로 해서 입력층 뉴런의 출력을 구해봅시다. 또한 그 정답은 (t_1, t_2)의 형식으로 입력층 셀 왼쪽 아래에 배치합시다. 읽어 들인 이미지가 '1'일 때는 (1, 0)으로, '2'일 때는 (0, 1)이라고 합니다.**

주 이 예제의 워크시트는 다운로드 사이트 (→ 8페이지)에 있는 '5.xlsx' 중의 '예제' 탭에 수록되어 있습니다.

풀이 아래 그림과 같이, 셀 주소 L2부터 시작하는 9×9 셀 범위에 문제의 의미에 맞는 출력값을 준비합니다. 추가로 셀 주소 L11과 그 옆 칸에 필기체 숫자의 정답을 설정합니다.

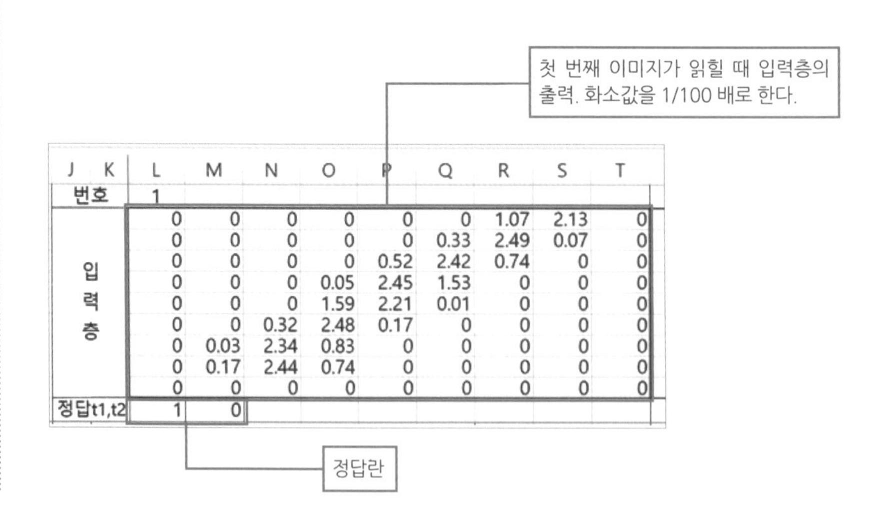

J K	L	M	N	O	P	Q	R	S	T
번호	1								
입력층	0	0	0	0	0	0	1.07	2.13	0
	0	0	0	0	0	0.33	2.49	0.07	0
	0	0	0	0	0.52	2.42	0.74	0	0
	0	0	0	0.05	2.45	1.53	0	0	0
	0	0	0	1.59	2.21	0.01	0	0	0
	0	0	0.32	2.48	0.17	0	0	0	0
	0	0.03	2.34	0.83	0	0	0	0	0
	0	0.17	2.44	0.74	0	0	0	0	0
	0	0	0	0	0	0	0	0	0
정답t1,t2	1	0							

이것을 훈련 데이터 전체에 대해서 복사할 필요가 있지만, 그 작업은 마지막으로 미룹니다(→ 이 장 § 08).

■ 정답의 표현법

훈련 데이터에는 각 문자 이미지에 그 이미지가 무엇을 나타내는지에 관한 정답이 붙어 있습니다. 그것을 왼쪽의 예로 나타낸 것처럼 설정한 것입니다. 이 설정 형식은 4장에서 알아본 신경망의 경우와 동일합니다. 뒤에 알아보는 최적화를 위한 오차표현을 쉽게 하기 위해서, 이와 같은 표현을 이용합니다. 또한 4장에서도 알아본 것처럼, 변수 t_1, t_2는 다음과 같이 정의됩니다. 사용 방법에 관해서는 뒤의 §07에서 알아보도록 합시다.

기호 이름	의미	이미지가 '1'일 때	이미지가 '2'일 때
t_1	'1'의 정답 변수	1	0
t_2	'2'의 정답 변수	0	1

Memo 출력값을 왜 화소값의 1/100 배를 하는가?

예를 들면, 오른쪽 그림과 같은 뉴런을 생각해 봅시다. 세 개의 입력 신호 x_1, x_2, x_3을 생각하고, 각 입력 신호에는 가중치 w_1, w_2, w_3이 주어졌다고 합시다. 임계값을 θ라고 할 때, 뉴런이 얻은 입력의 선형합 a는 다음 형태가 됩니다.

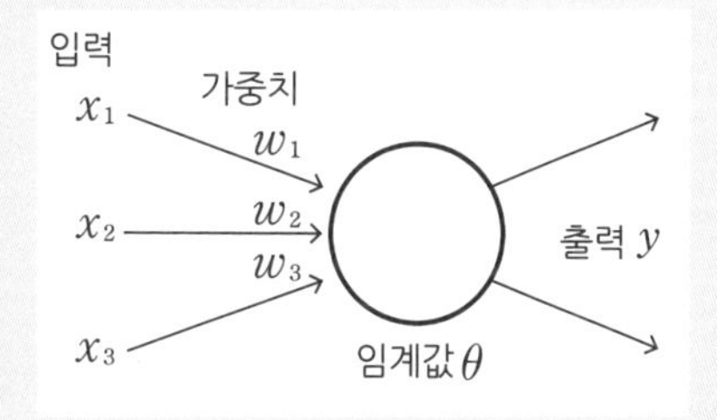

$$a = w_1x_1 + w_2x_2 + w_3x_3 - \theta$$

또한 입력 신호 x_1, x_2, x_3을 각각 k배하고, 가중치 100을 $\frac{1}{k}$배 할 때, 그 합 a의 값은 동일합니다.

$$a = \frac{1}{k}w_1(kx_1) + \frac{1}{k}w_2(kx_2) + \frac{1}{k}w_3(kx_3) - \theta$$

즉, 입력 신호의 크기 x_1, x_2, x_3를 어떤 척도로 표시하더라도, 가중치의 크기를 변경시키는 것으로 합 a의 값은 변하지 않는 것입니다. 이 절에서는 이미지로부터의 입력 신호를 임의로 1/100 배로 만들었지만, 가중치에 조건이 없으면 수학적으로는 완전히 문제가 없는 것입니다.

그러나 어째서 1/100 배를 하는 것일까요? 그것은 해 찾기 알고리즘의 문제입니다. 해 찾기는 변수 셀의 값을 조금씩 변경하면서 최적값을 찾지만, 그 디폴트 값이 0.0001입니다. 따라서 그 디폴트 값을 변경하지 않는 경우, 해 찾기가 취급하는 값이 크면 시간이 걸리는 것입니다. 입력층 뉴런의 값을 화소의 100분의 1로 한 것은 이와 같은 이유입니다.

§ 04 합성곱 신경망을 특징짓는 합성곱층

합성곱 신경망의 중심이 되는 '합성곱층'이라고 부르는 층의 역할을 알아봅시다. Excel에서 합성곱 신경망을 구현하면, 그 구조가 잘 보입니다.

■ 합성곱 신경망은 입력층을 조금씩 나누어 검토한다

이 장 §01에서 합성곱 신경망이라는 것이 어떠한 것인가에 관해 의인화된 설명을 했습니다. 여기에서는 구체적인 식과 수치로 이야기를 진행합니다. 중복되는 부분도 있지만, 상세하게 살펴보도록 합시다.

앞에서 살펴본 것처럼(→ 4장 §09), 신경망을 현실 데이터에 적용하면, 신경망을 연결하는 화살의 수가 방대하게 되고, 결정해야할 모델의 매개변수 수가 컴퓨터의 능력을 넘어서게 됩니다. 그 원인은 입력층 뉴런과 은닉층 뉴런이 모두 결합되어 있기 때문입니다. 이와 같은 결합 방식을 **전결합**이라고 합니다.

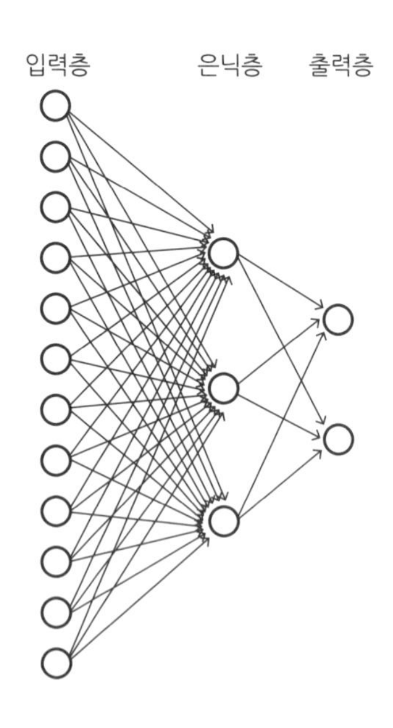

4장에서 살펴본 신경망. 신경망에서는 위층과 아래층의 뉴런이 모두 화살로 연결되어 있다. 즉, 전체가 결합되어 있다. ▶

합성곱 신경망이 이 문제를 해결하는 수단으로 채택한 방법은 입력층 뉴런을 조금씩 나누어 검토하는 방법입니다. 입력층 뉴런을 작게 나누는 것으로, 은닉층 뉴런이 검토하는 화살의 수가 줄어듭니다. 그러면 그 화살에 부과하는 '가중치'의 개수도 적어지는 것입니다.

그러나 실제로 9×9 화소 수의 이미지를 아래 그림처럼 4×4 크기로 세분해 봅시다. 이미지는 6 × 6(= 36) 지역으로 나누어집니다.

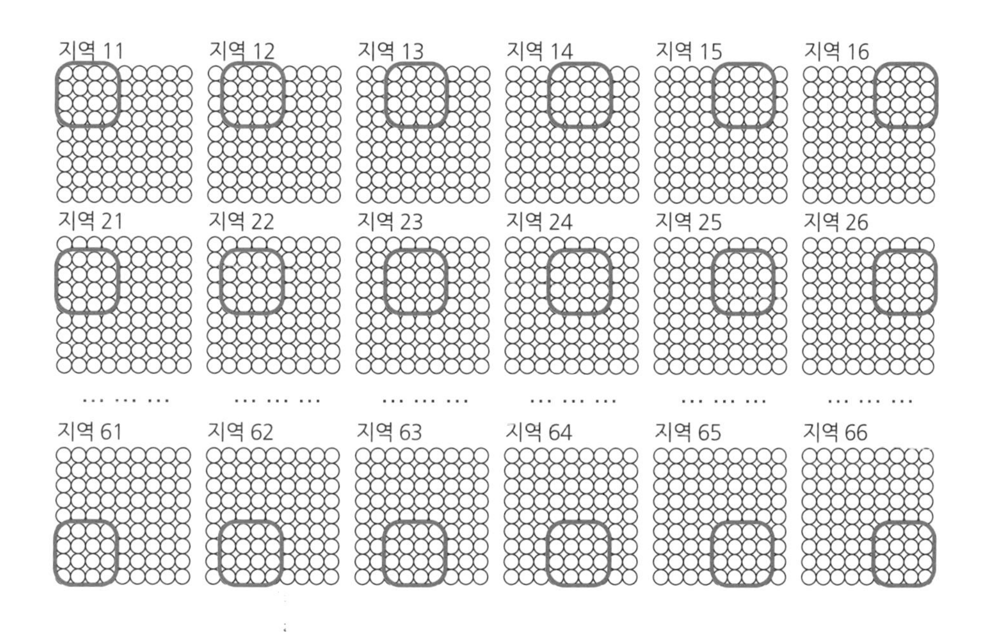

주 앞에서도 언급한 것처럼(→ §01), 많은 합성곱 신경망은 5 × 5 크기를 세분하는 기준으로 이용합니다. 이 책에서는 간략하게 기술하기 위해 보다 더 작은 4 × 4 크기를 적용합니다.

작게 나누어진 각 지역에 관해서, 은닉층 뉴런은 신경망의 경우와 동일한 처리를 수행합니다. 세분한 만큼 그 은닉층 뉴런이 화살에 부과하는 '가중치'는 4 × 4개만으로 끝나게 됩니다. (전결합을 하면, 9 × 9개의 '가중치'가 필요하게 됩니다!)

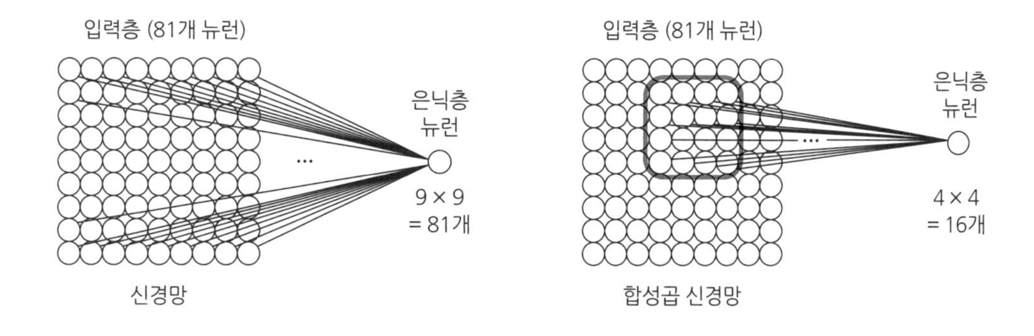

작게 나누어 처리하는 대가로서, 하나의 뉴런이 출력하는 값은 단일하지 않게 됩니다. 앞의 그림이 나타내는 것처럼, 은닉층 뉴런이 조사하는 지역은 지역 11, 지역 12, 지역 13, …, 지역 66의 총 6 × 6 = 36개이기 때문에 다음과 같은 표 형식으로 표현됩니다.

지역 11의 출력	지역 12의 출력		지역 16의 출력
지역 21의 출력	지역 22의 출력		지역 26의 출력
……	……		……
지역 61의 출력	지역 62의 출력		지역 66의 출력

◀ 은닉층 뉴런의 출력은 표 형식이 된다.

그러나 은닉층에는 복수의 뉴런이 배치되어 있습니다. 따라서 은닉층 뉴런이 출력하는 표는 복수개가 됩니다. 이 출력표의 세트를 **합성곱층**이라고 합니다.

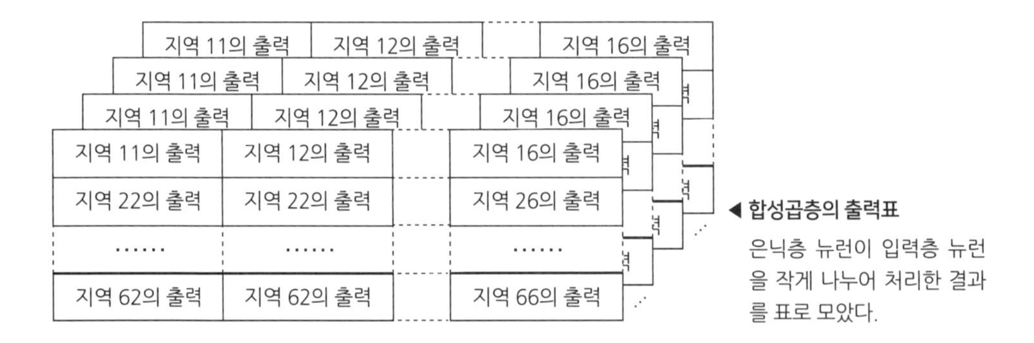

◀ **합성곱층의 출력표**

은닉층 뉴런이 입력층 뉴런을 작게 나누어 처리한 결과를 표로 모았다.

이 그림에서, 합성곱층을 구성하는 한 장 한 장의 표를 '합성곱층의 출력표'라고 부르기로 합니다.

앞에 제시한 것처럼, 세분화된 각 지역에 관해서 은닉층의 뉴런은 신경망의 경우와 동일한 처리를 수행합니다. 그러면 신경망에서 살펴본 것처럼, 각 지역에 대해서 특징 추출을 하는 것이 됩니다. 따라서 세분한 만큼 조사하는 범위가 좁혀지고, 그 만큼 특징 추출이 쉬워지는 것입니다.

■ 은닉층에 세 개의 뉴런을 배치

이상이 합성곱층의 개요입니다. 다음에는 구체적으로 이야기를 진행합시다.

처음에 합성곱 신경망의 구조를 결정합니다. 4장과 비교하기 쉽도록 이 장에서도 은닉층 뉴런 수는 3개로 합니다.

> **주** 은닉층에 몇 개의 뉴런이 필요한가는 이론적으로 결정할 수는 없습니다. 훈련 데이터의 특성에 따르기 때문입니다. 시행착오를 하는 수밖에 없습니다.

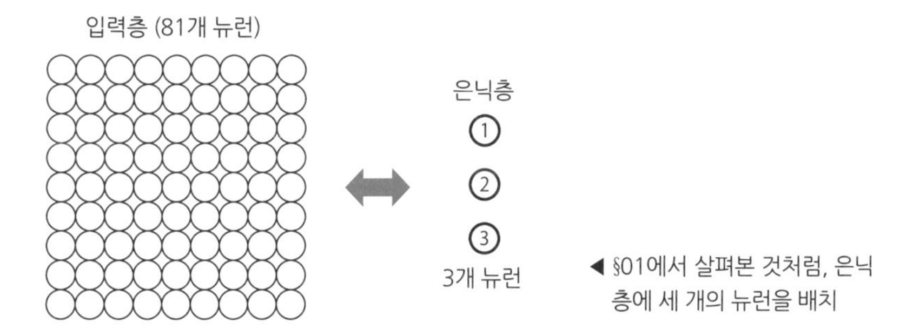

◀ §01에서 살펴본 것처럼, 은닉층에 세 개의 뉴런을 배치

이제 은닉층의 첫 번째 뉴런 ①에 관해서 알아봅시다.

6×6개의 세분화된 각 지역에 대해서, 은닉층의 뉴런은 4장에서 신경망 때와 동일한 처리를 합니다. 이 때, 세분화된 입력층의 뉴런에 주어진 '가중치'는 아래 그림과 같은 표로 표현할 수 있습니다. 이러한 '가중치'의 표를 이 책에서는 **필터**라고 부르기로 합니다. 그리고 필터를 구성하는 각 값을 '필터의 성분'이라고 부르기로 합니다.

> **주** 문헌에 따라, 필터를 커널로 부르기도 합니다.

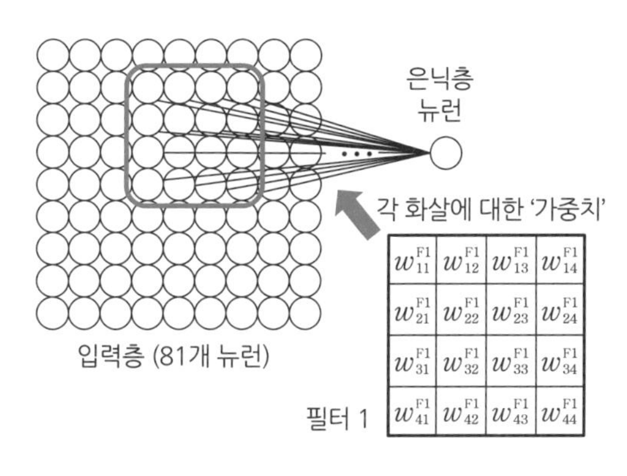

◀ 필터는 세분화된 전 지역에 공통. 필터의 성분 기호 w는 가중치(weight), F는 필터(Filter)의 머리글자이다. F1은 은닉층의 뉴런 ① 용의 필터인 것을 나타낸다.

은닉층에는 세 개의 뉴런 ①~③을 가정했습니다. 따라서 이와 같은 필터는 오른쪽 그림처럼 세 개 준비합니다.

필터 1

w_{11}^{F1}	w_{12}^{F1}	w_{13}^{F1}	w_{14}^{F1}
w_{21}^{F1}	w_{22}^{F1}	w_{23}^{F1}	w_{24}^{F1}
w_{31}^{F1}	w_{32}^{F1}	w_{33}^{F1}	w_{34}^{F1}
w_{41}^{F1}	w_{42}^{F1}	w_{43}^{F1}	w_{44}^{F1}

필터 2

w_{11}^{F2}	w_{12}^{F2}	w_{13}^{F2}	w_{14}^{F2}
w_{21}^{F2}	w_{22}^{F2}	w_{23}^{F2}	w_{24}^{F2}
w_{31}^{F2}	w_{32}^{F2}	w_{33}^{F2}	w_{34}^{F2}
w_{41}^{F2}	w_{42}^{F2}	w_{43}^{F2}	w_{44}^{F2}

필터 3

w_{11}^{F3}	w_{12}^{F3}	w_{13}^{F3}	w_{14}^{F3}
w_{21}^{F3}	w_{22}^{F3}	w_{23}^{F3}	w_{24}^{F3}
w_{31}^{F3}	w_{32}^{F3}	w_{33}^{F3}	w_{34}^{F3}
w_{41}^{F3}	w_{42}^{F3}	w_{43}^{F3}	w_{44}^{F3}

▲ 오른쪽 위 첨자 Fk는 은닉층의 뉴런 ⓚ가 이용하는 필터를 나타낸다.

그런데 은닉층의 세 개의 뉴런은 신경망 때와 마찬가지로 '임계값'을 가집니다. 이것을 다음과 같이 표현합시다.

θ^{Fk} … 은닉층 k 번째 뉴런의 임계값 (1≦k≦3)

은닉층의 뉴런 ①에 관한 매개변수 기호를 정리해 봅시다.

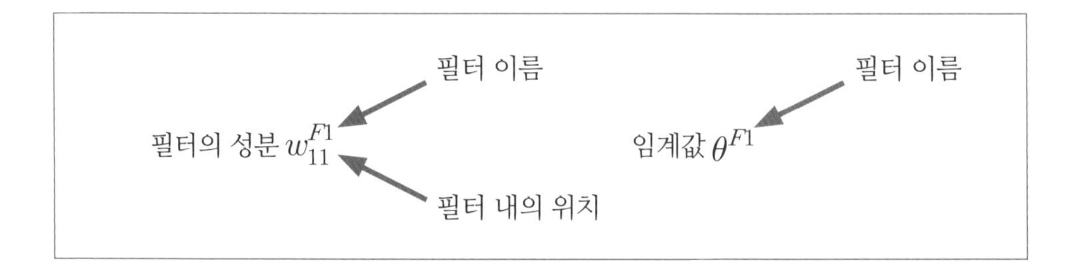

■ 은닉층 뉴런의 출력을 식으로 표현

은닉층의 뉴런을 살펴보고, 세분화된 각 부분을 조사해 봅시다. 구체적으로 은닉층의 첫 번째 뉴런 ①이 입력층의 지역 11을 어떻게 처리하는가를 알아봅니다.

먼저 다루는 기호의 위치 관계를 아래 그림에 나타냅니다.

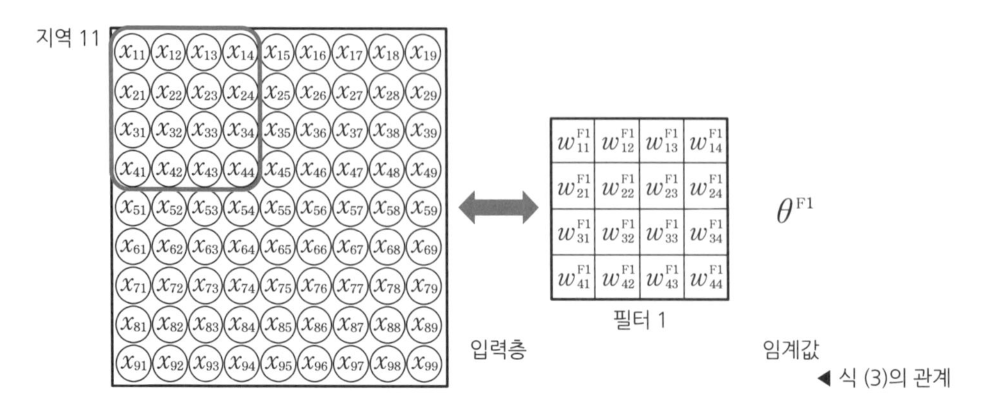

◀ 식 (3)의 관계

전에도 기술했지만, 세분화된 부분에 대한 처리 방식은 신경망과 동일합니다. 그러면 이 지역 11을 입력층으로 할 때, 은닉층의 뉴런 ①에 관한 '입력의 선형합' a_{11}^{F1}은 다음과 같이 나타냅니다.

$$a_{11}^{F1} = w_{11}^{F1}x_{11} + w_{12}^{F1}x_{12} + w_{13}^{F1}x_{13} + \cdots + w_{44}^{F1}x_{44} - \theta^{F1} \cdots (1)$$

그러면 은닉층 뉴런 ①의 출력값 y_{11}^{F1}은 σ를 시그모이드 함수로 하고 다음과 같이 나타냅니다.

$$y_{11}^{F1} = \sigma(a_{11}^{F1}) \cdots (2)$$

이 y_{11}^{F1}은 합성곱층 첫 번째 출력표의 1행 1열 성분이 됩니다.

주 앞에 제시한 것처럼, 이 책은 은닉층의 출력으로는 문자 y를 이용합니다.

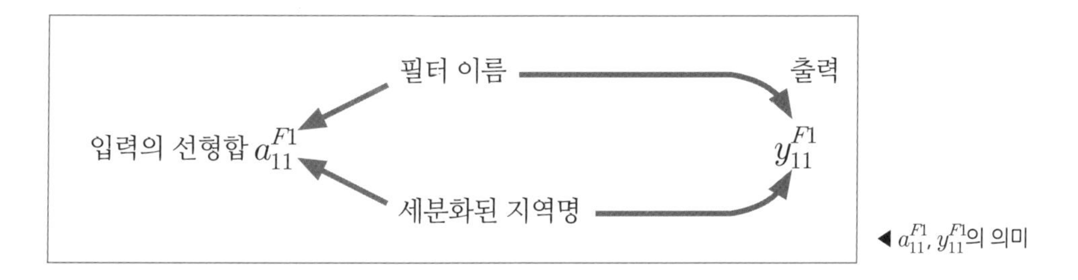

◀ a_{11}^{F1}, y_{11}^{F1}의 의미

예 1 입력층의 세분화된 지역 66 (133페이지의 그림 참조)에 대해서, 출력층 두 번째 뉴런 ②의 출력 y_{66}^{F2}을 식으로 표현해 봅시다.

지역 66으로부터 이 뉴런 ②에 관한 '입력의 선형합' y_{66}^{F2}는 다음과 같이 됩니다.

$$a_{66}^{F2} = w_{11}^{F2}x_{66} + w_{12}^{F2}x_{67} + w_{13}^{F2}x_{68} + \cdots + w_{44}^{F2}x_{99} - \theta^{F2} \cdots (3)$$

그러면, 이 뉴런의 출력은 다음 식이 됩니다.

$$y_{66}^{F2} = \sigma(a_{66}^{F2}) \cdots (4)$$

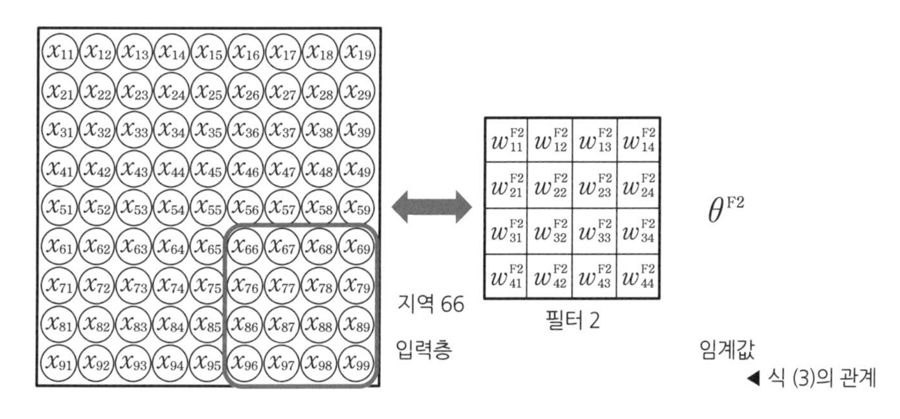

◀ 식 (3)의 관계

이 식 (4)의 y_{66}^{F2}는 합성곱층 두 번째 출력표의 6행 6열의 성분이 됩니다.

■ 합성곱층을 구체화

식 (2) (4)에서 얻어진 은닉층의 출력 결과는 다음 그림과 같은 표로 정리됩니다. 은닉층에 세 개의 뉴런을 가정했기 때문에, 출력표는 3장이 됩니다. 이 한 장 한 장이 134페이지에 제시한 '합성곱층의 출력표'의 구체적인 예입니다.

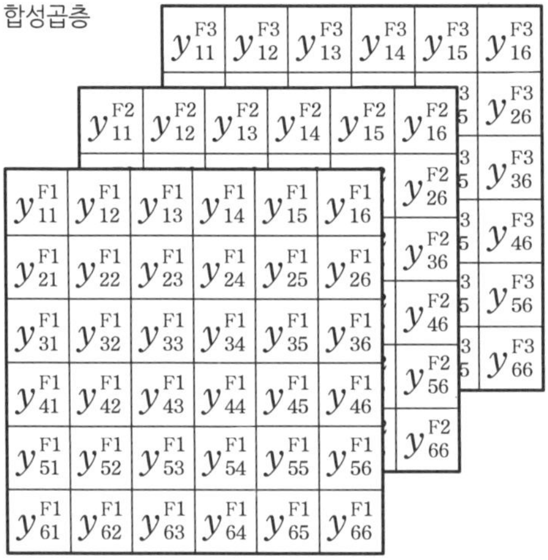

합성곱층

y_{11}^{F3}	y_{12}^{F3}	y_{13}^{F3}	y_{14}^{F3}	y_{15}^{F3}	y_{16}^{F3}

y_{26}^{F3}, y_{36}^{F3}, y_{46}^{F3}, y_{56}^{F3}, y_{66}^{F3}

y_{11}^{F2}	y_{12}^{F2}	y_{13}^{F2}	y_{14}^{F2}	y_{15}^{F2}	y_{16}^{F2}

y_{26}^{F2}, y_{36}^{F2}, y_{46}^{F2}, y_{56}^{F2}, y_{66}^{F2}

y_{11}^{F1}	y_{12}^{F1}	y_{13}^{F1}	y_{14}^{F1}	y_{15}^{F1}	y_{16}^{F1}
y_{21}^{F1}	y_{22}^{F1}	y_{23}^{F1}	y_{24}^{F1}	y_{25}^{F1}	y_{26}^{F1}
y_{31}^{F1}	y_{32}^{F1}	y_{33}^{F1}	y_{34}^{F1}	y_{35}^{F1}	y_{36}^{F1}
y_{41}^{F1}	y_{42}^{F1}	y_{43}^{F1}	y_{44}^{F1}	y_{45}^{F1}	y_{46}^{F1}
y_{51}^{F1}	y_{52}^{F1}	y_{53}^{F1}	y_{54}^{F1}	y_{55}^{F1}	y_{56}^{F1}
y_{61}^{F1}	y_{62}^{F1}	y_{63}^{F1}	y_{64}^{F1}	y_{65}^{F1}	y_{66}^{F1}

◀ 은닉층의 뉴런이 처리된 결과를 표로 정리한 것. 각 표를 '합성곱층의 출력표'라고 부르는 것은 134페이지에서 언급했다.

은닉층의 3개 뉴런이 활약한 결과가 이 3장의 표입니다. 세분화된 부분의 '가중치' 개수는 적어지지만, 출력은 3장의 표가 됩니다. 이 은닉층 뉴런의 출력결과를 **합성곱층**이라고 부르는 것입니다. 앞에서 제시한 것처럼, 이러한 합성곱층의 한 장 한 장의 표를 합성곱층의 **출력표**라고 부르고, 필터를 통한 특징 추출 결과를 집대성한 것입니다.

■ 합성곱층 출력의 공식화와 그 의미

식 (1) ~ (4)를 작성하는 방식만 이해하면, Excel의 워크시트로 합성곱층을 구현하기는 쉽습니다. 그러나 다른 문헌을 읽는데 도움이 되도록 지금까지의 결과를 공식으로 정리해 봅시다.

은닉층 k번째 뉴런이 입력층의 세분화된 지역 ij를 입력으로 할 때, 그 선형합을 a_{ij}^{Fk}, 출력값을 y_{ij}^{Fk}라고 하면, 다음과 같이 나타낼 수 있습니다.

$$a_{ij}^{Fk} = w_{11}^{Fk}x_{ij} + w_{12}^{Fk}x_{ij+1} + w_{13}^{Fk}x_{ij+2} + \cdots + w_{44}^{Fk}x_{i+3j+3} - \theta^{Fk} \cdots (5)$$

$$y_{ij}^{Fk} = \sigma(a_{ij}^{Fk}) \ (\sigma\text{는 시그모이드 함수}) \ \cdots (6)$$

식 (5)의 기호 관계를 그림으로 나타냅니다.

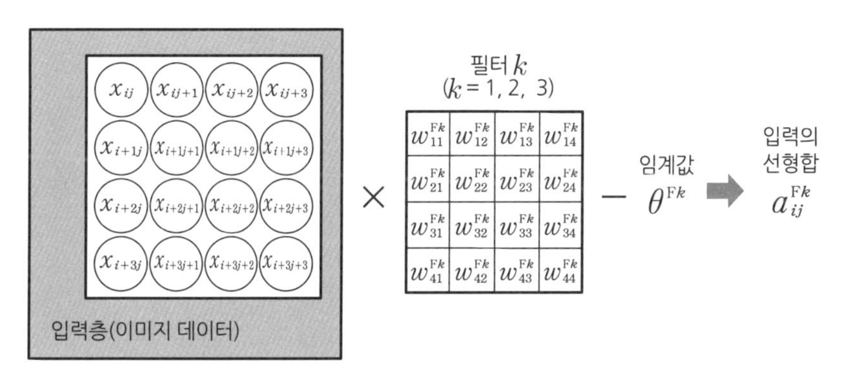

▲ 입력층의 해당 지역에 있는 뉴런의 출력과 필터를 곱하고, 임계값을 뺀 것이 선형합 (5)

합성곱의 의미

공식 (5)를 보기 바랍니다. 식 중에서 임계값을 제외한 다음의 합을 생각합니다.

$$w_{11}^{Fk}x_{ij} + w_{12}^{Fk}x_{ij+1} + w_{13}^{Fk}x_{ij+2} + \cdots + w_{44}^{Fk}x_{i+3j+3} \cdots (7)$$

이 합을 필터에 의한 이미지 성분의 **합성곱**이라고 합니다.

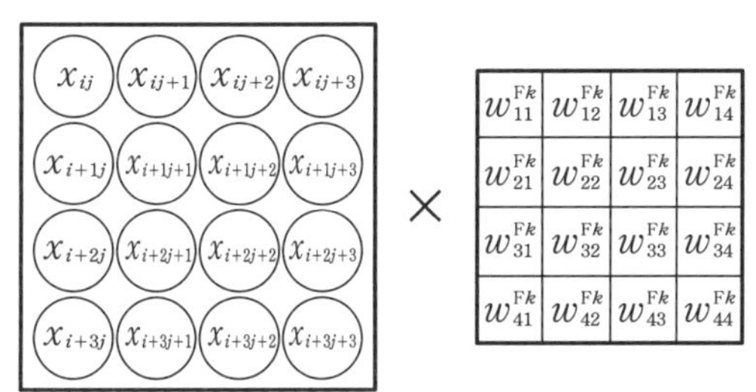

◀ 입력 신호에 정형화된 수치를 곱한 것을 합성곱이라 한다.

필터의 성분을 결정하는 것이 이 장의 목표 중 하나이지만, 여기에서는 필터를 고정하고 이 합성곱의 의미를 생각해 봅시다.

수학의 세계에서 식 (7)은 다음 두 벡터의 내적입니다.

$$(x_{ij},\ x_{ij+1},\ x_{ij+2},\ \cdots,\ x_{i+3j+3}),\ (w_{11}^{Fk},\ w_{12}^{Fk},\ w_{13}^{Fk},\ \cdots,\ w_{44}^{Fk})$$

여러분이 잘 알고 있듯이, 두 벡터의 내적 값이 크면 두 벡터는 유사하다는 것을 나타냅니다(→ 부록 D). 결국은 식 (7)의 합은 조사하는 지역과 필터와의 유사도를 산출하는 것이 됩니다.

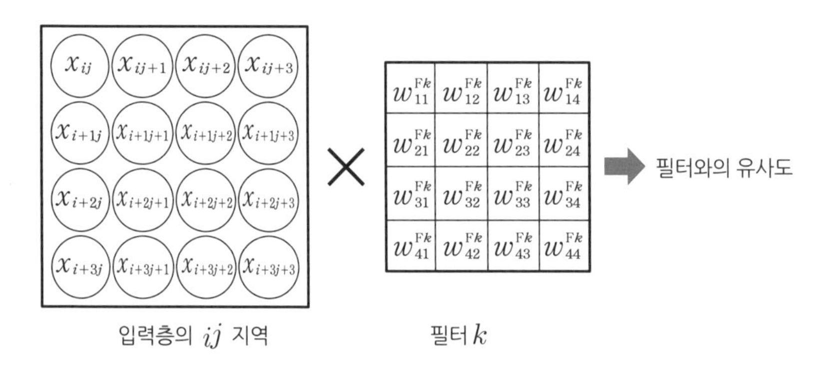

그러나 식 (5)는 이 (7)로부터 정수인 임계값을 뺀 것이기 때문에, 유사도라고 하는 의미에는 변함이 없습니다. 게다가 그것을 이용해서 산출한 식 (6)의 결과 y_{ij}^{Fk}도 시그모이드 함수 σ가 단조증가인 것을 생각하면, 역시 유사도라고 하는 의미를 유지합니다. 결국 식 (6)에서 얻어진 y_{ij}^{Fk}는 입력층의 지역과 필터와의 유사도를 나타낸 것입니다.

합성곱 신경망의 산출 결과를 해석할 때, 이 '유사성'이라는 관점은 중요합니다. 합성곱층의 출력표 각 성분은 조사하고 있는 지역의 화소 패턴과 필터의 화소 패턴이 유사한가의 여부를 나타내는 것입니다.

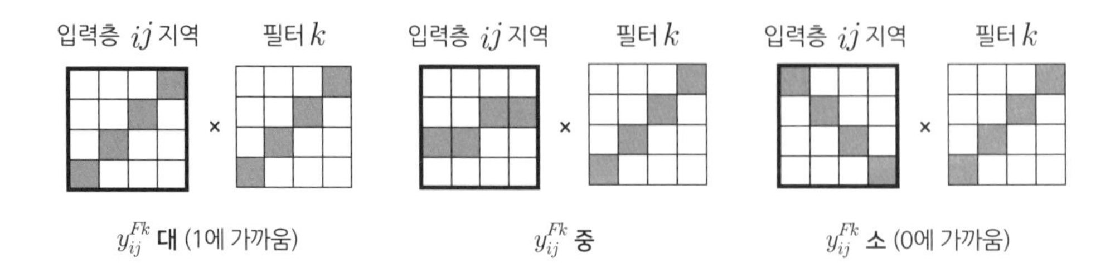

■ 합성곱층의 효과

필터를 이용해서 합성곱층을 작성하는 장점은 "매개변수를 적게 하기 위해서"라고 설명했습니다. 실제로 신경망 및 합성곱 신경망의 은닉층에서 이용하는 매개변수 수를 비교해 봅시다.

	신경망	합성곱 신경망
가중치 w	3 × (9 × 9) = 243개	3 × (4 × 4) = 48개
임계값	3개	3개
계	246개	51개

수학적인 의미에서는 이와 같은 매개변수 수의 감소는 계산효율을 높이는 효과를 낳습니다. 그것으로부터 파생되는 것이지만, 더 고마운 일은 합성곱 신경망의 은닉층은 효율 좋은 특징 추출이 가능하게 된다는 점입니다.

효율 좋은 특징 추출이라는 것을 알아보기 위해, 입력층의 다른 장소에 있는 다음 '×' 패턴의 특징 추출을 생각해 봅시다.

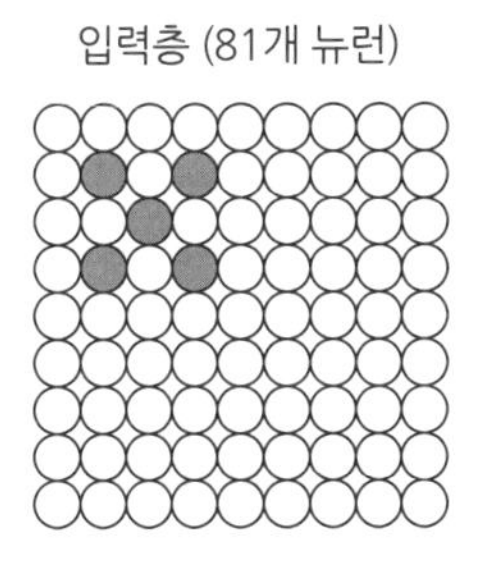

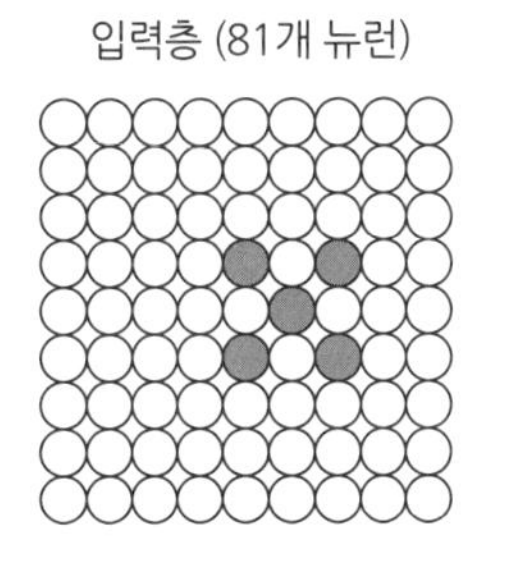

신경망의 구조에서는 동일한 좌우의 패턴이 다른 것으로 간주됩니다. 신경망은 입력층 전체를 한 번에 취급하기 때문입니다. 그러나 합성곱 신경망에서는 다음 필터를 이용하여 동일한 것으로 특징 추출할 수 있습니다. 이 필터로 이미지 전체가 작게 나누어져 스캔되기 때문입니다.

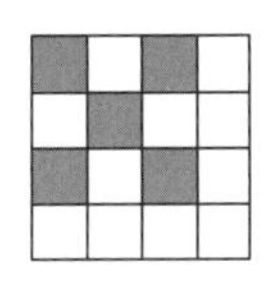

◀ 위 그림의 두 패턴은 이 필터로 찾는 것이 가능하다.

이 효율 좋은 특징 추출이 합성곱 신경망의 중요한 성질입니다.

■ Excel로 합성곱층을 계산하자

입력층의 출력과 합성곱 신경망과의 관계가 조사되기 때문에, 이것을 이용하여 실제로 계산을 진행해 봅시다. 이를 위해서는 다음 예제의 단계를 따라 가도록 합시다.

예제 1 **필터 성분과 임계값으로 가상의 값을 입력합시다. 또한 이러한 매개변수의 값은 다음 워크시트의 형식으로 입력합니다.**

주 이 예제의 워크시트는 다운로드 사이트 (→ 8페이지)에 있는 '5.xlsx' 중의 '예제' 탭에 수록되어 있습니다.

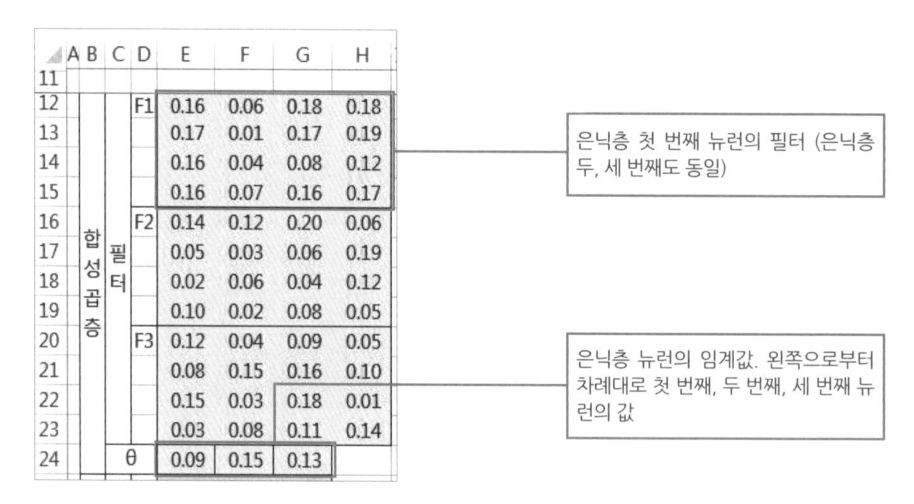

	A	B	C	D	E	F	G	H
11								
12		합성곱층	필터	F1	0.16	0.06	0.18	0.18
13					0.17	0.01	0.17	0.19
14					0.16	0.04	0.08	0.12
15					0.16	0.07	0.16	0.17
16				F2	0.14	0.12	0.20	0.06
17					0.05	0.03	0.06	0.19
18					0.02	0.06	0.04	0.12
19					0.10	0.02	0.08	0.05
20				F3	0.12	0.04	0.09	0.05
21					0.08	0.15	0.16	0.10
22					0.15	0.03	0.18	0.01
23					0.03	0.08	0.11	0.14
24			θ		0.09	0.15	0.13	

풀이 위 그림에 제시된 필터와 임계값의 영역 하나에 RAND 함수를 입력합니다. RAND 함수는 0 ~ 1의 난수를 발생시키는 함수입니다.

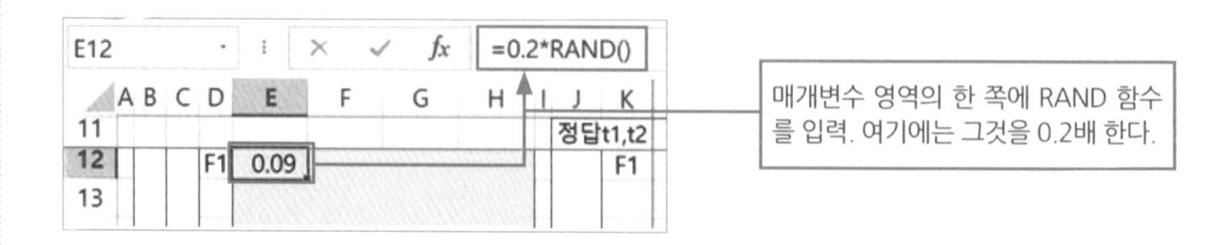

여기에서는 Excel의 해 찾기 계산이 쉬워지도록 초깃값으로 입력하는 RAND 함수도 작게 합니다(즉, 0.2배 합니다).

다음으로, 이 함수를 모든 필터와 임계값 영역에 복사하고, 값을 확정(과거 식으로 말하면 '값 복사')합니다. 이렇게 해서 예제 1 에 제시한 워크시트가 얻어집니다.

예제 2 **이 장 § 03의 예제 (→ 130페이지)에서 구한 입력층 뉴런의 출력값과 이 절 예제 1 에서 설정한 매개변수의 가상의 값을 이용하여, 합성곱층의 출력표를 작성해 봅시다.**

주 이 예제의 워크시트는 다운로드 사이트 (→ 8페이지)에 있는 '5.xlsx' 중의 '예제' 탭에 수록되어 있습니다.

풀이 합성곱층을 만드는 방식에 따라, 은닉층 뉴런 ①의 출력표를 작성합시다. 그곳에는 세분화한 구역 11(133페이지 그림에서 지역 11이라고 부른 곳)에 대해서, 첫 번째 뉴런을 이용하여 식 (1) (2)로부터 출력을 산출합니다.

L12 =1/(1+EXP(-SUMPRODUCT($E$12:$H$15,L2:O5)+$E$24))

식 (1) (2)를 이용하여, 셀 주소 L12에 출력표의 최초 성분을 산출

	A–C	D	E	F	G	H	J–K	L	M	N	O	P	Q	R	S	T
1	**필기체 숫자 1、2의 식별**(미학습)						번호	1								
2					배율	0.01	입력층	0	0	0	0	0	0	1.07	2.13	0
3								0	0	0	0	0	0.33	2.49	0.07	0
4								0	0	0	0	0.52	2.42	0.74	0	0
5								0	0	0	0.05	2.45	1.53	0	0	0
6								0	0	0	1.59	2.21	0.01	0	0	0
7								0	0	0.32	2.48	0.17	0	0	0	0
8								0	0.03	2.34	0.83	0	0	0	0	0
9								0	0.17	2.44	0.74	0	0	0	0	0
10								0	0	0	0	0	0	0	0	0
11							정답t1,t2	1	0							
12		F1	0.16	0.06	0.18	0.18	F1	0.48								
13			0.17	0.01	0.17	0.19										
14			0.16	0.04	0.08	0.12										
15			0.16	0.07	0.16	0.17										
16		F2	0.14	0.12	0.20	0.06										

이 그림이 나타내는 것처럼, 셀 주소 L12에는 다음 함수를 입력합니다.

=1/(1+EXP(−SUMPRODUCT($E$12:$H$15,L2:O5)+$E$24))

참조 주소의 지정에 복합참조를 이용하는 것에 주의하기 바랍니다.

다음에는, 이 셀 주소 L12의 함수를 셀 범위 L12:Q17의 6×6 구역에 복사합시다. 이렇게 해서 은닉층의 뉴런 ①에 관한 출력표를 완성합니다.

Q17 | =1/(1+EXP(-SUMPRODUCT($E$12:$H$15,Q7:T10)+$E$24))

	A-D	E	F	G	H	J-K	L	M	N	O	P	Q	R	S	T
1	필기체 숫자 1、2의 식별(미학습)					번호	1								
2				배율	0.01	입력층	0	0	0	0	0	0	1.07	2.13	0
3							0	0	0	0	0	0.33	2.49	0.07	0
4							0	0	0	0	0.52	2.42	0.74	0	0
5							0	0	0	0.05	2.45	1.53	0	0	0
6							0	0	0	1.59	2.21	0.01	0	0	0
7							0	0	0.32	2.48	0.17	0	0	0	0
8							0	0.03	2.34	0.83	0	0	0	0	0
9							0	0.17	2.44	0.74	0	0	0	0	0
10							0	0	0	0	0	0	0	0	0
11						정답t1,t2	1	0							
12	F1	0.16	0.06	0.18	0.18	F1	0.48	0.60	0.73	0.80	0.84	0.75			
13		0.17	0.01	0.17	0.19		0.55	0.72	0.80	0.83	0.81	0.69			
14		0.16	0.04	0.08	0.12		0.65	0.79	0.84	0.83	0.75	0.65			
15		0.16	0.07	0.16	0.17		0.75	0.83	0.83	0.76	0.69	0.54			
16	F2	0.14	0.12	0.20	0.06		0.83	0.82	0.80	0.73	0.58	0.48			
17	합성 필	0.05	0.03	0.06	0.19		0.78	0.68	0.72	0.64	0.49	0.48			

셀 주소 L12를 L12:Q17의 범위에 복사

동일한 작업을 실행해서, 은닉층의 뉴런 ②, ③의 출력표를 작성합니다.

L24 | =1/(1+EXP(-SUMPRODUCT($E$20:$H$23,L2:O5)+$G$24))

	A-D	E	F	G	H	J-K	L	M	N	O	P	Q	R	S	T
1	필기체 숫자 1、2의 식별(미학습)					번호	1								
2				배율	0.01	입력층	0	0	0	0	0	0	1.07	2.13	0
3							0	0	0	0	0	0.33	2.49	0.07	0
4							0	0	0	0	0.52	2.42	0.74	0	0
5							0	0	0	0.05	2.45	1.53	0	0	0
6							0	0	0	1.59	2.21	0.01	0	0	0
7							0	0	0.32	2.48	0.17	0	0	0	0
8							0	0.03	2.34	0.83	0	0	0	0	0
9							0	0.17	2.44	0.74	0	0	0	0	0
10							0	0	0	0	0	0	0	0	0
11						정답t1,t2	1	0							
12	합성곱층 필터 F1	0.16	0.06	0.18	0.18	합성곱층 F1	0.48	0.60	0.73	0.80	0.84	0.75			
13		0.17	0.01	0.17	0.19		0.55	0.72	0.80	0.83	0.81	0.69			
14		0.16	0.04	0.08	0.12		0.65	0.79	0.84	0.83	0.75	0.65			
15		0.16	0.07	0.16	0.17		0.75	0.83	0.83	0.76	0.69	0.54			
16	F2	0.14	0.12	0.20	0.06		0.83	0.82	0.80	0.73	0.58	0.48			
17		0.05	0.03	0.06	0.19		0.78	0.68	0.72	0.64	0.49	0.48			
18		0.02	0.06	0.04	0.12	F2	0.46	0.51	0.62	0.69	0.70	0.68			
19		0.10	0.02	0.08	0.05		0.48	0.62	0.70	0.69	0.71	0.59			
20	F3	0.12	0.04	0.09	0.05		0.55	0.71	0.69	0.74	0.64	0.59			
21		0.08	0.15	0.16	0.10		0.67	0.68	0.74	0.68	0.62	0.52			
22		0.15	0.03	0.18	0.01		0.70	0.69	0.72	0.64	0.54	0.46			
23		0.03	0.08	0.11	0.14		0.63	0.67	0.61	0.57	0.47	0.46			
24	θ	0.09	0.15	0.13		F3	0.47	0.56	0.62	0.74	0.73	0.72			
25	O1 P1	0.13	0.11	0.18			0.52	0.61	0.74	0.75	0.75	0.63			
26		0.10	0.07	0.13			0.57	0.68	0.78	0.76	0.70	0.58			
27		0.12	0.16	0.03			0.62	0.77	0.74	0.73	0.60	0.51			
28	P2	0.09	0.10	0.04			0.74	0.74	0.74	0.63	0.54	0.47			
29		0.19	0.16	0.19			0.72	0.69	0.67	0.59	0.47	0.47			

첫 번째 이미지에 대해서, 합성곱층의 출력표를 완성

이것을 훈련 데이터 전체에 복사할 필요가 있으므로, 그 작업을 마지막까지 반복합니다. 이 단계에서 합성곱층의 출력을 보아도 의미는 없습니다. 필터의 성분과 임계값이 가상의 값이기 때문입니다.

§ 05 합성곱 신경망의 풀링층

합성곱층의 뉴런이 산출한 출력표의 각 성분은 필터를 통해서 본 화소 정보가 압축되어 있습니다. 그러나 실제의 이미지를 취급할 때에는 아직 정보량이 너무 많기 때문에 추가로 정보의 압축을 실행합니다. 이것이 풀링층의 역할입니다.

■ 풀링층

합성곱층의 출력표는 이미지를 구성하는 9×9(= 81) 화소의 정보를 6×6(= 36)개의 정보로 압축한 표라고 생각됩니다. 그러나 아직도 큰 정보입니다. 따라서 은닉층 뉴런의 출력표를 추가로 압축해 봅시다. 이것을 행하는 것이 풀링층입니다.

예를 들어, 합성곱층 뉴런 ①의 출력표를 봅시다. 앞 절에서 살펴본 것처럼, 이 표는 6 ×6 성분을 가지고 있습니다. 그것을 아래 그림과 같이 2×2 구역으로 분할합니다.

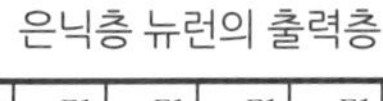

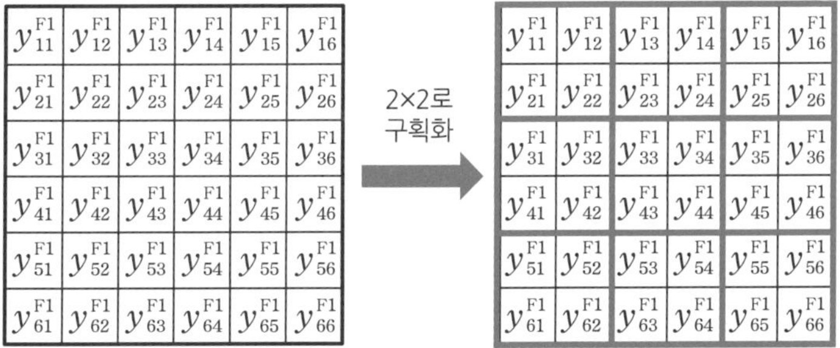

그리고 각 구역의 최댓값을 그 구역의 대표값으로 채택합니다. 다음 페이지 위 그림은 은닉층 뉴런 ①의 출력표를 분할하고, 분할된 왼쪽 위 구역과 오른쪽 아래 구역에 주목하는 그림입니다. 각 구역으로부터 대표값을 골라내어 그것을 p_{11}^{F1}, p_{33}^{F1}이라고 나타냅니다.

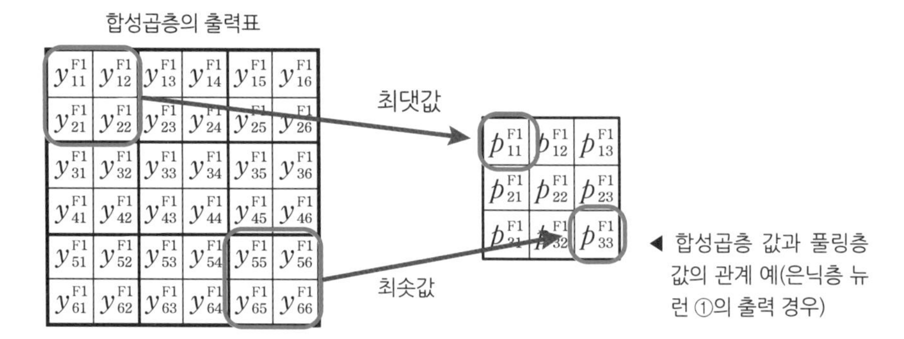

◀ 합성곱층 값과 풀링층 값의 관계 예(은닉층 뉴런 ①의 출력 경우)

이 대표값을 고르는 방식으로 유명한 것 중의 하나가 구역의 최댓값을 선출하는 방법입니다. 식으로 나타내면, 다음과 같이 표현할 수 있습니다(다른 구역에 관해서도 동일합니다).

$$p_{11}^{F1} = Max(y_{11}^{F1}, y_{12}^{F1}, y_{21}^{F1}, y_{22}^{F1}) \cdots (1)$$

$$p_{33}^{F1} = Max(y_{55}^{F1}, y_{56}^{F1}, y_{65}^{F1}, y_{66}^{F1})$$

이와 같이 해서, 합성곱층에 압축된 화소정보를 추가로 압축하는 방법을 **MAX 풀링**(max pooling)이라고 부릅니다. 이상의 작업을 합성곱층 전체에 대해서 실시해 봅시다. 합성곱층의 출력표 3장은 크기 3 × 3(= 9)인 3장의 표로 압축됩니다.

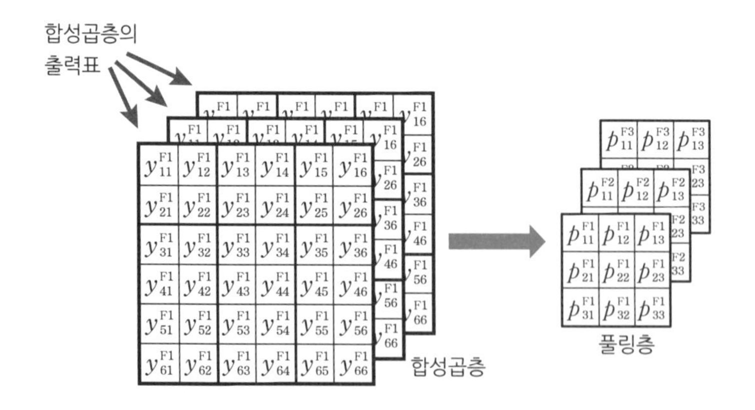

이와 같이 합성곱층을 축약한 새로운 표를 만드는 층을 **풀링층**이라고 부르며, 풀링층을 구성하는 표를 **풀링표**라고 부르기로 합니다.

합성곱층 출력표의 각 성분은 앞 절에서 살펴본 것처럼 필터와의 유사도를 나타냅니다. 그 출력표로부터 MAX 풀링으로 최댓값을 선출하는 것은 필터와 유사한 패턴을 압축하는 것을 의미합니다. 합성곱 신경망은 이와 같이 정보를 압축해가는 것입니다.

예 1 다음 그림의 왼쪽이 합성곱층의 출력값일 때, 오른쪽이 최대 풀링의 결과입니다.

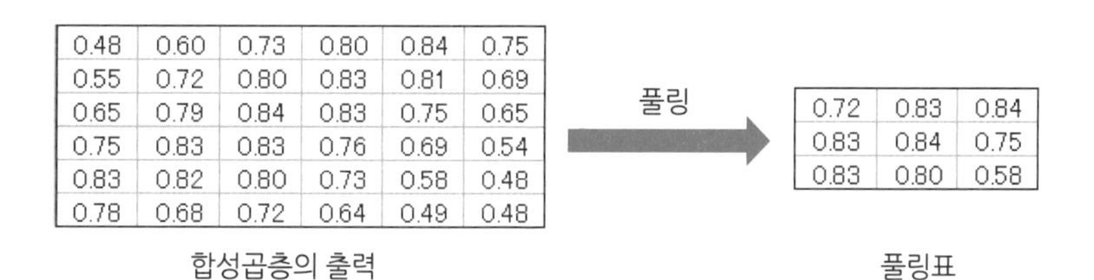

0.48	0.60	0.73	0.80	0.84	0.75
0.55	0.72	0.80	0.83	0.81	0.69
0.65	0.79	0.84	0.83	0.75	0.65
0.75	0.83	0.83	0.76	0.69	0.54
0.83	0.82	0.80	0.73	0.58	0.48
0.78	0.68	0.72	0.64	0.49	0.48

0.72	0.83	0.84
0.83	0.84	0.75
0.83	0.80	0.58

합성곱층의 출력　　　　풀링표

▲ MAX 풀링의 예

■ Excel로 풀링층을 계산하자

앞 절(§04)에서 얻어진 합성곱층의 출력표로부터, 풀링층을 작성해 봅시다.

예제 1 앞 절(§04)에서 얻어진 합성곱층으로부터, 풀링층을 구성하는 풀링표를 구해 봅시다.

주 이 예제의 워크시트는 다운로드 사이트 (→ 8페이지)에 있는 '5.xlsx' 중의 '예제' 탭에 수록되어 있습니다.

풀이 MAX 풀링을 수행하려면 Excel의 MAX 함수가 편리합니다. 앞에서 작성한 합성곱층의 출력표에 이 함수를 2×2 구역마다 적용합니다.

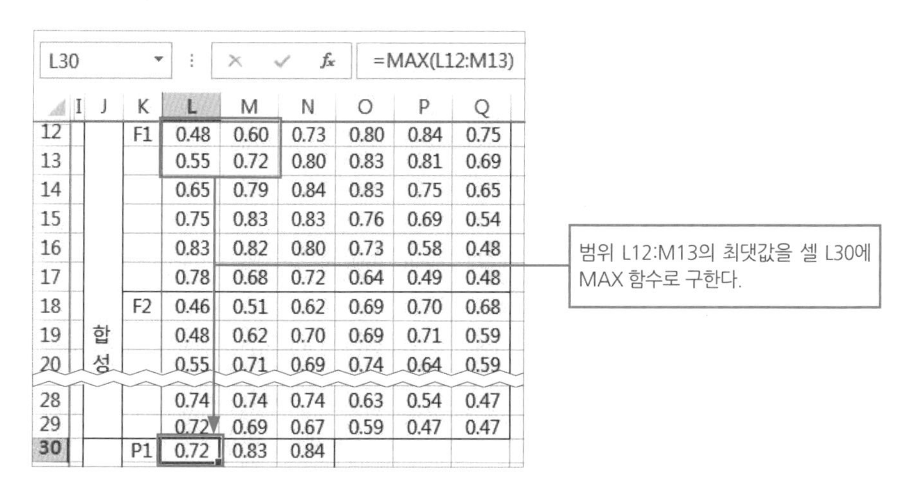

	K	L	M	N	O	P	Q
12	F1	0.48	0.60	0.73	0.80	0.84	0.75
13		0.55	0.72	0.80	0.83	0.81	0.69
14		0.65	0.79	0.84	0.83	0.75	0.65
15		0.75	0.83	0.83	0.76	0.69	0.54
16		0.83	0.82	0.80	0.73	0.58	0.48
17		0.78	0.68	0.72	0.64	0.49	0.48
18	F2	0.46	0.51	0.62	0.69	0.70	0.68
19		0.48	0.62	0.70	0.69	0.71	0.59
20		0.55	0.71	0.69	0.74	0.64	0.59
28		0.74	0.74	0.74	0.63	0.54	0.47
29		0.72	0.69	0.67	0.59	0.47	0.47
30	P1	0.72	0.83	0.84			

MAX 풀링을 위한 함수 입력이 번거로운 것은 지금 입력한 셀의 함수를 그대로 복사하여 사용할 수 없다는 점입니다. 방법이 없기 때문에, 옆의 셀에는 수작업으로, 또 새로이 MAX 함수를 입력합니다.

M30 =MAX(N12:O13)

	I	J	K	L	M	N	O	P	Q	R
12			F1	0.48	0.60	0.73	0.80	0.84	0.75	
13				0.55	0.72	0.80	0.83	0.81	0.69	
14				0.65	0.79	0.84	0.83	0.75	0.65	
15				0.75	0.83	0.83	0.76	0.69	0.54	
16				0.83	0.82	0.80	0.73	0.58	0.48	
17				0.78	0.68	0.72	0.64	0.49	0.48	
18			F2	0.46	0.51	0.62	0.69	0.70	0.68	
28				0.74	0.74	0.74	0.63	0.54	0.47	
29				0.72	0.69	0.67	0.59	0.47	0.47	
30			P1	0.72	0.83					

범위 N12:O13의 최댓값을 셀 M30에 MAX 함수로 구한다.

◀ 앞에 입력한 셀 함수를 복사해서는 안 된다. 옆의 셀에 수작업으로 또 새로이 MAX 함수를 입력

동일한 작업을 풀링층 전체에 수행합니다. 다소 번거로운 작업이지만, 이렇게 해서 풀링층을 완성합니다.

	I	J	K	L	M	N	O	P	Q	R
12		합성곱층	F1	0.48	0.60	0.73	0.80	0.84	0.75	
13				0.55	0.72	0.80	0.83	0.81	0.69	
14				0.65	0.79	0.84	0.83	0.75	0.65	
15				0.75	0.83	0.83	0.76	0.69	0.54	
16				0.83	0.82	0.80	0.73	0.58	0.48	
17				0.78	0.68	0.72	0.64	0.49	0.48	
18			F2	0.46	0.51	0.62	0.69	0.70	0.68	
19				0.48	0.62	0.70	0.69	0.71	0.59	
20				0.55	0.71	0.69	0.74	0.64	0.59	
21				0.67	0.68	0.74	0.68	0.62	0.52	
22				0.70	0.69	0.72	0.64	0.54	0.46	
23				0.63	0.67	0.61	0.57	0.47	0.46	
24			F3	0.47	0.56	0.62	0.74	0.73	0.72	
25				0.52	0.61	0.74	0.75	0.75	0.63	
26				0.57	0.68	0.78	0.76	0.70	0.58	
27				0.62	0.77	0.74	0.73	0.60	0.51	
28				0.74	0.74	0.74	0.63	0.54	0.47	
29				0.72	0.69	0.67	0.59	0.47	0.47	
30		풀링층	P1	0.72	0.83	0.84				
31				0.83	0.84	0.75				
32				0.83	0.80	0.58				
33			P2	0.62	0.70	0.71				
34				0.71	0.74	0.64				
35				0.70	0.72	0.54				
36			P3	0.61	0.75	0.75				
37				0.77	0.78	0.70				
38				0.74	0.74	0.54				

수작업으로 풀링층을 완성

이 결과를 훈련 데이터에 포함된 이미지 모두에 복사할 필요가 있으므로, 이제까지처럼 이 작업을 마지막까지 반복합니다. 또한 이 단계에서 합성곱층의 출력을 보아도 아무런 의미 있는 정보를 얻을 수 없습니다. 매개변수가 가상의 값이기 때문입니다.

Memo MAX 풀링의 공식화

식 (1) (→ 146페이지)을 만드는 방법만 이해되면, Excel 워크시트로 풀링층을 작성하는 것은 쉽습니다. 그러나 다른 문헌을 읽을 때를 위해, 공식으로 정리해 봅시다. 구체적으로는 은닉층 뉴런 ①에 관한 경우를 알아봅시다.

y_{11}^{F1}	y_{12}^{F1}	y_{13}^{F1}	y_{14}^{F1}	y_{15}^{F1}	y_{16}^{F1}
y_{21}^{F1}	y_{22}^{F1}	y_{23}^{F1}	y_{24}^{F1}	y_{25}^{F1}	y_{26}^{F1}
y_{31}^{F1}	y_{32}^{F1}	y_{33}^{F1}	y_{34}^{F1}	y_{35}^{F1}	y_{36}^{F1}
y_{41}^{F1}	y_{42}^{F1}	y_{43}^{F1}	y_{44}^{F1}	y_{45}^{F1}	y_{46}^{F1}
y_{51}^{F1}	y_{52}^{F1}	y_{53}^{F1}	y_{54}^{F1}	y_{55}^{F1}	y_{56}^{F1}
y_{61}^{F1}	y_{62}^{F1}	y_{63}^{F1}	y_{64}^{F1}	y_{65}^{F1}	y_{66}^{F1}

합성곱층 출력표 1

p_{11}^{F1}	p_{12}^{F1}	p_{13}^{F1}
p_{21}^{F1}	p_{22}^{F1}	p_{23}^{F1}
p_{31}^{F1}	p_{32}^{F1}	p_{33}^{F1}

풀링표 1

이 그림으로부터, 풀링표의 i행 j열의 값 p_{ij}^{F1}은 합성곱층 출력표의 값을 이용하여 다음과 같이 구해집니다(i, j는 1부터 3까지의 정수).

$$p_{ij}^{F1} = Max(y_{2i-1\,2j-1}^{F1},\ y_{2i-1\,2j}^{F1},\ y_{2i\,2j-1}^{F1},\ y_{2i\,2j}^{F1})$$

이것을 일반화하면, 다음과 같이 나타낼 수 있습니다. 여기에서 k는 은닉층 뉴런의 번호(즉, 합성곱층 출력 시트의 번호)입니다.

$$p_{ij}^{Fk} = Max(y_{2i-1\,2j-1}^{Fk},\ y_{2i-1\,2j}^{Fk},\ y_{2i\,2j-1}^{Fk},\ y_{2i\,2j}^{Fk})$$

매우 번거로운 공식입니다. 다시 반복하지만, Excel로 합성곱층 신경망을 구현할 때에 이와 같은 식은 불필요합니다.

§ 06 합성곱 신경망의 출력층

이 절에서는 합성곱 신경망의 출력층에 관해서 알아봅시다. 이 층의 기능은 신경망의 경우와 동일합니다. 아래층(풀링층)과 전결합을 하여, 풀링층에 압축된 정보로 정리하여 네트워크 전체의 판단을 출력합니다.

■ 출력층은 신경망과 동일한 기능

앞의 절(§05)에서, 풀링층이 입력정보를 압축하는 것을 알아보았습니다. 그 압축정보로부터 신경망 전체의 판단을 출력하는 것이 출력층의 역할입니다. 이번의 (주제Ⅱ)는 필기체 숫자 '1' '2'의 구별이기 때문에, 출력층은 두 개의 뉴런으로 구성됩니다.

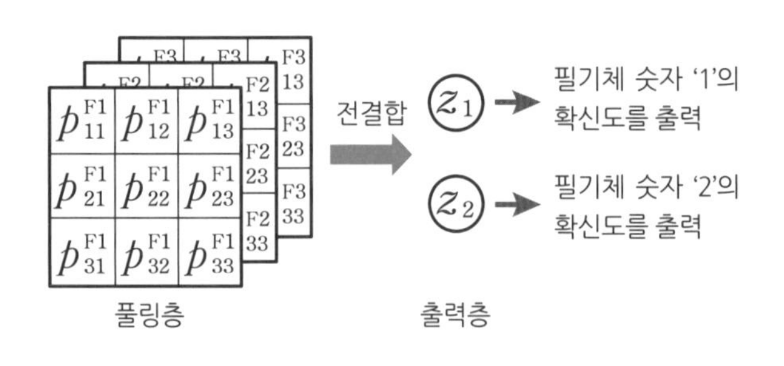

그림에 제시한 것처럼, 출력층 위로부터 차례대로 뉴런 이름을 z_1, z_2이라고 하고, 그것들의 출력도 마찬가지로 z_1, z_2으로 나타내기로 합니다.

출력층 첫 번째 뉴런 z_1은 필기체 숫자 '1'이 입력될 때에는 1이, 그렇지 않을 때에는 0이 산출되는 것으로 기대되는 변수입니다. 두 번째 뉴런 z_2는 필기체 숫자 '2'가 입력될 때에는 1이, 그렇지 않을 때에는 0이 산출되는 것으로 기대되는 변수입니다.

■ 출력층과 풀링층은 전결합으로 연결된다

신경망의 경우에는 출력층 뉴런과 은닉층 뉴런과는 전결합(全結合)됩니다. 마찬가지로 합성곱 신경망에서도 출력층 뉴런과 풀링층의 각 성분과는 모두 화살로 연결되어 있습니니다. 이렇게 함으로써 신경망 때와 동일한 구조로 특징 추출의 결론을 출력하는 것이 가능하게 됩니다.

예 1 출력층 첫 번째 뉴런에 관해서, 입력의 선형합 a^{O1}과 이것으로부터 얻어진 출력 z_1을 구체적으로 작성해 봅시다.

입력의 선형합과 그 출력의 정의로부터, 다음과 같이 쓸 수 있습니다.

$$a^{O1} = w_{1-11}^{O1} p_{11}^{F1} + w_{1-12}^{O1} p_{12}^{F1} + \cdots + w_{2-11}^{O1} p_{11}^{F2} + w_{2-12}^{O1} p_{12}^{F2} + \cdots + w_{3-11}^{O1} p_{11}^{F3} + w_{3-12}^{O1} p_{12}^{F3} - \theta^{O1} \quad \cdots (1)$$

$$z_1 = \sigma(a^{O1}) \; (\sigma\text{는 시그모이드 함수}) \quad \cdots (2)$$

여기에서 계수 w_{k-ij}^{O1}은 출력층 첫 번째 뉴런이 k 번째 풀링표의 i행 j열에 있는 값에 부과하는 가중치입니다. 또한 θ^{O1}은 출력층 첫 번째 뉴런이 가진 임계값입니다.

예 2 w_{2-13}^{O1}은 출력층 첫 번째 뉴런이 두 번째 풀링표의 1행 3열에 있는 값에 부과하는 가중치입니다(아래 그림).

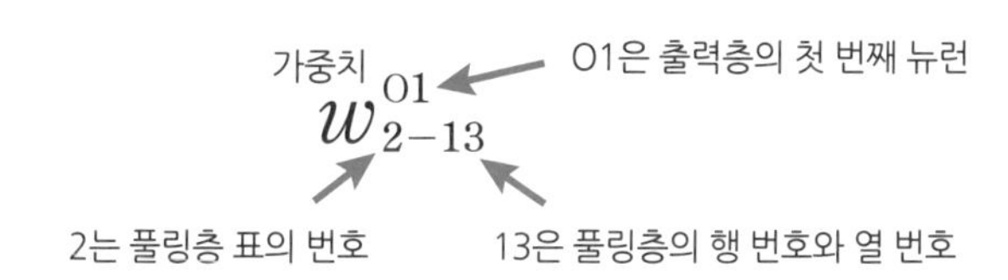

식 (1)은 복잡하므로, 변수 사이의 관계를 그림으로 나타내 봅시다.

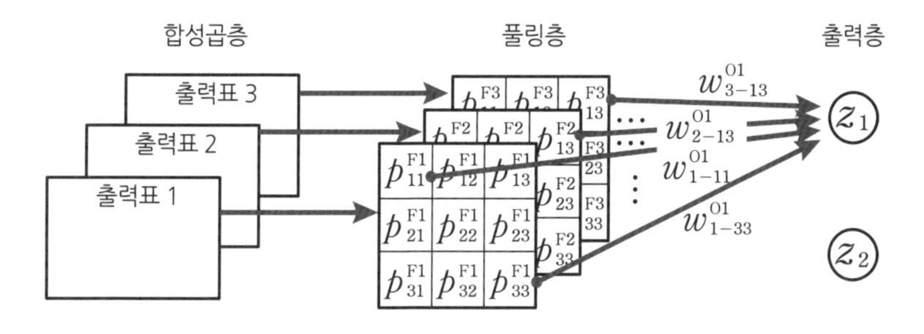

▲ 출력층 뉴런의 출력 z_1을 기록하기 위한 변수와 매개변수의 관계

■ 입력층부터 출력층까지 정리해 보자

이렇게 해서, 지금 알아보고 있는 (주제Ⅱ)에 대한 합성곱 신경망이 개형을 완성하였습니다. 지금까지 제각기 그린 그림을 종합해 봅시다. 그것이 다음의 그림입니다. 이 장의 (주제Ⅱ)의 합성곱 신경망의 형태가 완성된 것입니다.

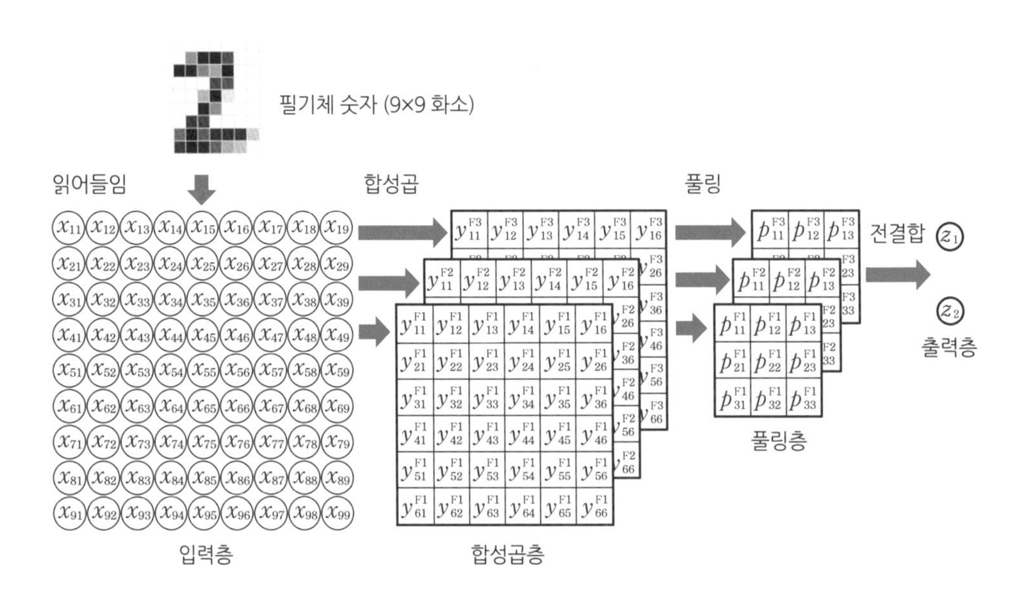

■ Excel로 출력층을 계산하자

앞 절(§05)에서 얻어진 풀링층으로부터 출력층의 계산을 해봅시다. 이렇게 해서 이미지 1장이 나타내는 숫자가 '1'인가 '2'인가를 판단하는 풀링이 완성됩니다.

그것을 위해서 우선 출력층 각 뉴런의 가중치와 임계값에 가상의 값을 설정합니다. 위의 식 (1) (2)로부터 출력층 뉴런의 출력을 계산합니다. 이 출력이 합성곱 신경망이 판단하는 결론이 됩니다.

예제 1 출력층의 가중치와 임계값에 가상의 값을 입력합시다. 또한 이러한 매개변수의 값은 다음 워크시트 형식으로 입력합니다.

주 이 예제의 워크시트는 다운로드 사이트(→ 8페이지)에 있는 '5.xlsx' 중의 '예제' 탭에 수록되어 있습니다.

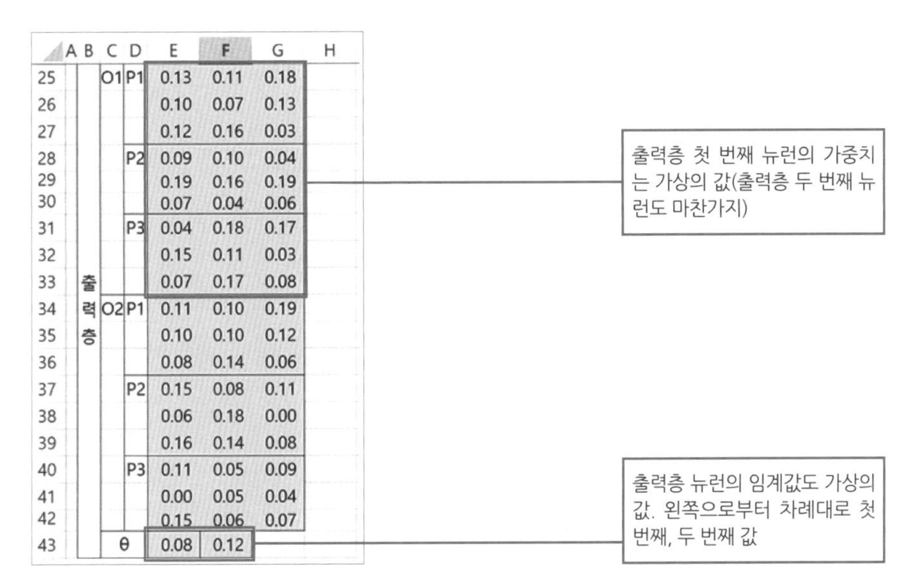

	A	B	C	D	E	F	G	H
25			O1	P1	0.13	0.11	0.18	
26					0.10	0.07	0.13	
27					0.12	0.16	0.03	
28				P2	0.09	0.10	0.04	
29					0.19	0.16	0.19	
30					0.07	0.04	0.06	
31				P3	0.04	0.18	0.17	
32					0.15	0.11	0.03	
33		출			0.07	0.17	0.08	
34		력	O2	P1	0.11	0.10	0.19	
35		층			0.10	0.10	0.12	
36					0.08	0.14	0.06	
37				P2	0.15	0.08	0.11	
38					0.06	0.18	0.00	
39					0.16	0.14	0.08	
40				P3	0.11	0.05	0.09	
41					0.00	0.05	0.04	
42					0.15	0.06	0.07	
43			θ		0.08	0.12		

풀이 위의 그림에 나타낸 필터와 임계값의 영역 한 쪽에 RAND 함수를 입력합니다. RAND 함수는 0 ~ 1의 난수를 발생시키는 함수입니다(→ 2장 § 01).

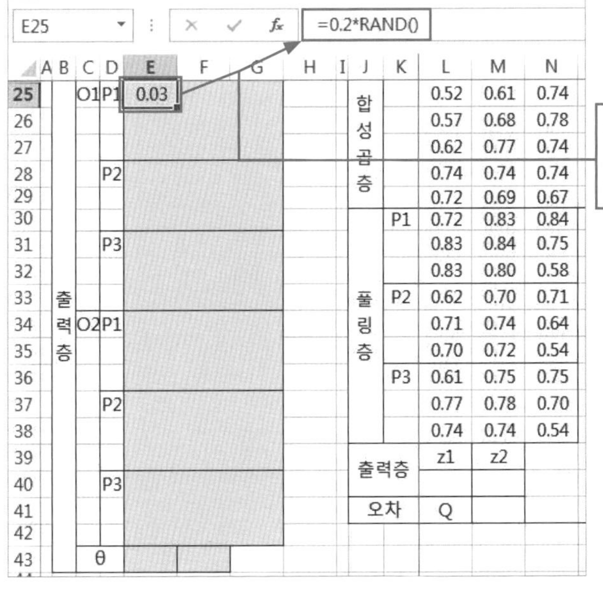

E25 =0.2*RAND()

	A	B	C	D	E	F	G	H	I	J	K	L	M	N
25			O1	P1	0.03					합		0.52	0.61	0.74
26										성		0.57	0.68	0.78
27										곱		0.62	0.77	0.74
28				P2						층		0.74	0.74	0.74
29												0.72	0.69	0.67
30											P1	0.72	0.83	0.84
31				P3								0.83	0.84	0.75
32												0.83	0.80	0.58
33		출								풀	P2	0.62	0.70	0.71
34		력	O2	P1						링		0.71	0.74	0.64
35		층								층		0.70	0.72	0.54
36											P3	0.61	0.75	0.75
37				P2								0.77	0.78	0.70
38												0.74	0.74	0.54
39										출력층		z1	z2	
40				P3										
41										오차		Q		
42														
43			θ											

이 장 §04와 마찬가지로, Excel의 해 찾기가 계산을 쉽게 하도록 초깃값으로 입력하는 RAND 함수도 작게 합니다(즉, 0.2배 합니다).

다음으로, 이 함수를 모두 필터와 임계값의 영역에 복사하고, 값을 확정(값 복사)합니다. 이렇게 해서 예제 1 이 의도하는 가상의 값의 워크시트가 얻어집니다.

예제 2 앞 절(§05)에서 구해진 풀링층으로부터 훈련 데이터인 필기체 숫자의 첫 번째 이미지에 대해서 출력층 두 번째 뉴런의 출력을 산출해 봅시다.

주 이 예제의 워크시트는 다운로드 사이트 (→ 8페이지)에 있는 '5.xlsx' 중의 '예제' 탭에 수록되어 있습니다.

풀이 앞 절에서 얻어진 풀링표를 이용하여 출력층의 첫 번째 뉴런에 대한 출력값 z_1을 구합니다. 계산식은 식 (1) (2)를 따릅니다. 또한 가중치와 임계값에 관해서는 예제 1 에서 작성한 가상의 값을 이용합니다.

L40 | =1/(1+EXP(-SUMPRODUCT($E$25:$G$33,L30:N38)+$E$43))

	A	B	C	D	E	F	G	H	I	J	K	L	M	N	O	P	Q	R
25			O1	P1	0.13	0.11	0.18			합		0.52	0.61	0.74	0.75	0.75	0.63	
26					0.10	0.07	0.13			성		0.57	0.68	0.78	0.76	0.70	0.58	
27					0.12	0.16	0.03			곱		0.62	0.77	0.74	0.73	0.60	0.51	
28				P2	0.09	0.10	0.04			층		0.74	0.74	0.74	0.63	0.54	0.47	
29					0.19	0.16	0.19					0.72	0.69	0.67	0.59	0.47	0.47	
30					0.07	0.04	0.06				P1	0.72	0.83	0.84				
31				P3	0.04	0.18	0.17					0.83	0.84	0.75				
32					0.15	0.11	0.03					0.83	0.80	0.58				
33		출			0.07	0.17	0.08			풀	P2	0.62	0.70	0.71				
34		력	O2	P1	0.11	0.10	0.19			링		0.71	0.74	0.64				
35		층			0.10	0.10	0.12			층		0.70	0.72	0.54				
36					0.08	0.14	0.06				P3	0.61	0.75	0.75				
37				P2	0.15	0.08	0.11					0.77	0.78	0.70				
38												0.74	0.74	0.54				
39										출력층		z1	z2					
40												0.89						
41					0.00	0.05	0.04			오차		Q						
42					0.15	0.06	0.07											
43			θ		0.08	0.12												

풀링층의 각 값에 출력층 뉴런은 가중치를 곱한다.

동일한 작업을 출력층 두 번째 뉴런에 대해서 수행하고, 그 출력값 z_2를 구합니다.

주 L40을 M40에 그대로 복사하면 안 됩니다.

M40 | =1/(1+EXP(-SUMPRODUCT($E$34:$G$42,L30:N38)+$F$43))

	A	B	C	D	E	F	G	H	I	J	K	L	M	N	O	P	Q	R
25			O1	P1	0.13	0.11	0.18			합성곱층		0.52	0.61	0.74	0.75	0.75	0.63	
26					0.10	0.07	0.13					0.57	0.68	0.78	0.76	0.70	0.58	
27					0.12	0.16	0.03					0.62	0.77	0.74	0.73	0.60	0.51	
28				P2	0.09	0.10	0.04					0.74	0.74	0.74	0.63	0.54	0.47	
29					0.19	0.16	0.19					0.72	0.69	0.67	0.59	0.47	0.47	
30					0.07	0.04	0.06			풀링층	P1	0.72	0.83	0.84				
31				P3	0.04	0.18	0.17					0.83	0.84	0.75				
32					0.15	0.11	0.03					0.83	0.80	0.58				
33		출력층			0.07	0.17	0.08				P2	0.62	0.70	0.71				
34			O2	P1	0.11	0.10	0.19					0.71	0.74	0.64				
35					0.10	0.10	0.12					0.70	0.72	0.54				
36					0.08	0.14	0.06				P3	0.61	0.75	0.75				
37				P2	0.15	0.08	0.11					0.77	0.78	0.70				
38					0.06	0.18	0.00					0.74	0.74	0.54				
39					0.16	0.14	0.08			출력층		z1	z2					
40				P3	0.11	0.05	0.09					0.89	0.85					
41					0.00	0.05	0.04			오차		Q						
42					0.15	0.06	0.07											
43			θ		0.08	0.12												

풀링층의 각 값에 출력층 뉴런은 가중치를 곱한다.

이상으로 필기체 숫자 첫 번째 이미지에 대해서, 가상의 가중치와 임계값으로부터 출력층 뉴런의 출력이 얻어집니다.

Memo 여러 가지 풀링법

이 절의 해설에서는 풀링 방법으로 최대 풀링을 이용했습니다. 대상 영역의 최대화를 대푯값으로 선택하는 정보 압축법입니다. 풀링 방법에는 그 외에도 여러 가지가 있습니다. 유명한 것을 다음 표에 기록합니다.

이름	해설
최대 풀링	대상 영역의 최댓값을 선택하는 압축법
평균 풀링	대상 영역의 평균값을 선택하는 압축법
L2 풀링	예를 들면, 4개의 출력 y_1, y_2, y_3, y_4에 대해서 $\sqrt{y_1^2 + y_2^2 + y_3^2 + y_4^2}$을 선택하는 압축법

§ 07 정답과 출력의 오차

하나의 숫자 이미지를 대상으로, 합성곱 신경망이 '1'인가 '2'인가의 판단을 내리는 워크시트가 완성되었습니다. 이 절에서는 그 출력의 평가를 수치화합니다. 그 사고방식은 회귀분석(2장 § 04)과 신경망(4장 § 04)의 경우와 동일합니다.

■ 정답의 표현법을 확인

이 장의 § 03에서 살펴본 것처럼, 필기체 숫자 이미지의 정답은 아래 그림과 같이 t_1, t_2 두 개의 변수 쌍으로 표현됩니다.

J K	L	M	N	O	P	Q	R	S	T
번호	1								
입력층	0	0	0	0	0	0	1.07	2.13	0
	0	0	0	0	0	0.33	2.49	0.07	0
	0	0	0	0	0.52	2.42	0.74	0	0
	0	0	0	0.05	2.45	1.53	0	0	0
	0	0	0	1.59	2.21	0.01	0	0	0
	0	0	0.32	2.48	0.17	0	0	0	0
	0	0.03	2.34	0.83	0	0	0	0	0
	0	0.17	2.44	0.74	0	0	0	0	0
	0	0	0	0	0	0	0	0	0
정답t1,t2	1	0			정답란				

앞에서 알아본 것처럼, 이 변수 t_1, t_2는 다음 표와 같이 정의됩니다.

기호 이름	의미	이미지가 '1'일 때	이미지가 '2'일 때
t_1	'1'의 정답 변수	1	0
t_2	'2'의 정답 변수	0	1

신경망(4장)의 경우에서도 확인했지만, 이와 같은 정답의 표현을 이용하면, 출력층 두 개의 뉴런과 정확하게 대응이 됩니다. 다음 그림은 두 개의 이미지 예에 대한 각 변수값을 나타냅니다.

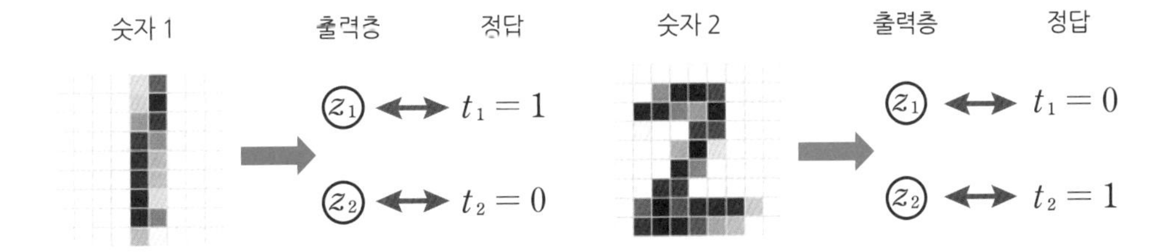

■ 산출값과 정답과의 오차 표현

출력층의 첫 번째 뉴런 z_1은 필기체 숫자가 '1'이라고 생각될 때에는 1, 그렇지 않을 때에는 0에 가까운 값이 산출되는 것으로 기대됩니다. 두 번째 뉴런 z_2는 필기체 숫자가 '2'라고 생각될 때에는 1, 그렇지 않을 때에는 0에 가까운 값이 산출되는 것으로 기대됩니다. 즉, 출력층 뉴런의 출력 z_1, z_2에는 합성곱 신경망이 산출한 필기체 숫자 '1', '2'의 확신도가 설정된다고 생각할 수 있습니다.

기호 이름	기대되는 값	
	이미지가 '1' 일 때	이미지가 '2' 일 때
z_1	1에 가까운 값	0에 가까운 값
z_2	0에 가까운 값	1에 가까운 값

따라서 하나의 필기체 숫자 이미지에 관해서, 신경망이 산출한 계산값과 정답과의 오차 Q를 다음과 같이 나타냅니다. 이것을 **제곱오차**라고 부르는 것은 이미 2장 §04와 4장 §04에서 알아보았습니다.

$$Q = (t_1 - z_1)^2 + (t_2 - z_2)^2 \cdots (1)$$

주 많은 문헌에서는 이 식 (1)에 계수 1/2을 붙입니다. 그것은 미분계산을 간결하게 하기 위한 것입니다. 이 책에서는 미분계산을 하는 것이 아니기 때문에 생략하겠습니다.

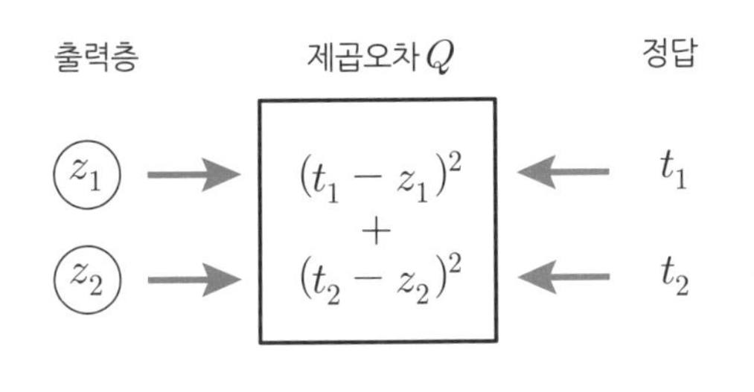

◀ 이 책은 오차를 표현하는 함수로서 제곱오차를 채택한다. t_1, t_2는 정답 변수이다.

5 합성곱 신경망의 구조

■ Excel로 제곱오차를 계산하자

앞 절(§06)의 워크시트를 이용하여, 실제로 제곱오차 (1)을 산출해 봅시다.

예제 **앞 절(§06)에서 얻어진 출력층 뉴런의 출력값으로부터 훈련 데이터의 첫 번째 필기체 숫자 이미지에 관한 제곱오차를 계산해 봅시다.**

주 이 예제의 워크시트는 다운로드 사이트 (→ 8페이지)에 있는 '5.xlsx' 중의 '예제' 탭에 수록되어 있습니다.

풀이 아래 그림의 워크시트에 나타낸 것처럼, 제곱오차 Q의 산출에는 Excel의 SUMXMY2 함수가 위력을 발휘합니다.

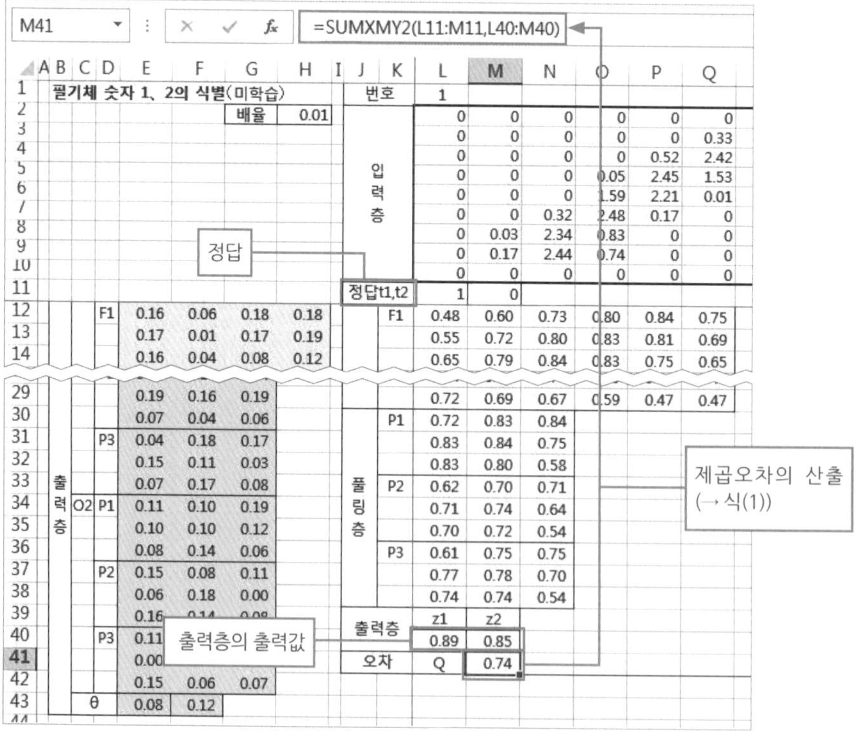

M41 =SUMXMY2(L11:M11,L40:M40)

	B	C	D	E	F	G	H	J	K	L	M	N	O	P	Q
1	필기체 숫자 1、2의 식별(미학습)							번호		1					
2						배율	0.01			0	0	0	0	0	0
3										0	0	0	0	0	0.33
4										0	0	0	0	0.52	2.42
5								입		0	0	0	0.05	2.45	1.53
6								력		0	0	0	1.59	2.21	0.01
7								층		0	0	0.32	2.48	0.17	0
8										0	0.03	2.34	0.83	0	0
9										0	0.17	2.44	0.74	0	0
10										0	0	0	0	0	0
11								정답t1,t2		1	0				
12			F1	0.16	0.06	0.18	0.18		F1	0.48	0.60	0.73	0.80	0.84	0.75
13				0.17	0.01	0.17	0.19			0.55	0.72	0.80	0.83	0.81	0.69
14				0.16	0.04	0.08	0.12			0.65	0.79	0.84	0.83	0.75	0.65
29				0.19	0.16	0.19				0.72	0.69	0.67	0.59	0.47	0.47
30				0.07	0.04	0.06			P1	0.72	0.83	0.84			
31			P3	0.04	0.18	0.17				0.83	0.84	0.75			
32				0.15	0.11	0.03				0.83	0.80	0.58			
33	출			0.07	0.17	0.08		풀	P2	0.62	0.70	0.71			
34	력	O2	P1	0.11	0.10	0.19		링		0.71	0.74	0.64			
35	층			0.10	0.10	0.12		층		0.70	0.72	0.54			
36				0.08	0.14	0.06			P3	0.61	0.75	0.75			
37			P2	0.15	0.08	0.11				0.77	0.78	0.70			
38				0.06	0.18	0.00				0.74	0.74	0.54			
39				0.16						z1	z2				
40			P3	0.11				출력층		0.89	0.85				
41				0.00				오차		Q	0.74				
42				0.15	0.06	0.07									
43		θ		0.08	0.12										

정답

출력층의 출력값

제곱오차의 산출 (→ 식(1))

이상으로 필기체 숫자의 첫 번째 이미지에 관해서, 가상의 가중치와 임계값으로부터 얻어진 출력층 뉴런의 출력값 평가를 수치화하였습니다.

§ 08 합성곱 신경망의 목적함수

앞 절에서는 하나의 숫자 이미지에 대해서 그 출력값의 제곱오차를 산출했습니다. 합성곱 신경망을 최적화하기 위해서는 훈련 데이터 전체를 대상으로 제곱오차를 구하고, 모두 더해야 합니다.

■ 목적함수 Q_T를 구한다

고려중인 신경망에서 출력층의 출력을 z_1, z_2 두 개, 여기에 대응해서 훈련 데이터에 있는 정답을 t_1, t_2라고 하면, 앞 절 § 07에서 정답과 출력값과의 오차 Q는 다음 식으로 나타낼 수 있다는 것을 확인했습니다.

$$Q = (t_1 - z_1)^2 + (t_2 - z_2)^2 \cdots (1)$$

그러나 이 논의는 필기체 숫자 이미지 하나를 대상으로 하는 것입니다. 훈련 데이터 전체에 대해서 생각할 때에는, 신경망 전체에 관해서 이것을 모두 더해야만 합니다. 즉, k번째 필기체 숫자 이미지에 관한 오차 Q_k를 오차의 식 (1)으로부터 구하고, 그것들을 모두 더한 Q_T를 구합니다.

$$Q_T = Q_1 + Q_2 + \cdots + Q_{190} \cdots (2)$$

주 이 190은 지금 살펴보고 있는 주제 Ⅱ 의 문제에 있는 훈련 데이터에 포함되어 있는 이미지의 개수입니다(이 장 § 02).

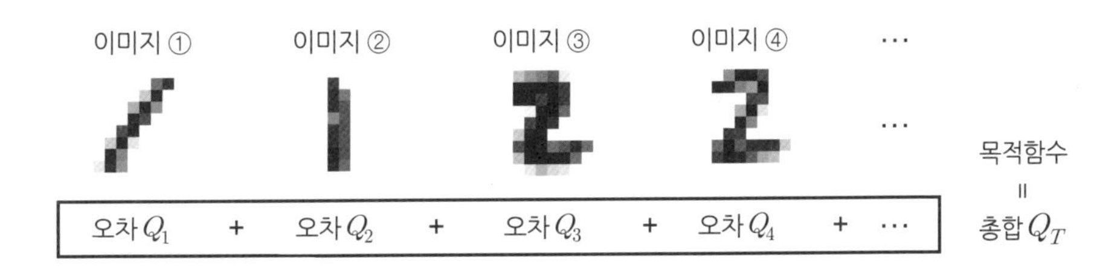

훈련 데이터 전체에 관해서 생각할 때, 이 오차의 총합 Q_T가 신경망이 산출한 이론값과 정답과의 오차가 됩니다. 이 Q_T를 **목적함수**라고 부릅니다. 이 논리는 2장 회귀분석과 4장 신경망의 경우와 마찬가지입니다.

■ Excel로 목적함수를 계산하자

훈련 데이터 전체에 관한 오차의 총합인 목적함수의 값을 산출합니다.

예제 **앞 절(§07)까지 작성한 워크시트를 이용하여, 목적함수 (2)의 값을 산출해 봅시다.**

주 이 예제의 워크시트는 다운로드 사이트 (→ 8페이지)에 있는 '5.xlsx' 중의 '예제' 탭에 수록되어 있습니다.

풀이 첫 번째 필기체 숫자 이미지와 그 정답에 관해서, 지금까지 작성한 워크시트를 아래에 정리해 봅시다.

	A	B	C	D	E	F	G	H	I	J	K	L	M	N	O	P	Q	R	S	T
1		필기체 숫자 1、2의 식별(미학습)								번호		1								
2							배율	0.01		입력층		0	0	0	0	0	0	1.07	2.13	0
3												0	0	0	0	0	0.33	2.49	0.07	0
4												0	0	0	0	0.52	2.42	0.74	0	0
5												0	0	0	0.05	2.45	1.53	0	0	0
6												0	0	0	1.59	2.21	0.01	0	0	0
7												0	0	0.32	2.48	0.17	0	0	0	0
8												0	0.03	2.34	0.83	0	0	0	0	0
9												0	0.17	2.44	0.74	0	0	0	0	0
10												0	0	0	0	0	0	0	0	0
11										정답t1,t2		1	0							
12		합성곱층	필터	F1	0.16	0.06	0.18	0.18		합성곱층	F1	0.48	0.60	0.73	0.80	0.84	0.75			
13					0.17	0.01	0.17	0.19				0.55	0.72	0.80	0.83	0.81	0.69			
14					0.16	0.04	0.08	0.12				0.65	0.79	0.84	0.83	0.75	0.65			
15					0.16	0.07	0.16	0.17				0.75	0.83	0.83	0.76	0.69	0.54			
16				F2	0.14	0.12	0.20	0.06				0.83	0.82	0.80	0.73	0.58	0.48			
17					0.05	0.03	0.06	0.19				0.78	0.68	0.72	0.64	0.49	0.48			
18					0.02	0.06	0.04	0.12			F2	0.46	0.51	0.62	0.69	0.70	0.68			
19					0.10	0.02	0.08	0.05				0.48	0.62	0.70	0.69	0.71	0.59			
20				F3	0.12	0.04	0.09	0.05				0.55	0.71	0.69	0.74	0.64	0.59			
21					0.08	0.15	0.16	0.10				0.67	0.68	0.74	0.68	0.62	0.52			
22					0.15	0.03	0.18	0.01				0.70	0.69	0.72	0.64	0.54	0.46			
23					0.03	0.08	0.11	0.14				0.63	0.67	0.61	0.57	0.47	0.46			
24			θ		0.09	0.15	0.13				F3	0.47	0.56	0.62	0.74	0.73	0.72			
25		출력층	O1	P1	0.13	0.11	0.18					0.52	0.61	0.74	0.75	0.75	0.63			
26					0.10	0.07	0.13					0.57	0.68	0.78	0.76	0.70	0.58			
27					0.12	0.16	0.03					0.62	0.77	0.74	0.73	0.60	0.51			
28				P2	0.09	0.10	0.04					0.74	0.74	0.74	0.63	0.54	0.47			
29					0.19	0.16	0.19					0.72	0.69	0.67	0.59	0.47	0.47			
30					0.07	0.04	0.06			풀링층	P1	0.72	0.83	0.84						
31				P3	0.04	0.18	0.17					0.83	0.84	0.75						
32					0.15	0.11	0.03					0.83	0.80	0.58						
33					0.07	0.17	0.08				P2	0.62	0.70	0.71						
34			O2	P1	0.11	0.10	0.19					0.71	0.74	0.64						
35					0.10	0.10	0.12					0.70	0.72	0.54						
36					0.08	0.14	0.06				P3	0.61	0.75	0.75						
37				P2	0.15	0.08	0.11					0.77	0.78	0.70						
38					0.06	0.18	0.00					0.74	0.74	0.54						
39					0.16	0.14	0.08			출력층		z1	z2							
40				P3	0.11	0.05	0.09					0.89	0.85							
41					0.00	0.05	0.04			오차		Q	0.74							
42					0.15	0.06	0.07													
43			θ		0.08	0.12														

가상의 값

지금까지 작성한 워크시트

이 첫 번째 이미지에 관한 워크시트를 훈련 데이터 전체에 복사합시다. 이것으로 전체 훈련 데이터에 관한 워크시트가 완성됩니다.

	J	K	L	M	N	O	P	Q	R	S	T
1	번호		1								
2	입력층		0	0	0	0	0	0	1.07	2.13	0
3			0	0	0	0	0	0.33	2.49	0.07	0
4			0	0	0	0	0.52	2.42	0.74	0	0
5			0	0	0	0.05	2.45	1.53	0	0	0
6			0	0	0	1.59	2.21	0.01	0	0	0
7			0	0	0.32	2.48	0.17	0	0	0	0
8			0	0.03	2.34	0.83	0	0	0	0	0
9			0	0.17	2.44	0.74	0	0	0	0	0
10			0	0	0	0	0	0	0	0	0
11	정답t1,t2		1	0							
12	합성곱층	F1	0.48	0.60	0.73	0.80	0.84	0.75			
13			0.55	0.72	0.80	0.83	0.81	0.69			
14			0.65	0.79	0.84	0.83	0.75	0.65			
15			0.75	0.83	0.83	0.76	0.69	0.54			
16			0.83	0.82	0.80	0.73	0.58	0.48			
17			0.78	0.68	0.72	0.64	0.49	0.48			
18		F2	0.46	0.51	0.62	0.69	0.70	0.68			
19			0.48	0.62	0.70	0.69	0.71	0.59			
20			0.55	0.71	0.69	0.74	0.64	0.59			
21			0.67	0.68	0.74	0.68	0.62	0.52			
22			0.70	0.69	0.72	0.64	0.54	0.46			
23			0.63	0.67	0.61	0.57	0.47	0.46			
24		F3	0.47	0.56	0.62	0.74	0.73	0.72			
25			0.52	0.61	0.74	0.75	0.75	0.63			
26			0.57	0.68	0.78	0.76	0.70	0.58			
27			0.62	0.77	0.74	0.73	0.60	0.51			
28			0.74	0.74	0.74	0.63	0.54	0.47			
29			0.72	0.69	0.67	0.59	0.47	0.47			
30	풀링층	P1	0.72	0.83	0.84						
31			0.83	0.84	0.75						
32			0.83	0.80	0.58						
33		P2	0.62	0.70	0.71						
34			0.71	0.74	0.64						
35			0.70	0.72	0.54						
36		P3	0.61	0.75	0.75						
37			0.77	0.78	0.70						
38			0.74	0.74	0.54						
39	출력층		z1	z2							
40			0.89	0.85							
41	오차		Q	0.74							

	BMW	BMX	BMY	BMZ	BNA	BNB	BNC	BND	BNE
1	190								
2	0	0	0	0	0.74	0.88	0	0	0
3	0	0	0	0	1.89	0.57	0	0	0
4	0	0	0	0	2.28	0.38	0	0	0
5	0	0	0	0	2.52	0.11	0	0	0
6	0	0	0	0.02	2.28	0	0	0	0
7	0	0	0	0.4	2.02	0	0	0	0
8	0	0	0	0.52	1.59	0	0	0	0
9	0	0	0	0.06	2.25	0	0	0	0
10	0	0	0	0	0.01	0	0	0	0
11	1	0							
12	0.48	0.75	0.78	0.63	0.77	0.56			
13	0.48	0.80	0.80	0.62	0.81	0.52			
14	0.50	0.82	0.80	0.61	0.81	0.50			
15	0.51	0.81	0.78	0.61	0.79	0.48			
16	0.52	0.80	0.77	0.61	0.78	0.48			
17	0.52	0.73	0.68	0.58	0.71	0.48			
18	0.46	0.66	0.65	0.60	0.62	0.50			
19	0.46	0.69	0.68	0.62	0.64	0.49			
20	0.47	0.71	0.68	0.62	0.64	0.48			
21	0.48	0.69	0.67	0.61	0.63	0.47			
22	0.50	0.67	0.67	0.59	0.63	0.46			
23	0.50	0.66	0.62	0.59	0.56	0.46			
24	0.47	0.62	0.74	0.66	0.66	0.52			
25	0.47	0.63	0.76	0.66	0.69	0.50			
26	0.48	0.64	0.76	0.65	0.68	0.48			
27	0.49	0.64	0.74	0.64	0.67	0.47			
28	0.48	0.66	0.73	0.64	0.65	0.47			
29	0.49	0.57	0.69	0.58	0.64	0.47			
30	0.80	0.80	0.81						
31	0.82	0.80	0.81						
32	0.80	0.77	0.78						
33	0.69	0.68	0.64						
34	0.71	0.68	0.64						
35	0.67	0.67	0.63						
36	0.63	0.76	0.69						
37	0.64	0.76	0.68						
38	0.66	0.73	0.65						
39	z1	z2							
40	0.89	0.85							
41	Q	0.74							

전체 이미지에 걸쳐서 복사

이렇게 하면 전체 훈련 데이터는 각각 한 개씩 오차 Q가 산출됩니다. 이러한 오차 Q를 모두 더하면, 목적함수 Q_T의 값이 됩니다. 아래에서는 그것을 셀 F45에 입력합니다. 이것으로 이 장의 목표인 주제Ⅱ를 실현하는 합성곱 신경망을 위한 워크시트가 완성됩니다.

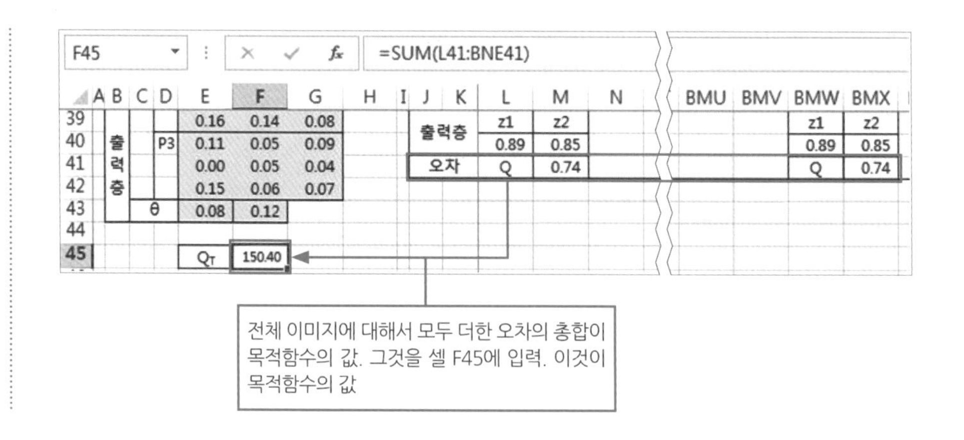

목표로 하는 워크시트가 완성되었지만, 그러나 아직 가장 중요한 작업인 매개변수(즉, 필터의 각 성분, 가중치, 임계값)의 결정이 남아있습니다. 지금까지의 모든 계산은 가상의 매개변수 상에서 이루어졌지만, 신경망 출력값의 의미를 논하려면, 실제의 매개변수 상에서 이루어져야 합니다.

■ 계산으로 모델의 유효성을 확인

이제부터가 합성곱 신경망에 관한 작업의 클라이막스입니다. 앞에서도 다루었지만, 모델이 데이터 해석에 도움이 되는가의 여부는 실제로 이 모델을 이용한 계산이 주어진 데이터를 잘 설명할 수 있는가의 여부에 달려있습니다. 이제부터 행하는 최적화 작업의 성패가 합성곱 신경망이라는 데이터 해석 모델의 운명을 좌우할 것입니다.

Memo 이론은 회귀분석과 동일

이상 살펴본 것처럼, 합성곱 신경망 작업은 복잡하게 보이지만, 기본은 2장에서 살펴본 회귀분석과 동일합니다. 오차의 총합을 구하고, 그것을 최소로 하도록 매개변수를 정하는 것입니다.

§ 09 합성곱 신경망의 최적화

워크시트가 완성되었습니다. 이 절에서는 그 워크시트를 이용하여 합성곱 신경망을 결정합니다. 수학적으로 그 결정법을 '최적화'라고 부르지만, 그 구조는 회귀분석과 신경망의 경우와 동일합니다.

■ 최적화

앞 절까지는 목표하는 (주제Ⅱ)를 위한 워크시트를 완성했습니다. 그러나 가장 중요한 신경망을 결정하는 매개변수의 값이 정해지지 않았습니다. 필터의 성분과 가중치, 임계값에 가상의 값을 이용했기 때문입니다. 여기에서는 Excel이 제공하는 최적화 도구(해 찾기)를 이용하여 매개변수를 결정해봅시다. 해 찾기를 이용하여 오차의 총합, 즉 목적함수 Q_T를 최소화하는 값을 구하는 것입니다.

■ Excel 해 찾기로 최적화

그러면, 목적함수를 해 찾기로 최적화해 봅시다.

예제 앞 절(§08)에서 완성한 워크시트를 이용하여 합성곱 신경망을 최적화합시다.

주 이 예제의 워크시트는 다운로드 사이트 (→ 8페이지)에 있는 '5.xlsx' 중의 '예제' 탭에 수록되어 있습니다.

풀이 다음 워크시트에 나타낸 것처럼, 목적함수 Q_T로 입력된 셀을 '목표 설정:(T)'에, 합성곱 신경망의 매개변수(필터의 성분, 가중치, 임계값) 셀 범위를 '변수 셀 변경:(B)' 란에 설정합니다. 이렇게 준비한 후 '해 찾기' 버튼을 클릭하면, 최적화가 됩니다.

주 '제한되지 않는 변수를 음이 아닌 수로 설정'에는 ∨로 체크합니다. 이 부분을 비우는 경우에 관해서는 뒤의 §12를 참조하기 바랍니다.

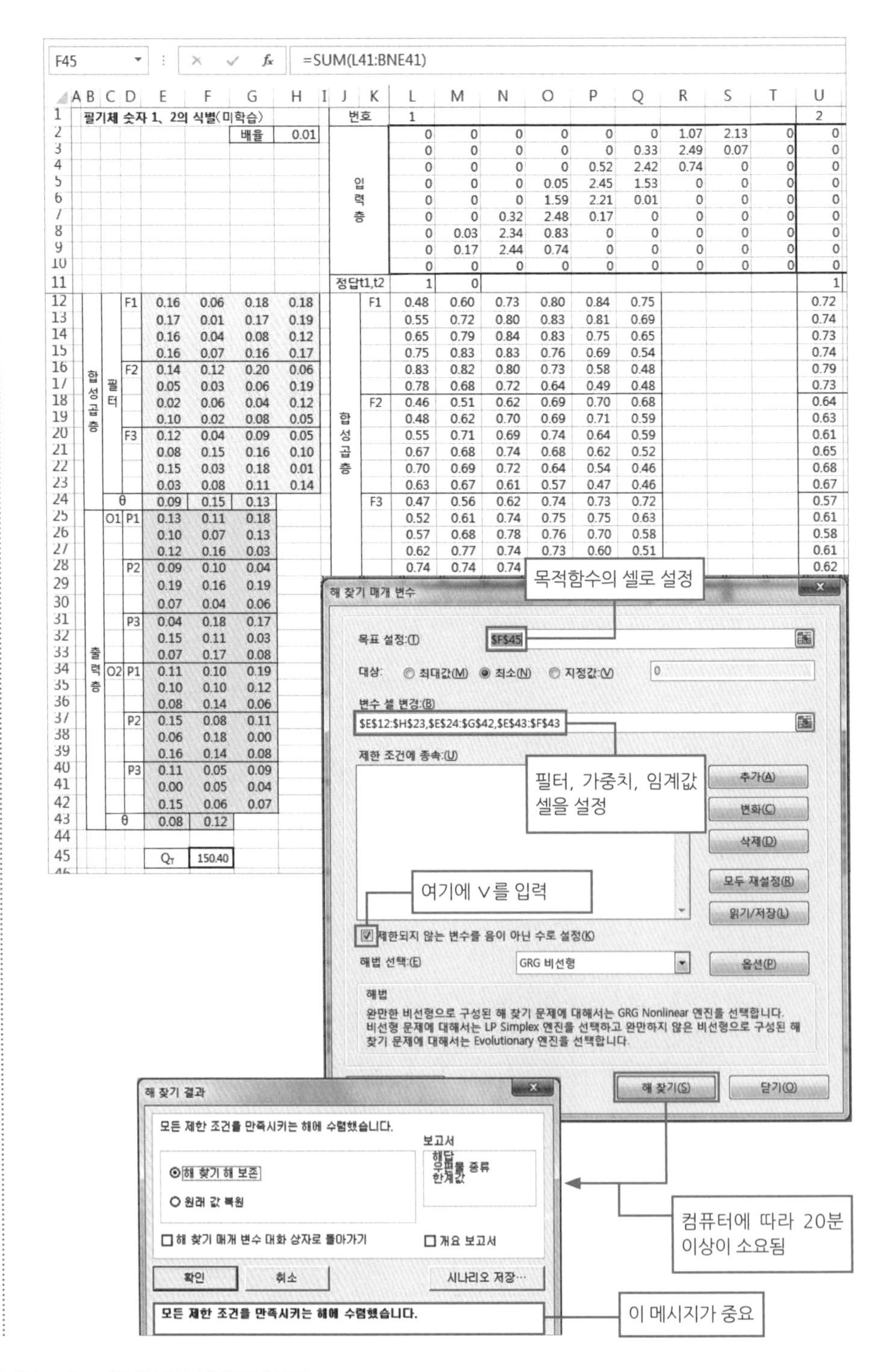

해 찾기의 계산결과를 나타내 봅시다. 이것이 목표로 하는 매개변수(즉, 필터의 성분, 가중치, 임계값)의 값입니다.

F45 | =SUM(L41:BNE41)

	B	C	D	E	F	G	H	J	K	L
12			F1	0.00	0.00	0.00	0.00		F1	0.20
13				0.00	0.00	0.00	1.82			0.91
14				0.00	0.00	0.00	0.52			1.00
15				0.00	0.00	0.26	2.42			1.00
16	합성곱층	필터	F2	0.00	0.00	0.00	0.87			1.00
17				0.00	0.00	0.00	0.86			0.59
18				0.00	0.00	0.00	0.75		F2	0.02
19				0.00	0.00	0.00	0.00	합성곱층		0.02
20			F3	0.00	0.10	0.00	0.04			0.07
21				0.00	2.61	0.95	0.01			0.37
22				1.32	0.08	0.00	0.00			0.59
23				0.00	0.11	0.00	0.00			0.41
24		θ		1.52	3.80	2.64			F3	0.07
25		O1	P1	0.00	0.00	0.00				0.07
26				0.00	0.00	0.00				0.07
27				0.00	0.00	0.00				0.07
28			P2	0.00	0.00	0.00				0.10
29				4.19	0.00	0.00				0.45
30				0.00	0.00	0.00			P1	1.00
31			P3	0.00	0.00	0.00				1.00
32				0.00	0.00	0.00				1.00
33	출력층			0.00	0.00	0.00		풀링층	P2	0.18
34		O2	P1	0.00	0.01	0.27				0.60
35				0.01	0.02	0.87				0.59
36				0.00	2.22	0.49			P3	0.07
37			P2	0.00	0.00	0.19				0.33
38				0.00	0.10	0.00				0.99
39				0.00	0.91	0.51		출력층		z1
40			P3	2.46	0.00	0.01				0.56
41				0.00	0.00	0.00		오차		Q
42				2.44	0.00	0.69				
43		θ		2.31	5.35					
44										
45				Q_T	37.25					

이것이 이 장의 목표인 매개변수의 값

목적함수 Q_T의 값

주 이 예제의 워크시트는 다운로드 사이트 (→ 8페이지)에 있는 '5.xlsx' 중의 '예제_학습' 탭에 수록되어 있습니다.

목적함수 Q_T의 값 37.25의 크기에 대한 논의는 어려운 것이지만, 이렇게 얻어진 매개변수를 이용하면, 훈련 데이터의 99.5%를 바르게 판별할 수 있다는 것이 확인됩니다.

주 합성곱 신경망이 산출한 값의 정오 판정법에 관해서는 §11을 참조하기 바랍니다.

§ 10 최적화된 매개변수를 해석

앞 절(§09)에서 이 장의 주제인 주제Ⅱ에 대한 합성곱 신경망을 완성했습니다. 이 결과로 얻어진 매개변수의 의미를 알아봅시다.

■ 필터를 살펴보자

합성곱층에서 이용한 필터의 내용을 살펴봅시다. 각 필터 중에 큰 값 두 개를 진하게 칠합니다.

필터 1

0.00	0.00	0.00	0.00
0.00	0.00	0.00	1.82
0.00	0.00	0.00	0.52
0.00	0.00	0.26	2.42

필터 2

0.00	0.00	0.00	0.87
0.00	0.00	0.00	0.86
0.00	0.00	0.00	0.75
0.00	0.00	0.00	0.00

필터 3

0.00	0.10	0.00	0.04
0.00	2.61	0.95	0.01
1.32	0.08	0.00	0.00
0.00	0.11	0.00	0.00

이 표로부터 세 가지 필터의 특징을 알 수 있습니다. 즉, 훈련 데이터 중의 필기체 숫자 이미지에 대해서, 은닉층 뉴런은 이 세 가지 패턴을 이미지의 특징으로 판정한 것입니다. 즉, 오른쪽 세 가지 패턴을 **특징 추출**한 것입니다.

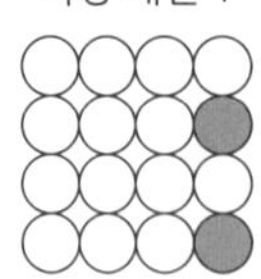

특징 패턴 2

특징 패턴 3

■ 출력층의 가중치를 살펴보자

다음으로 출력층 뉴런이 풀링층 표(즉, 풀링표)의 각 성분에 부여한 가중치를 살펴봅시다. 다음 그림에서는 1 이상의 가중치를 부여한 풀링표의 값을 진하게 칠했습니다. 출력층 뉴런 1과 2와는 가중치를 부여하는 방식이 크게 다릅니다.

■ 출력층 뉴런 1

필터 1의 풀링표에 대한 가중치

0.00	0.00	0.00
0.00	0.00	0.00
0.00	0.00	0.00

필터 2의 풀링표에 대한 가중치

0.00	0.00	0.00
4.19	0.00	0.00
0.00	0.00	0.00

필터 3의 풀링표에 대한 가중치

0.00	0.00	0.00
0.00	0.00	0.00
0.00	0.00	0.00

■ 출력층 뉴런 2

필터 1의 풀링표에 대한 가중치

0.00	0.01	0.27
0.01	0.02	0.87
0.00	2.22	0.49

필터 2의 풀링표에 대한 가중치

0.00	0.00	0.19
0.00	0.10	0.00
0.00	0.91	0.51

필터 3의 풀링표에 대한 가중치

2.46	0.00	0.01
0.00	0.00	0.00
2.44	0.00	0.69

이 그림에서 진하게 칠해진 부분에만 주목하여 풀링층으로부터 출력층으로 화살표를 그려봅시다. 이 그림으로부터 필기체 숫자 1을 판정하는 역할의 뉴런 z_1은 필터 2에 대응하는 풀링표와 강하게 연결되어 있다는 것을 알 수 있습니다. 또한 숫자 2를 판정하는 역할의 뉴런 z_2는 필터 1, 3에 대응하는 풀링표와 강하게 연결되어 있다는 것을 알 수 있습니다.

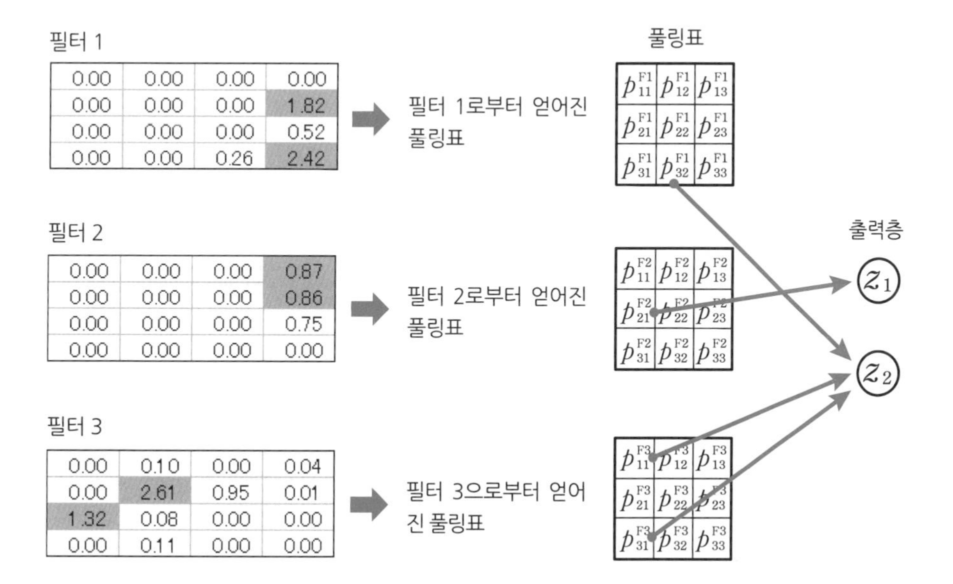

그리고 앞의 필터에 대한 설명에 따르면 필터 1, 2, 3은 차례대로 왼쪽 페이지의 특징 패턴 1, 2, 3을 추출했습니다. 이것으로부터 출력층 뉴런 z_1은 필터 2가 추출한 패턴 2와

강하게 연결되어 있다는 것을 알 수 있습니다. 또한 출력층 뉴런 z_2는 필터 1, 3이 추출한 특징 패턴 1, 3과 강하게 연결되어 있다는 것도 알 수 있습니다. 이렇게 해서 출력층 뉴런이 어떤 패턴으로부터 필기체 숫자를 식별하는가를 알 수 있습니다.

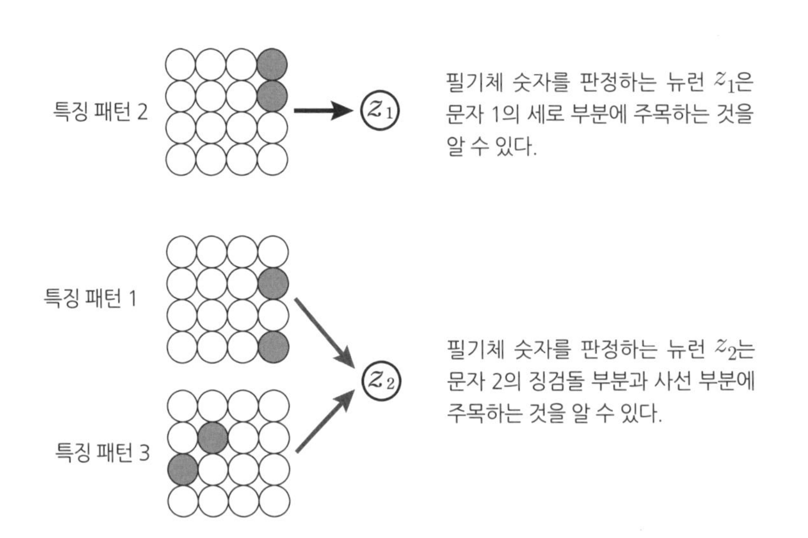

■ 임계값은 숨은 공로자

최적화에 의해 임계값은 다음과 같이 얻어집니다.

합성곱층의 임계값	1	2	3
	1.52	3.80	2.64

출력층의 임계값	1	2
	2.31	5.35

앞에서도 기술했듯이, 임계값은 합성곱 신경망을 음지에서 지원하는 역할을 합니다. 필기체 숫자 1과 2를 확실히 구별하기 위해서 불필요한 정보를 차단하는 역할을 맡고 있습니다.

§ 11 합성곱 신경망을 테스트하자

앞의 절(§ 09)에서 결정된 합성곱 신경망은 훈련 데이터를 이용하여 결정되었습니다. 여기에서는 새로운 필기체 숫자를 바르게 식별할 수 있는가를 알아봅시다.

■ 새로운 데이터 준비

앞에서 작성한 합성곱 신경망이 훈련 데이터에 없는 새로운 필기체 숫자 이미지에 대해서 바르게 동작하는가를 확인해 봅시다.

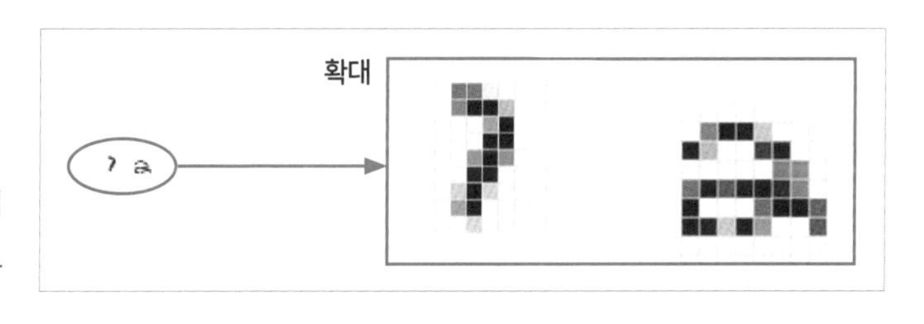

여기에서는 위의 두 가지 숫자 이미지를 테스트 데이터로 이용합니다.

사람은 그럭저럭 왼쪽의 숫자는 1, 오른쪽의 숫자는 2라고 읽을 수 있지만, 앞에서 작성한 합성곱 신경망은 어떻게 읽을지 다음 예제에서 알아봅시다.

예제 1 **지금까지 작성한 합성곱 신경망이 위의 왼쪽 필기체 숫자를 어떻게 판독하는가 알아봅시다.**

주 이 예제의 워크시트는 다운로드 사이트 (→ 8페이지)에 있는 '5.xlsx' 중의 '테스트' 탭에 수록되어 있습니다.

풀이 우선 위의 필기체 숫자 이미지를 수치화합시다.

왼쪽의 숫자

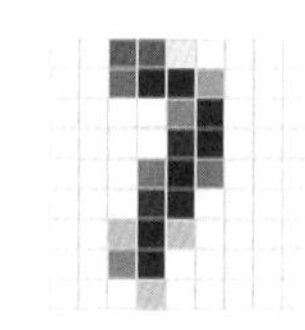

0	0	122	121	12	0	0	0	0
0	0	103	243	251	55	0	0	0
0	0	0	4	74	243	0	0	0
0	0	0	0	188	238	0	0	0
0	0	0	87	254	96	0	0	0
0	0	0	182	234	4	0	0	0
0	0	36	252	33	0	0	0	0
0	0	77	221	0	0	0	0	0
0	0	2	31	0	0	0	0	0

이 수치 데이터 이미지를 지금까지 작성한 워크시트의 이미지 데이터 부분에 입력합니다(매개변수는 최적화 이후의 것을 이용). 그리고 다음 기준에 따라서 숫자를 판정합니다.

$z_1 > z_2$일 때 필기체 숫자는 1, $z_1 < z_2$일 때 필기체 숫자는 2 … (1)

출력층 뉴런의 출력값이 '확신도'를 나타낸다고 생각되기 때문입니다(→ 이 장 §01, §07). 확신도가 큰 쪽이 판독 결과로 선택될 것입니다.

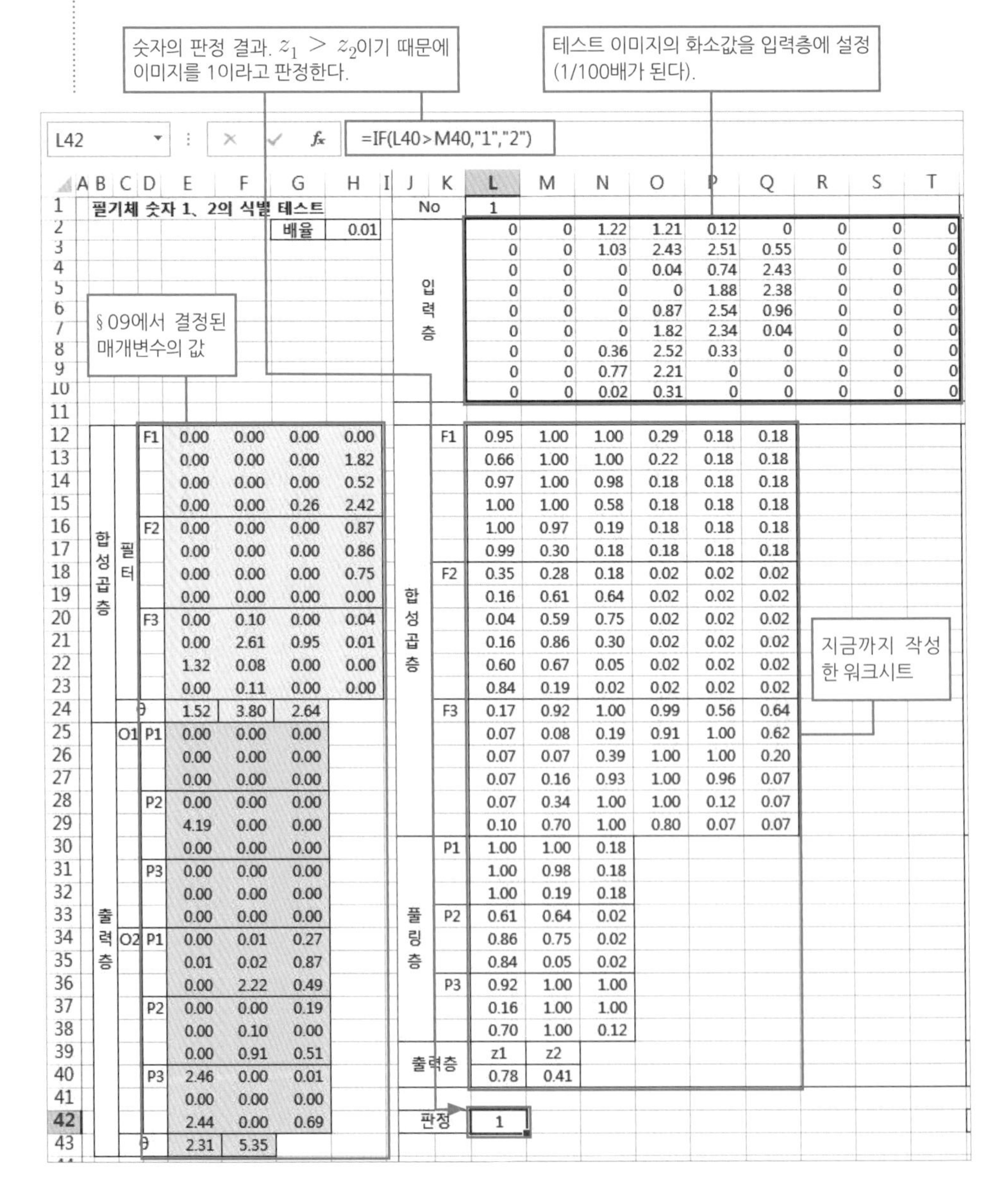

입력층 (L2:T10)

L	M	N	O	P	Q	R	S	T
0	0	1.22	1.21	0.12	0	0	0	0
0	0	1.03	2.43	2.51	0.55	0	0	0
0	0	0	0.04	0.74	2.43	0	0	0
0	0	0	0	1.88	2.38	0	0	0
0	0	0	0.87	2.54	0.96	0	0	0
0	0	0	1.82	2.34	0.04	0	0	0
0	0	0.36	2.52	0.33	0	0	0	0
0	0	0.77	2.21	0	0	0	0	0
0	0	0.02	0.31	0	0	0	0	0

합성곱층 필터

필터	E	F	G	H
F1	0.00	0.00	0.00	0.00
	0.00	0.00	0.00	1.82
	0.00	0.00	0.00	0.52
	0.00	0.00	0.26	2.42
F2	0.00	0.00	0.00	0.87
	0.00	0.00	0.00	0.86
	0.00	0.00	0.00	0.75
	0.00	0.00	0.00	0.00
F3	0.00	0.10	0.00	0.04
	0.00	2.61	0.95	0.01
	1.32	0.08	0.00	0.00
	0.00	0.11	0.00	0.00
θ	1.52	3.80	2.64	

출력층

		E	F	G
O1	P1	0.00	0.00	0.00
		0.00	0.00	0.00
		0.00	0.00	0.00
	P2	0.00	0.00	0.00
		4.19	0.00	0.00
		0.00	0.00	0.00
	P3	0.00	0.00	0.00
		0.00	0.00	0.00
		0.00	0.00	0.00
O2	P1	0.00	0.01	0.27
		0.01	0.02	0.87
		0.00	2.22	0.49
	P2	0.00	0.00	0.19
		0.00	0.10	0.00
		0.00	0.91	0.51
	P3	2.46	0.00	0.01
		0.00	0.00	0.00
		2.44	0.00	0.69
θ		2.31	5.35	

합성곱층

	L	M	N	O	P	Q
F1	0.95	1.00	1.00	0.29	0.18	0.18
	0.66	1.00	1.00	0.22	0.18	0.18
	0.97	1.00	0.98	0.18	0.18	0.18
	1.00	1.00	0.58	0.18	0.18	0.18
	1.00	0.97	0.19	0.18	0.18	0.18
	0.99	0.30	0.18	0.18	0.18	0.18
F2	0.35	0.28	0.18	0.02	0.02	0.02
	0.16	0.61	0.64	0.02	0.02	0.02
	0.04	0.59	0.75	0.02	0.02	0.02
	0.16	0.86	0.30	0.02	0.02	0.02
	0.60	0.67	0.05	0.02	0.02	0.02
	0.84	0.19	0.02	0.02	0.02	0.02
F3	0.17	0.92	1.00	0.99	0.56	0.64
	0.07	0.08	0.19	0.91	1.00	0.62
	0.07	0.07	0.39	1.00	1.00	0.20
	0.07	0.16	0.93	1.00	0.96	0.07
	0.07	0.34	1.00	1.00	0.12	0.07
	0.10	0.70	1.00	0.80	0.07	0.07

풀링층

	L	M	N
P1	1.00	1.00	0.18
	1.00	0.98	0.18
	1.00	0.19	0.18
P2	0.61	0.64	0.02
	0.86	0.75	0.02
	0.84	0.05	0.02
P3	0.92	1.00	1.00
	0.16	1.00	1.00
	0.70	1.00	0.12

출력층

z1	z2
0.78	0.41

이 워크시트로부터 알 수 있듯이, 합성곱 신경망은 필기체 숫자를 '1'이라고 판정합니다. 사람의 감성과 동일합니다.

예제 2 **지금까지 작성한 합성곱 신경망이 169 페이지 오른쪽 필기체 숫자를 어떻게 판독하는가 알아봅시다.**

주 이 예제의 워크시트는 다운로드 사이트(→ 8페이지)에 있는 '5.xlsx' 중의 '테스트' 탭에 수록되어 있습니다.

풀이 우선 필기체 숫자의 이미지를 다음과 같이 수치화합시다.

오른쪽의 숫자

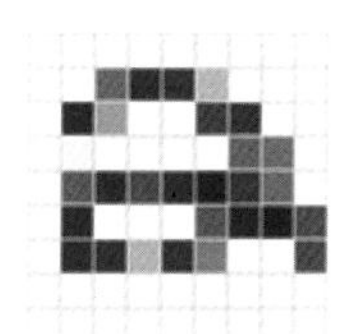

0	0	0	0	0	0	0	0	0
0	0	107	195	184	40	0	0	0
0	209	56	0	0	158	178	2	0
0	6	0	2	0	0	108	99	0
0	122	194	143	195	233	171	102	0
0	194	0	0	0	125	212	237	138
0	193	184	42	186	84	0	0	145
0	0	0	0	0	0	0	0	0
0	0	0	0	0	0	0	0	0

앞의 예제와 마찬가지로 이 수치 데이터 이미지를 §06까지 작성한 워크시트의 이미지 데이터 부분에 입력합니다(매개변수는 최적화 이후의 것을 이용). 그리고 출력층 뉴런의 값을 구하고 170페이지의 식 (1)에 따라 필기체 숫자를 판정합니다.

Memo 신경망 출력의 해석

신경망과 합성곱 신경망의 결론은 출력층 뉴런의 값으로 나타납니다. 뉴런의 활성화 함수에 시그모이드 함수를 이용하면, 0, 1인 두 값이 되지는 않습니다. 요약하자면, 흑백의 판단을 하지 않는 것입니다. "뉴런의 출력은 확신도로 해석할 수 있다"라고 수차례 기술한 것이 바로 이러한 의미입니다. 이것은 사람이 고민하면서 "아마 이쪽이 옳다"라고 하는 행동과 유사합니다.

W42 | f_x =IF(W40>X40,"1","2")

숫자의 판정 결과. $z_1 < z_2$이기 때문에 이미지를 2라고 판정한다

필기체 숫자 1、2의 식별 테스트 | 배율 0.01 | No 2

§09에서 결정된 매개변수의 값

지금까지 작성한 워크시트

입력층

Row	W	X	Y	Z	AA	AB	AC	AD	…
2	0	0	0	0	0	0	0	0	0
3	0	0	1.07	1.95	1.84	0.4	0	0	0
4	0	2.09	0.56	0	0	1.58	1.78	0.02	0
5	0	0.06	0	0.02	0	0	1.08	0.99	0
6	0	1.22	1.94	1.43	1.95	2.33	1.71	1.02	0
7	0	1.94	0	0	0	1.2			1.38
8	0	1.93	1.84	0.42	1.86	0.8			1.45
9	0	0	0	0	0				0
10	0	0	0	0	0				0

Row	층			E	F	G	H
12	합성곱층	필터	F1	0.00	0.00	0.00	0.00
13				0.00	0.00	0.00	1.82
14				0.00	0.00	0.00	0.52
15				0.00	0.00	0.26	2.42
16			F2	0.00	0.00	0.00	0.87
17				0.00	0.00	0.00	0.86
18				0.00	0.00	0.00	0.75
19				0.00	0.00	0.00	0.00
20			F3	0.00	0.10	0.00	0.04
21				0.00	2.61	0.95	0.01
22				1.32	0.08	0.00	0.00
23				0.00	0.11	0.00	0.00
24		θ		1.52	3.80	2.64	
25	출력층	O1	P1	0.00	0.00	0.00	
26				0.00	0.00	0.00	
27				0.00	0.00	0.00	
28			P2	0.00	0.00	0.00	
29				4.19	0.00	0.00	
30				0.00	0.00	0.00	
31			P3	0.00	0.00	0.00	
32				0.00	0.00	0.00	
33				0.00	0.00	0.00	
34		O2	P1	0.00	0.01	0.27	
35				0.01	0.02	0.87	
36				0.00	2.22	0.49	
37			P2	0.00	0.00	0.19	
38				0.00	0.10	0.00	
39				0.00	0.91	0.51	
40			P3	2.46	0.00	0.01	
41				0.00	0.00	0.00	
42				2.44	0.00	0.69	
43		θ		2.31	5.35		

Row	층		W	X	Y	Z	AA	AB
12	합성곱층	yF1	0.89	0.86	0.51	0.88	0.76	0.22
13			0.92	0.97	1.00	1.00	0.88	0.22
14			0.32	0.38	0.94	1.00	1.00	0.92
15			0.93	1.00	1.00	0.95	0.83	0.94
16			0.21	0.36	0.77	0.91	0.94	0.85
17			0.32	0.87	0.50	0.18	0.18	0.75
18		yF2	0.11	0.10	0.09	0.08	0.02	0.02
19			0.11	0.10	0.11	0.19	0.05	0.02
20			0.06	0.09	0.34	0.49	0.10	0.02
21			0.07	0.11	0.30	0.55	0.43	0.06
22			0.10	0.33	0.49	0.38	0.30	0.18
23			0.03	0.10	0.12	0.13	0.15	0.21
24		yF3	0.19	0.99	0.99	0.93	0.19	0.43
25			0.97	0.33	0.09	0.33	0.97	0.91
26			0.12	0.31	0.54	0.37	0.81	0.99
27			0.94	1.00	0.95	0.99	1.00	0.99
28			0.94	0.58	0.52	0.38	1.00	1.00
29			0.99	0.93	0.57	0.96	0.44	0.09
30	풀링층	P1	0.97	1.00	0.88			
31			1.00	1.00	1.00			
32			0.87	0.91	0.94			
33		P2	0.11	0.19	0.05			
34			0.11	0.55	0.43			
35			0.33	0.49	0.30			
36		P3	0.99	0.99	0.97			
37			1.00	0.99	1.00			
38			0.99	0.96	1.00			
39	출력층		z1	z2				
40			0.14	0.99				
42	판정		2					

합성곱 신경망은 필기체 숫자를 '2'라고 판정합니다. 이것도 사람의 감성과 일치합니다.

Memo 여러 가지 풀이

처음에 설정한 가상의 값을 변화시키면, 최적화 후 매개변수의 실제 값은 변합니다. 그러나 판정 결과는 동일합니다. 이것은 동일한 결론을 내기 위해서도 출생과 성장에 따라서 다양한 사고방식을 하는 사람의 세계와 유사합니다. 결론이 동일하더라도 그곳에 이르는 길은 하나만이 아닌 것을 신경망은 다시 확인해주는 것입니다.

§ 12 매개변수에 음수를 허용하면

지금까지는 필터의 성분과 가중치, 임계값에 대해서 음수를 고려하지 않았습니다. 그러나 모델을 최적화하는 것이 최종목표라면 매개변수를 음수로 설정하는 것도 가능합니다.

■ 매개변수에 음수도 허용

신경망의 기본은 (인공) 뉴런입니다. 그동안 몇 번이나 살펴보았지만, 이 뉴런은 다음 관계에서 입력으로부터 출력값을 산출합니다.

입력 신호 $x_1, x_2, \cdots, x_n$ (n은 자연수)을 고려하고, 각 입력 신호에는 가중치 $w_1, w_2, \cdots, w_n$이 주어졌다고 합시다. 임계값을 θ라고 할 때, 뉴런의 출력 y는

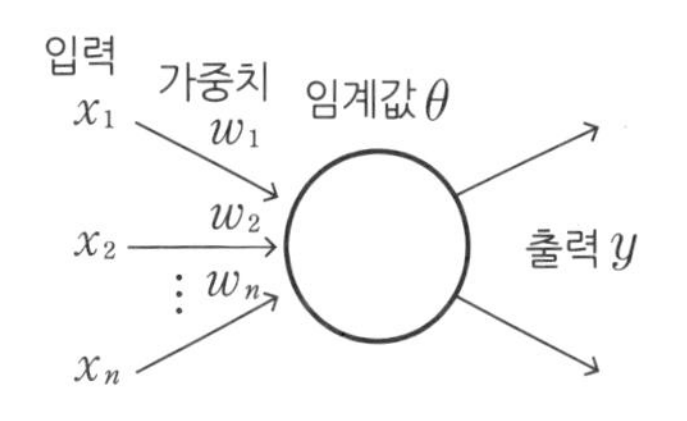

$$y = \sigma(a) \cdots (1)$$

여기에서 a는 입력의 선형합이라고 부르고, 다음과 같이 정의됩니다.

$$a = w_1x_1 + w_2x_2 + \cdots + w_nx_n - \theta \cdots (2)$$

그런데 지금까지 가중치와 임계값에 대해서는 음수가 아닌 수, 즉 0 이상의 수만을 살펴보았습니다. 필터의 성분도 가중치라고 생각되기 때문에 지금까지는 매개변수 전반에 걸쳐서 음수를 배제한 것입니다.

음수를 배제한 이유는 간단명료합니다. 위의 뉴런을 생명의 세계라고 생각한다면, 음의 값은 존재하지 않기 때문입니다. 그러나 혹시 생명이라는 제약을 벗어나 모델을 최적화하는 것을 최우선으로 한다면, 음수를 이용하는 것이 수학적으로 매우 유리합니다. 그것만이 자유도를 증가시키기 때문입니다.

■ 바이어스

우선 매개변수에 음수를 허용하기 위한 준비로 '바이어스'라는 용어를 도입하겠습니다. 입력의 선형합인 식 (2)를 보기 바랍니다.

$$a = w_1x_1 + w_2x_2 + \cdots + w_nx_n - \theta \cdots (2)\ (\text{다시 수록})$$

여기에서 θ는 '임계값'이라고 부르고 생물학적으로는 뉴런의 특성을 표현하는 값입니다. 직관적으로 말하면, θ가 크면 그 뉴런은 자극에 대해서 흥분하기 어렵고(즉, 둔감), θ가 작으면 흥분하기 쉽다(즉, 민감)라는 감수성을 나타냅니다.

그러나 θ만 마이너스 부호를 붙이는 것은 아름답지 않습니다. 아름다움이 결여된 것을 수학은 싫어합니다. 또한 마이너스는 계산 실수를 유발하기 쉽다는 결점을 가집니다. 따라서 $-\theta$를 b로 치환하기로 합니다.

$$a = w_1x_1 + w_2x_2 + \cdots + w_nx_n + b \cdots (3)$$

이렇게 하면 식은 아름다워지고 계산 실수를 일으키기 어렵게 됩니다. 이와 같이 임계값 θ를 변경한 매개변수 b를 **바이어스**(bias)라고 부릅니다.

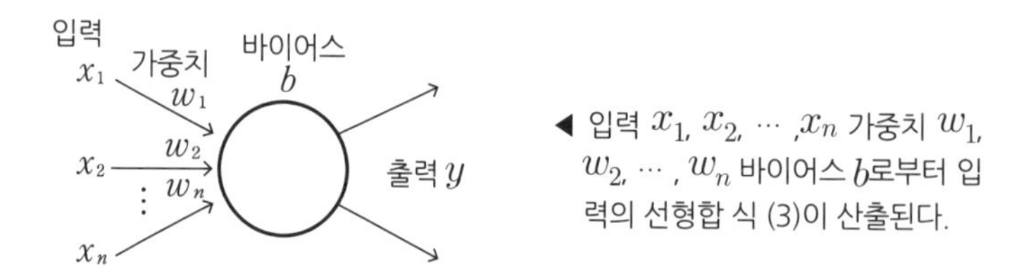

◀ 입력 $x_1, x_2, \cdots, x_n$ 가중치 $w_1, w_2, \cdots, w_n$ 바이어스 b로부터 입력의 선형합 식 (3)이 산출된다.

이와 같이 수정하면 계수에 붙이는 부호가 모두 양수가 되고, 수학적으로는 대등하게 됩니다. 임계값에 음수를 허용해도 형식적으로는 아무런 문제도 일어나지 않는 것입니다.

예 1 다음 그림과 같은 뉴런이 있다고 합시다. 그림에 나타낸 것처럼, 입력 x_1의 가중치는 2, 입력 x_2의 가중치는 3으로 하고, 바이어스는 -7로 합니다.

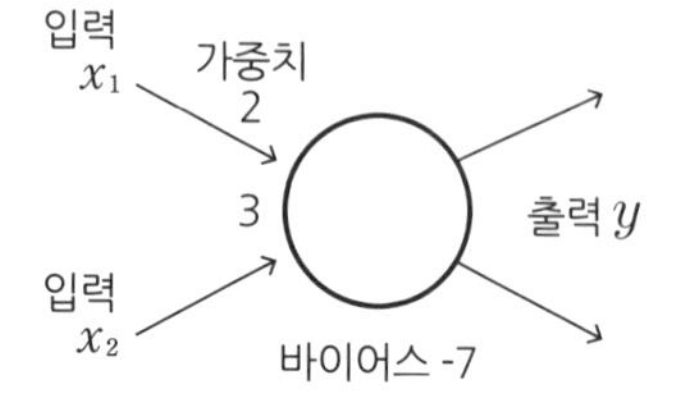

이 때, 입력 (x_1, x_2)가 (1, 2), (2, 1)일 때, 입력의 선형합 a와 출력 y를 계산기를 이용해 구해봅시다. 다만, 활성화 함수는 시그모이드 함수로 하고, e의 값은 e = 2.72로 근사시킵니다.

입력 x_1	입력 x_2	입력의 선형합 a	출력 y
1	2	2 × 1 + 3 × 2 - 7 = 1	0.73
2	1	2 × 2 + 3 × 1 - 7 = 0	0.50

■ 음수를 허용하여 최적화해보자

매개변수에 음수를 허용하면, 일반적으로 계산이 빨라지고 최적화도 더 잘됩니다. 그러나 가상세계의 뉴런에서 처리하기 위해 얻어진 결과는 해석하기 어려워집니다.

예제 1 **§09에서 매개변수에 음수를 허용하고, 합성곱 신경망의 매개변수를 결정해봅시다.**

주 이 예제의 워크시트는 다운로드 사이트 (→ 8페이지)에 있는 '5.xlsx' 중의 '음수허용' 탭에 수록되어 있습니다.

풀이 매개변수에 음수를 허용해도, 지금까지 작성한 Excel의 워크시트를 변경할 필요는 없습니다.

유일하게 변경할 점은 해 찾기 옵션 설정입니다. 다음 그림과 같이 '제한되지 않는 변수를 음이 아닌 수로 설정'에 체크 표시를 해제하면 됩니다.

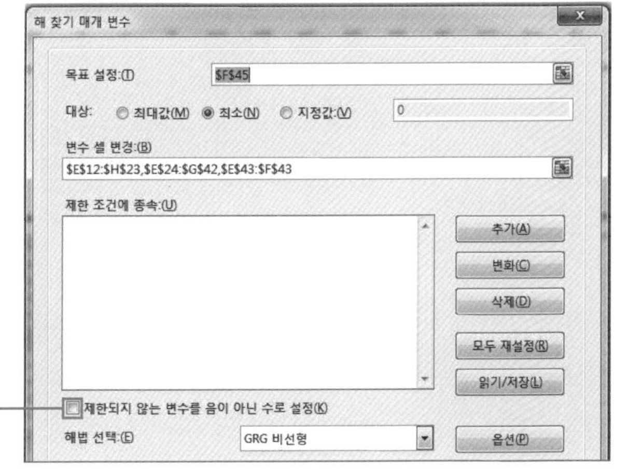

그러면 이렇게 설정하고, 지금까지 작성한 워크시트를 이용하여 최적화를 실행해 봅시다. 매개변수의 초깃값은 §04, §06에서 작성한 것을 적용합니다.

§09까지 작성한 함수에 변경은 없다.

이 절에서 결정된 매개변수의 값

필기체 숫자 1、2의 식별(음수허용)

행				E	F	G	H
2					배율	0.01	
12	합성곱층	필터	F1	-1.27	-4.76	-19.02	4.66
13				-2.22	0.19	-9.41	28.16
14				4.79	3.50	0.10	13.01
15				-2.61	-0.30	-4.97	18.89
16			F2	-0.37	0.64	37.12	0.03
17				0.19	-0.52	0.79	-4.80
18				-0.10	-2.29	0.41	7.47
19				-5.66	0.14	2.88	3.43
20			F3	5.95	0.42	-6.68	-1.40
21				4.87	19.66	-2.61	5.56
22				3.08	0.29	-4.20	0.04
23				-0.32	0.03	-0.29	11.44
24		θ		4.36	1.18	11.26	
25	출력층	O1	P1	11.66	-0.95	2.43	
26				9.33	-3.05	-11.60	
27				1.91	-20.51	-1.71	
28			P2	2.10	-3.63	0.19	
29				11.06	0.57	-12.28	
30				-1.59	-0.55	-6.01	
31			P3	0.28	-3.50	5.98	
32				10.55	-0.37	0.02	
33				-2.85	-20.71	-6.29	
34		O2	P1	-9.60	4.63	1.50	
35				-11.25	4.27	15.11	
36				-1.71	9.38	5.98	
37			P2	3.51	0.41	-1.29	
38				-1.56	-6.47	0.00	
39				25.95	3.53	9.18	
40			P3	-3.68	0.65	-2.98	
41				0.00	0.47	-0.52	
42				8.45	2.15	5.05	
43		θ		-11.17	28.21		
45				Q_T	4.03		

행	J	K	L	M	N	O	P	Q
1	번호		1					
2	입력층		0	0	0	0	0	0
3			0	0	0	0	0	0.33
4			0	0	0	0	0.52	2.42
5			0	0	0	0.05	2.45	1.53
6			0	0	0	1.59	2.21	0.01
7			0	0	0.32	2.48	0.17	0
8			0	0.03	2.34	0.83	0	0
9			0	0.17	2.44	0.74	0	0
10			0	0	0	0	0	0
11	정답t1,t2		1	0				
12	합성곱층	F1	0.03	1.00	1.00	1.00	0.00	0.00
13			1.00	1.00	1.00	0.96	0.00	0.00
14			1.00	1.00	1.00	0.00	0.00	0.00
15			1.00	1.00	0.00	0.00	0.00	0.00
16			1.00	0.00	0.00	0.00	0.00	0.01
17			1.00	0.00	0.00	0.00	0.01	0.01
18		F2	0.27	1.00	1.00	0.05	1.00	1.00
19			0.99	1.00	1.00	0.01	1.00	0.94
20			1.00	1.00	1.00	1.00	1.00	0.21
21			1.00	0.01	1.00	1.00	0.33	0.15
22			0.98	1.00	1.00	0.02	0.12	0.23
23			1.00	1.00	0.99	0.13	0.22	0.23
24		F3	0.00	1.00	0.99	0.00	0.00	1.00
25			1.00	1.00	0.00	0.00	1.00	1.00
26			1.00	0.02	0.00	1.00	1.00	1.00
27			0.99	0.00	0.02	1.00	1.00	0.11
28			0.07	0.00	1.00	1.00	0.94	0.00
29			0.00	1.00	1.00	1.00	0.00	0.00
30	풀링층	P1	1.00	1.00	0.00			
31			1.00	1.00	0.00			
32			1.00	0.00	0.01			
33		P2	1.00	1.00	1.00			
34			1.00	1.00	1.00			
35			1.00	1.00	0.23			
36		P3	1.00	0.99	1.00			
37			1.00	1.00	1.00			
38			1.00	1.00	0.94			
39	출력층		z1	z2				
40			1.00	0.00				
41	오차		Q	0.00				

목적함수의 값

목적함수의 값은 다음과 같이 됩니다.

$$Q_T = 4.03$$

음수가 아닌 값으로 최적화할 때의 값 $Q_T = 37.25$(§09 참조)와 비교하면, 약 10%가 되었습니다. 음수를 허용하는 쪽의 모델이 데이터에 훨씬 더 잘 적합된 것을 알 수 있습니다. 그러나 좋은 점만 있는 것은 아니고, 해석이 어려워집니다. 그것을 알아보기 위해 앞 절(§010)과 마찬가지로 얻어진 매개변수의 값을 살펴봅시다.

■ 필터를 살펴보자

최적화에 의해 얻어진 필터의 내용을 살펴봅시다. 각 필터 중에 두 개의 큰 값을 진하게 칠해봅시다.

필터 1

-1.27	-4.76	-19.02	4.66
-2.22	0.19	-9.41	28.16
4.79	3.50	0.10	13.01
-2.61	-0.30	-4.97	18.89

필터 2

-0.37	0.64	37.12	0.03
0.19	-0.52	0.79	-4.80
-0.10	-2.29	0.41	7.47
-5.66	0.14	2.88	3.43

필터 3

5.95	0.42	-6.68	-1.40
4.87	19.66	-2.61	5.56
3.08	0.29	-4.20	0.04
-0.32	0.03	-0.29	11.44

이러한 표로부터 세 가지 특징을 알 수 있습니다. 즉, 훈련 데이터인 필기체 숫자 이미지의 경우, 다음 세 가지 패턴을 특징 추출합니다.

특징 패턴 1

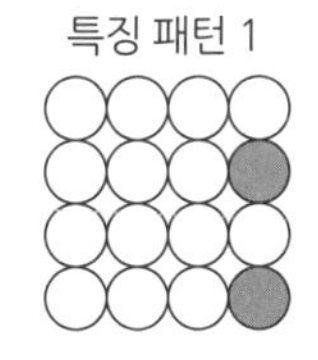

특징 패턴 2

특징 패턴 3

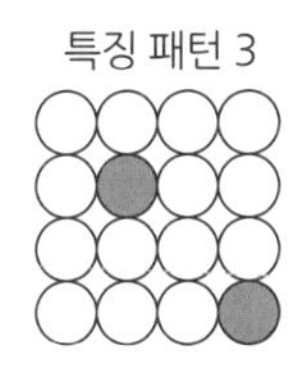

§010에서는 특징 패턴을 실제의 필기체 문자에 비교하여 해석할 수 있었습니다. 그러나 여기에서 얻어진 특징 패턴은 간단하게 해석할 수 없습니다. 곤란한 일이라고 생각되지만, 거꾸로 '새로운 관점의 발견'으로 이어진다고 생각하면, 합성곱 신경망의 평가로 이어질 수 있습니다.

■ 출력층의 가중치를 살펴보자

다음으로 출력층 뉴런이 풀링층 표(즉, 풀링표)의 각 값에 부과한 가중치를 살펴봅시다. 다음 그림에서는 풀링층 표의 값 중에서 가장 큰 가중치를 진하게 칠합니다.

■ 출력층 뉴런 1

필터 1의 풀링표에 대한 가중치

11.66	-0.95	2.43
9.33	-3.05	-11.60
1.91	-20.51	-1.71

필터 2의 풀링표에 대한 가중치

2.10	-3.63	0.19
11.06	0.57	-12.28
-1.59	-0.55	-6.01

필터 3의 풀링표에 대한 가중치

0.28	-3.50	5.98
10.55	-0.37	0.02
-2.85	-20.71	-6.29

■ 출력층 뉴런 2

필터 1의 풀링표에 대한 가중치

-9.60	4.63	1.50
-11.25	4.27	15.11
-1.71	9.38	5.98

필터 2의 풀링표에 대한 가중치

3.51	0.41	-1.29
-1.56	-6.47	0.00
25.95	3.53	9.18

필터 3의 풀링표에 대한 가중치

-3.68	0.65	-2.98
0.00	0.47	-0.52
8.45	2.15	5.05

매개변수에 음수를 이용하지 않았던 경우와 비교하면, 출력층 뉴런 z_1과 z_2는 풀링층의 각 표에 곱하는 가중치는 비슷합니다. 즉, 출력층 뉴런과 풀링층 각 표의 궁합에 큰 차이가 없다는 것입니다. 출력층 뉴런 1과 뉴런 2에 따르는 큰 차이를 볼 수 없다는 것입니다.

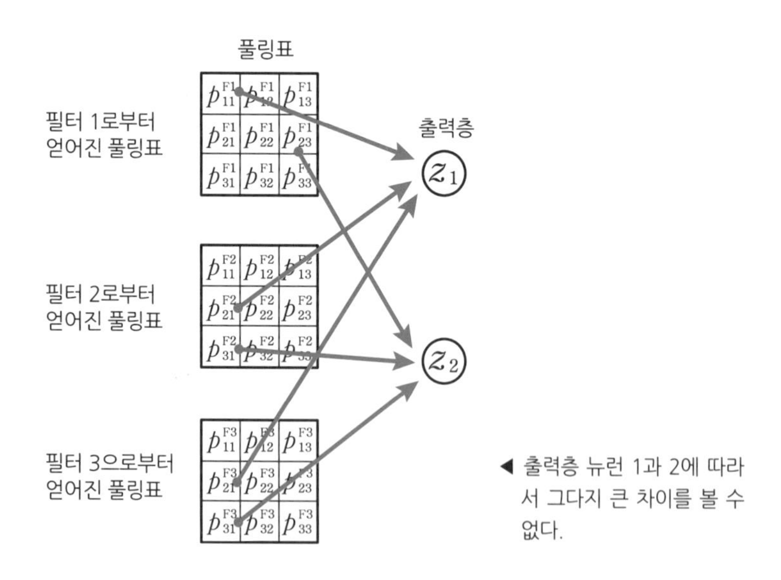

◀ 출력층 뉴런 1과 2에 따라서 그다지 큰 차이를 볼 수 없다.

조금 상세히 살펴봅시다. 필터 1, 2, 3은 차례대로 177페이지의 특징 패턴 1, 2, 3을 추출합니다. 그러면 위에 기술한 내용을 통해 출력층 뉴런 z_1, z_2는 이러한 특징 패턴과 비슷하게 연결되는 것을 알 수 있습니다. 출력층 뉴런 z_1, z_2는 추출된 특징 패턴을 선호하지 않는 것입니다.

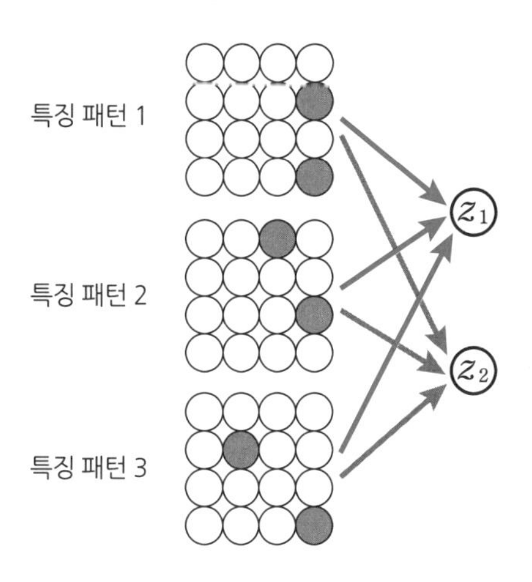

◀ 출력층 뉴런 z_1, z_2는 필기체 숫자를 판정하기 위해 세 가지 특징 패턴을 잘 조합한다.

이것으로부터 다음 사실을 알 수 있습니다. 음수를 허용하여 최적화하면, 출력층 뉴런은 특징 패턴으로부터 직접 문자를 판정하는 것이 아니라 특징 패턴을 잘 조합하여 판정한다는 것입니다. 그 미묘한 조합에 관해서 직감적으로 이해하기는 곤란할 것입니다.

주 입문서 성격을 가진 이 책에서는 음수 가중치에 관해서 고려하지 않습니다. 음수는 이미지로 해설하기 곤란하기 때문입니다.

■ 새로운 데이터로 테스트

작성한 합성곱 신경망이 훈련 데이터가 아닌 새로운 필기체 숫자 이미지에 대해서 바르게 기능을 수행하는가를 확인해 봅시다. §11과 마찬가지로 다음 두 숫자 이미지를 테스트 데이터로 이용합니다.

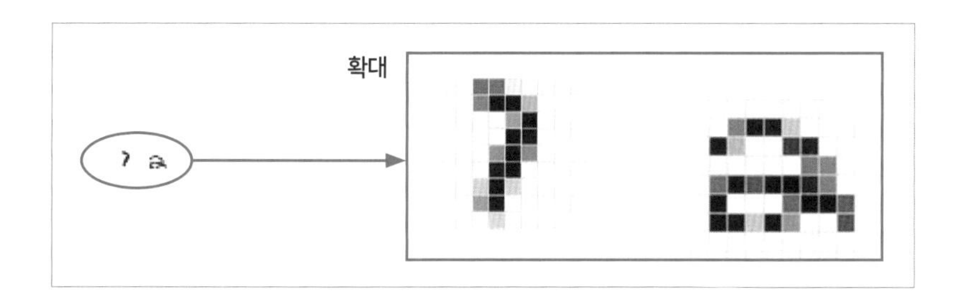

사람이 읽으면 왼쪽 숫자는 1, 오른쪽 숫자는 2이겠지만, 여기에서 작성한 합성곱 신경망이 어떻게 판정하는가 살펴봅시다.

예제 2 앞 페이지의 두 필기체 숫자를 여기에서 작성한 합성곱 신경망이 어떻게 판단하는가 알아봅시다.

주 이 예제의 워크시트는 다운로드 사이트 (→ 8페이지)에 있는 '5.xlsx' 중의 '음수허용_테스트' 탭에 수록되어 있습니다.

풀이 테스트 방법은 § 11과 동일하기 때문에, 결론만을 아래에 나타냅니다. 워크시트는 앞의 **예제 1**에서 작성한 것을 이용합니다.

L42 | 숫자의 판정결과 | fx | =IF(L40>M40,"1","2")

179페이지의 왼쪽 필기체 숫자의 수치 데이터 (1/100배가 된다)

	B	C	D	E	F	G	H
1	필기체 숫자 1、2의 식별 테스트						
2	(음수허용)					배율	0.01
3							
4							
5							
6							
7							
8							
9							
10							
11							
12	합성곱층	필터	F1	-1.27	-4.76	-19.02	4.66
13				-2.22	0.19	-9.41	28.16
14				4.79	3.50	0.10	13.01
15				-2.61	-0.30	-4.97	18.89
16			F2	-0.37	0.64	37.12	0.03
17				0.19	-0.52	0.79	-4.80
18				-0.10	-2.29	0.41	7.47
19				-5.66	0.14	2.88	3.43
20			F3	5.95	0.42	-6.68	-1.40
21				4.87	19.66	-2.61	5.56
22				3.08	0.29	-4.20	0.04
23				-0.32	0.03	-0.29	11.44
24		θ		4.36	1.18	11.26	
25	출력층	O1	P1	11.66	-0.95	2.43	
26				9.33	-3.05	-11.60	
27				1.91	-20.51	-1.71	
28			P2	2.10	-3.63	0.19	
29				11.06	0.57	-12.28	
30				-1.59	-0.55	-6.01	
31			P3	0.28	-3.50	5.98	
32				10.55	-0.37	0.02	
33				-2.85	-20.71	-6.29	
34		O2	P1	-9.60	4.63	1.50	
35				-11.25	4.27	15.11	
36				-1.71	9.38	5.98	
37			P2	3.51	0.41	-1.29	
38				-1.56	-6.47	0.00	
39				25.95	3.53	9.18	
40			P3	-3.68	0.65	-2.98	
41				0.00	0.47	-0.52	
42				8.45	2.15	5.05	
43		θ		-11.17	28.21		

	J	K	L	M	N	O	P	Q
1		No	1					
2	입력층		0	0	1.22	1.21	0.12	0
3			0	0	1.03	2.43	2.51	0.55
4			0	0	0	0.04	0.74	2.43
5			0	0	0	0	1.88	2.38
6			0	0	0	0.87	2.54	0.96
7			0	0	0	1.82	2.34	0.04
8			0	0	0.36	2.52	0.33	0
9			0	0	0.77	2.21	0	0
10			0	0	0.02	0.31	0	0
11								
12	합성곱층	F1	1.00	1.00	1.00	0.00	0.03	0.46
13			0.99	1.00	1.00	0.00	0.28	0.17
14			1.00	1.00	1.00	0.00	0.00	0.00
15			1.00	1.00	0.00	0.00	0.00	0.00
16			1.00	1.00	0.00	0.00	0.00	0.00
17			1.00	0.00	0.00	0.00	0.00	0.01
18		F2	1.00	1.00	1.00	0.99	0.00	0.00
19			1.00	1.00	1.00	1.00	0.00	0.00
20			1.00	1.00	1.00	1.00	0.00	0.12
21			1.00	1.00	1.00	1.00	0.07	0.13
22			1.00	1.00	1.00	1.00	0.25	0.18
23			0.99	1.00	1.00	0.37	0.12	0.23
24		F3	0.00	1.00	1.00	1.00	1.00	0.13
25			0.00	0.91	0.00	0.27	1.00	1.00
26			1.00	1.00	0.00	0.93	1.00	1.00
27			1.00	0.00	0.00	1.00	1.00	1.00
28			1.00	0.00	0.72	1.00	1.00	0.00
29			0.41	0.00	1.00	1.00	0.99	0.00
30	풀링층	P1	1.00	1.00	0.46			
31			1.00	1.00	0.00			
32			1.00	0.00	0.01			
33		P2	1.00	1.00	0.00			
34			1.00	1.00	0.13			
35			1.00	1.00	0.25			
36		P3	1.00	1.00	1.00			
37			1.00	1.00	1.00			
38			1.00	1.00	1.00			
39	출력층		z1	z2				
40			1.00	0.02				
41								
42	판정		1					
43								

$z_1 > z_2$

▲ $z_1 > z_2$이기 때문에, 숫자 이미지를 1이라고 판정한다.

합성곱 신경망은 179페이지 왼쪽 필기체 숫자를 '1'이라고 판정합니다. 사람의 감성과 동일합니다. 다음으로 179페이지 오른쪽 숫자를 판정해 봅시다. 이것도 테스트를 위한 설정 방법은 동일하기 때문에 해설은 생략하고 결론만을 아래에 나타냅니다.

W42 숫자의 판정결과 =IF(W40>X40,"1","2")

179페이지의 오른쪽 필기체 숫자의 수치 데이터 (1/100배가 된다)

	B	C	D	E	F	G	H
1	필기체 숫자 1、2의 식별 테스트						
2	(음수허용)					배율	0.01
12	합성곱층	필터	F1	-1.27	-4.76	-19.02	4.66
13				-2.22	0.19	-9.41	28.16
14				4.79	3.50	0.10	13.01
15				-2.61	-0.30	-4.97	18.89
16			F2	-0.37	0.64	37.12	0.03
17				0.19	-0.52	0.79	-4.80
18				-0.10	-2.29	0.41	7.47
19				-5.66	0.14	2.88	3.43
20			F3	5.95	0.42	-6.68	-1.40
21				4.87	19.66	-2.61	5.56
22				3.08	0.29	-4.20	0.04
23				-0.32	0.03	-0.29	11.44
24		θ		4.36	1.18	11.26	
25	출력층	O1	P1	11.66	-0.95	2.43	
26				9.33	-3.05	-11.60	
27				1.91	-20.51	-1.71	
28			P2	2.10	-3.63	0.19	
29				11.06	0.57	-12.28	
30				-1.59	-0.55	-6.01	
31			P3	0.28	-3.50	5.98	
32				10.55	-0.37	0.02	
33				-2.85	-20.71	-6.29	
34		O2	P1	-9.60	4.63	1.50	
35				-11.25	4.27	15.11	
36				-1.71	9.38	5.98	
37			P2	3.51	0.41	-1.29	
38				-1.56	-6.47	0.00	
39				25.95	3.53	9.18	
40			P3	-3.68	0.65	-2.98	
41				0.00	0.47	-0.52	
42				8.45	2.15	5.05	
43		θ		-11.17	28.21		

	U	V	W	X	Y	Z	AA	AB	AC
1	No		2						
2	입력층		0	0	0	0	0	0	0
3			0	0	1.07	1.95	1.84	0.4	0
4			0	2.09	0.56	0	0	1.58	1.78
5			0	0.06	0	0.02	0	0	1.08
6			0	1.22	1.94	1.43	1.95	2.33	1.71
7			0	1.94	0	0	0	1.25	2.12
8			0	1.93	1.84	0.42	1.86	0.84	0
9			0	0	0	0	0	0	0
10			0	0	0	0	0	0	0
12	합성곱층	yF1	1.00	1.00	1.00	1.00	1.00	0.96	
13			0.05	0.00	1.00	1.00	0.00	0.00	
14			0.13	1.00	1.00	1.00	1.00	0.96	
15			1.00	1.00	1.00	1.00	1.00	1.00	
16			0.00	0.91	1.00	0.99	1.00	0.90	
17			0.00	1.00	0.97	0.00	0.00	0.00	
18		yF2	0.00	0.00	1.00	1.00	0.94	0.09	
19			1.00	1.00	1.00	1.00	0.99	0.00	
20			1.00	0.12	1.00	1.00	1.00	0.80	
21			0.01	0.00	0.02	1.00	1.00	1.00	
22			1.00	1.00	1.00	1.00	1.00	1.00	
23			0.18	0.00	0.03	1.00	1.00	1.00	
24		yF3	0.01	1.00	1.00	1.00	1.00	0.01	
25			1.00	1.00	1.00	1.00	1.00	1.00	
26			0.00	0.36	0.95	0.72	1.00	1.00	
27			1.00	1.00	1.00	1.00	1.00	1.00	
28			0.99	0.23	0.00	0.00	1.00	1.00	
29			1.00	1.00	0.98	1.00	0.07	0.00	
30	풀링층	P1	1.00	1.00	1.00				
31			1.00	1.00	1.00				
32			1.00	1.00	1.00				
33		P2	1.00	1.00	0.99				
34			1.00	1.00	1.00				
35			1.00	1.00	1.00				
36		P3	1.00	1.00	1.00				
37			1.00	1.00	1.00				
38			1.00	1.00	1.00				
39	출력층		z1	z2					
40			0.00	1.00					
42	판정		2						

$z_1 < z_2$

▲ $z_1 < z_2$이기 때문에, 숫자 이미지를 2라고 판정한다.

합성곱 신경망은 필기체 숫자를 '2'라고 판정합니다. 이것도 사람의 감성과 일치합니다.

§ 13 은닉층의 활성화 함수를 변경

지금까지는 뉴런의 활성화 함수로 시그모이드 함수를 이용했습니다. 그러나 생각해보면 시그모이드 함수에만 구애 받을 필연성은 없습니다. 여기에서는 시그모이드 함수 대신 '램프 함수'를 이용하겠습니다.

■ 램프 함수와 ReLU

지금까지는 뉴런으로 시그모이드 뉴런을 이용했습니다. 시그모이드 뉴런이라는 것은 시그모이드 함수 $\sigma(x)$를 활성화 함수로 이용하는 인공 뉴런입니다(→ 3장).

$$\text{시그모이드 함수} : \sigma(x) = \frac{1}{1+e^{-x}} \cdots (1)$$

시그모이드 함수는 계단 함수와 유사하고, 미분계산이 간단한 이유로 널리 이용되고 있습니다.

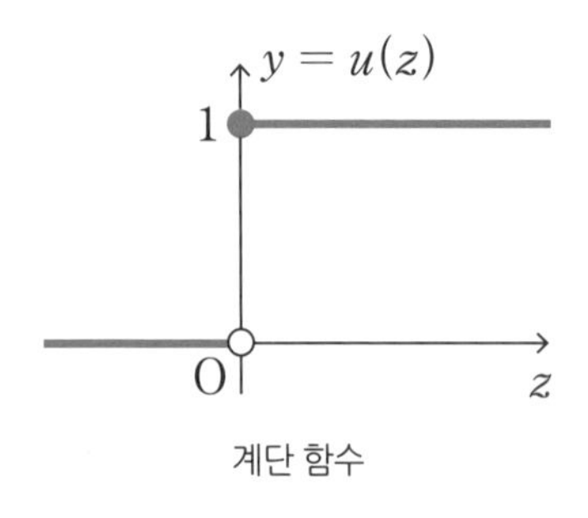

계단 함수

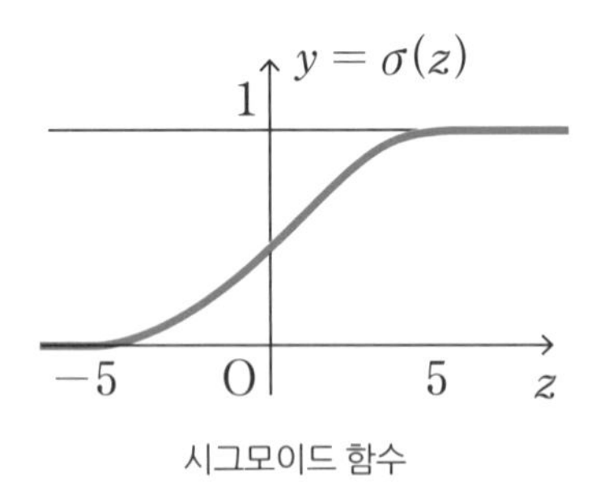

시그모이드 함수

그러나 이러한 조건을 만족하는 함수는 시그모이드 함수만이 아닙니다. 전자공학 분야에서 유명한 **램프 함수**도 여기에 해당합니다. 램프 함수라는 것은 다음과 같이 정의되는 함수입니다. 램프 함수를 오른쪽에 그려봅시다.

램프 함수 : $f(x) = \begin{cases} x & (x \geqq 0) \\ 0 & (x < 0) \end{cases}$

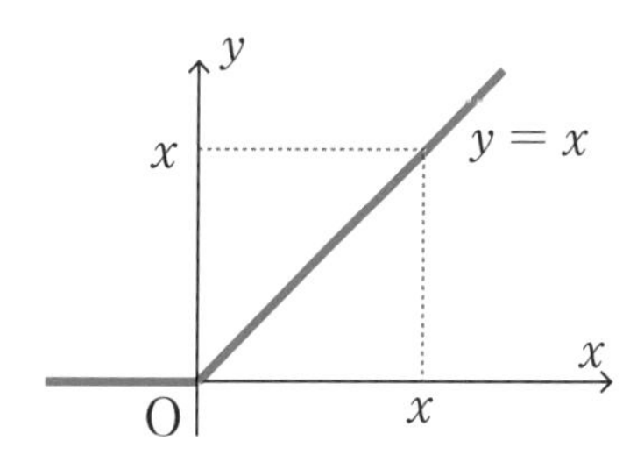

이 램프 함수에는 시그모이드 함수에는 없는 장점이 있습니다. 계산이 단순하다는 점입니다. 실용적인 합성곱 신경망은 방대한 수의 뉴런으로 구성되기 때문에 계산이 쉽다는 것은 매우 다행스러운 성질입니다.

계산이 쉬운 램프 함수를 활성화 함수로 하는 뉴런을 **ReLU(Rectified Linear Unit)**라고 부릅니다.

시그모이드 함수의 큰 장점은 0과 1 사이의 값을 갖는 것을 들 수 있습니다. 그 덕분에 그 출력값은 활성도라던가, 확신도, 흥분도 등 다양하게 해석될 수 있습니다. 그러나 ReLU의 출력은 0과 1 사이로 한정되지 않습니다. 출력의 해석이 어렵다는 결점이 있습니다. 따라서 해석이 불필요한 은닉층(중간층)의 뉴런으로 자주 이용됩니다.

예 1 다음 그림의 뉴런이 있다고 합시다. 그림에 나타낸 것처럼, 입력 x_1의 가중치는 2, 입력 x_2의 가중치는 3이라고 하고, 임계값은 10이라고 합니다.

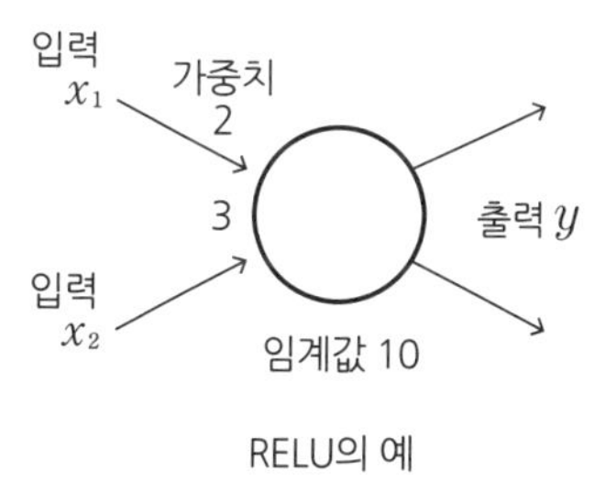

RELU의 예

이 때 입력 (x_1, x_2)가 (3, 1), (1, 3)일 때, 입력의 선형합 a, 출력 y를 구해봅시다.

입력 x_1	입력 x_2	입력의 선형합 a	출력 y
3	1	2 × 3 + 3 × 1 - 10 = -1	0
1	3	2 × 1 + 3 × 3 - 10 = 1	1

■ ReLU를 이용하여 최적화를 해보자

ReLU 함수를 활성화 함수로 하고, 지금까지 이용한 필기체 문자 '1', '2'의 판별을 위한 합성곱 신경망을 작성해 봅시다.

예제 1 **지금까지 작성한 Excel 워크시트에서 은닉층 뉴런을 ReLU로 변경합니다. 이 때, 지금까지 이용한 훈련 데이터로부터 합성곱 신경망의 매개변수를 결정합시다.**

주 이 예제의 워크시트는 다운로드 사이트 (→ 8페이지)에 있는 '5.xlsx' 중의 'ReLU' 탭에 수록되어 있습니다.

풀이 § 09까지 작성한 Excel 워크시트에서 합성곱층의 시그모이드 함수를 모두 램프 함수로 바꿉니다. 여기에서는 다음과 같이 램프 함수를 구현합시다.

$$f(a) = MAX(0,\ a)$$ (a는 입력의 선형합)

§ 03에서 작성한 입력층의 값을 이용

L12 =MAX(0,SUMPRODUCT($E$12:$H$15,L2:O5)-$E$24)

	B–D	E	F	G	H	J–K	L	M	N	O	P	Q	R	S
1	필기체 숫자 1、2의 식별(ReLU 이용					번호	1							
2				배율	0.01	입력층	0	0	0	0	0	0	1.07	2.13
3							0	0	0	0	0	0.33	2.49	0.07
4							0	0	0	0	0.52	2.42	0.74	0
5							0	0	0	0.05	2.45	1.53	0	0
6							0	0	0	1.59	2.21	0.01	0	0
7							0	0	0.32	2.48	0.17	0	0	0
8							0	0.03	2.34	0.83	0	0	0	0
9							0	0.17	2.44	0.74	0	0	0	0
10							0	0	0	0	0	0	0	0
11						정답t1,t2	1	0						
12	합성곱층 필터 F1	0.00	0.00	0.00	0.38	합성곱층 F1	0.01	0.79	3.38	6.68	4.63	0.13		
13		0.00	0.00	1.01	0.76		0.24	3.01	7.24	6.28	0.89	0.00		
14		0.00	0.08	1.32	0.93		1.82	6.30	7.74	2.02	0.00	0.00		
15		0.00	0.05	0.00	0.13		4.06	7.81	3.28	0.02	0.00	0.00		
16	F2	0.09	0.00	0.00	0.00		6.79	4.88	0.27	0.00	0.00	0.00		
17		0.00	0.00	0.00	0.00		7.88	2.07	0.06	0.00	0.00	0.00		
18		0.43	0.22	0.02	0.54	F2	0.00	0.00	0.00	0.00	0.00	0.00		
19		0.00	0.02	0.00	0.00		0.00	0.00	0.00	0.00	0.00	0.00		
20	F3	0.00	0.00	0.00	0.00		0.00	0.00	0.00	0.00	0.00	0.00		
21		0.00	0.00	0.00	0.00		0.00	0.00	0.00	0.00	0.00	0.00		
22		0.00	0.00	0.00	0.76		0.00	0.00	0.00	0.00	0.00	0.00		
23		0.00	0.00	0.0	1.07		0.00	0.00	0.00	0.00	0.00	0.00		
24	θ	0.00	1.38	0.87		F3	0.00	2.15	2.61	0.00	0.00	0.00		

초깃값은 난수를 이용

합성곱층의 모든 활성화 함수를 램프 함수로 변경

이 그림은 훈련 데이터의 첫 번째 이미지에 대해서 은닉층의 활성화 함수를 램프 함수로 한 것입니다. §08에 나타낸 것처럼, 이 첫 번째 이미지 부분을 전체 훈련 데이터에 걸쳐서 복사하면 합성곱 신경망의 워크시트가 완성됩니다.

주 이 책은 출력층에 대해서는 시그모이드 함수를 이용합니다.

워크시트가 완성되면, §09에 나타낸 것처럼 해 찾기를 이용하여 최적화합니다. 이 때, 이 절에서는 해석이 쉽도록 음수가 아닌 값으로 최적화를 해봅시다.

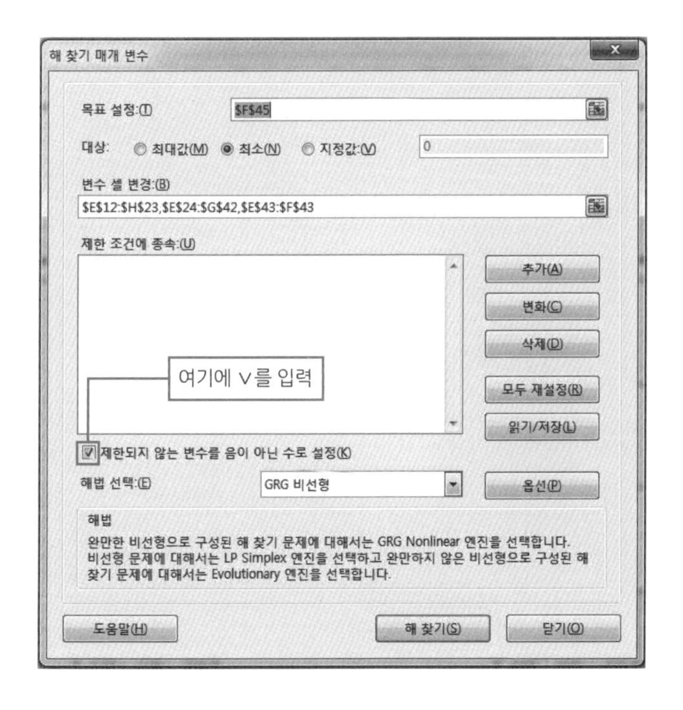

Memo 램프 함수의 '램프'의 의미

램프 함수는 그래프가 경사로(ramp)를 닮았기 때문에 이름이 지어졌습니다. 교통 안내 방송에서 "홍은동 일대부터 성산램프까지 정체가 심하고요."라고 안내하는 것처럼 '램프'가 자주 사용되는데, 이것은 입체 교차로 부분이 경사로가 되기 때문입니다.

그러면 이 설정으로 앞에서 작성한 워크시트를 이용하여 최적화를 실행해 봅니다. 매개변수의 초깃값은 난수를 이용해서 목적함수가 가급적 작아지는 것을 찾습니다.

F45 =SUM(L41:BNE41)

	A–D	E	F	G	H	J–K	L	M	N	O	P	Q	R
1	필기체 숫자 1、2의 식별(ReLU 이용)					번호	1						
2				배율	0.01	입력층	0	0	0	0	0	0	1.07
3							0	0	0	0	0	0.33	2.49
4							0	0	0	0	0.52	2.42	0.74
5							0	0	0	0.05	2.45	1.53	0
6							0	0	0	1.59	2.21	0.01	0
7							0	0	0.32	2.48	0.17	0	0
8							0	0.03	2.34	0.83	0	0	0
9							0	0.17	2.44	0.74	0	0	0
10							0	0	0	0	0	0	0
11						정답t1,t2	1	0					
12	합성곱층 필터 F1	0.00	0.00	0.00	0.38	합성곱층 F1	0.01	0.79	3.38	6.68	4.63	0.13	
13		0.00	0.00	1.01	0.76		0.24	3.01	7.24	6.28	0.89	0.00	
14		0.00	0.08	1.32	0.93		1.82	6.30	7.74	2.02	0.00	0.00	
15		0.00	0.05	0.00	0.13		4.06	7.81	3.28	0.02	0.00	0.00	
16	F2	0.09	0.00	0.00	0.00		6.79	4.88	0.27	0.00	0.00	0.00	
17		0.00	0.00	0.00	0.00		7.88	2.07	0.06	0.00	0.00	0.00	
18		0.43	0.22	0.02	0.54	F2	0.00	0.00	0.00	0.00	0.00	0.00	
19		0.00	0.02	0.00	0.00		0.00	0.00	0.00	0.00	0.00	0.00	
20	F3	0.00	0.00	0.00	0.00		0.00	0.00	0.00	0.00	0.00	0.00	
21		0.00	0.00	0.00	0.00		0.00	0.00	0.00	0.00	0.00	0.00	
22		0.00	0.00	0.00	0.76		0.00	0.00	0.00	0.00	0.00	0.00	
23		0.00	0.00	0.0	1.07		0.00	0.00	0.00	0.00	0.00	0.00	
24	θ	0.00	1.38	0.87		F3	0.00	2.15	2.61	0.00	0.00	0.00	
25	출력층 O1 P1	0.00	0.00	0.00			0.87	3.37	0.30	0.00	0.00	0.00	
26		0.00	0.00	0.00			3.00	0.99	0.00	0.00	0.00	0.00	
27		0.00	0.00	0.00			1.91	0.00	0.00	0.00	0.00	0.00	
28	P2	0.00	0.00	0.00			0.55	0.00	0.00	0.00	0.00	0.00	
29		0.00	0.00	0.00			0.00	0.00	0.00	0.00	0.00	0.00	
30		0.00	0.00	0.00		풀링층 P1	3.01	7.24	4.63				
31	P3	1.01	0.00	0.00			7.81	7.74	0.00				
32		0.00	0.00	0.00			7.88	0.27	0.00				
33		0.02	0.00	0.00		P2	0.00	0.00	0.00				
34	O2 P1	0.00	0.00	0.00			0.00	0.00	0.00				
35		0.00	0.00	0.43			0.00	0.00	0.00				
36		0.00	0.00	2.27		P3	3.37	2.61	0.00				
37	P2	0.06	0.00	0.00			3.00	0.00	0.00				
38		1.10	0.29	0.00			0.55	0.00	0.00				
39		1.04	2.19	0.00		출력층	z1	z2					
40	P3	0.00	0.00	0.00			0.72	0.09					
41		0.00	0.00	0.23		오차	Q	0.089					
42		0.00	0.00	0.95									
43	θ	2.48	2.27										
44													
45		Q_T	37.86										

해 찾기가 산출한 최적화 값

최적화된 때의 목적함수 Q_T의 값

목적함수의 값은 다음 값이 됩니다.

$$Q_T = 37.86$$

§09에서 알아본 시그모이드 뉴런에 비교하면 거의 동일한 적합도입니다. 은닉층의 해석을 엄밀하게 생각하지 않는 한, 계산이 빠른 ReLU를 이용하는 것이 큰 장점이 됩니다.

필터를 살펴보자

최적화에 의해 얻어진 필터의 내용을 살펴봅시다. 각 필터 중에서 상대적으로 크다고 생각되는 0.4 이상의 값을 진하게 칠해봅시다.

필터 1

0.00	0.00	0.00	0.38
0.00	0.00	1.01	0.76
0.00	0.08	1.32	0.93
0.00	0.05	0.00	0.13

필터 2

0.09	0.00	0.00	0.00
0.00	0.00	0.00	0.00
0.43	0.22	0.02	0.54
0.00	0.02	0.00	0.00

필터 3

0.00	0.00	0.00	0.00
0.00	0.00	0.00	0.00
0.00	0.00	0.00	0.76
0.00	0.00	0.0	1.07

이 표로부터 세 가지 필터의 특징을 알 수 있습니다. 즉, 훈련 데이터인 필기체 숫자 이미지의 경우, 다음 세 가지 패턴을 특징 추출합니다.

특징 패턴 1

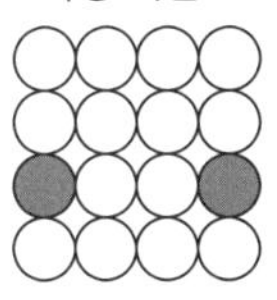

특징 패턴 3

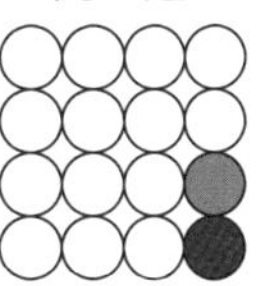

출력층의 가중치를 살펴보자

다음으로, 출력층 뉴런이 풀링표에 부과한 가중치를 살펴봅시다. 다음 그림에서는 비교적 큰 값이라고 생각되는 0.9 이상의 가중치에 진하게 칠을 했습니다. 출력층의 뉴런 1과 2의 경우 가중치를 곱하는 쪽이 크게 다릅니다.

■ 출력층 뉴런 1

필터 1의 풀링표에 대한 가중치

0.00	0.00	0.00
0.00	0.00	0.00
0.00	0.00	0.00

필터 2의 풀링표에 대한 가중치

0.00	0.00	0.00
0.00	0.00	0.00
0.00	0.00	0.00

필터 3의 풀링표에 대한 가중치

1.01	0.00	0.00
0.00	0.00	0.00
0.02	0.00	0.00

■ 출력층 뉴런 2

필터 1의 풀링표에 대한 가중치

0.00	0.00	0.00
0.00	0.00	0.43
0.00	0.00	2.27

필터 2의 풀링표에 대한 가중치

0.06	0.00	0.00
1.10	0.29	0.00
1.04	2.19	0.00

필터 3의 풀링표에 대한 가중치

0.00	0.00	0.00
0.00	0.00	0.23
0.00	0.00	0.95

이 그림의 진하게 칠해진 부분만 주목하여 풀링층으로부터 출력층으로 향하는 화살표를 그려봅시다(동일한 표로부터 나오는 복수의 화살표가 있을 때는 하나로 대표합니다). 이 그림으로부터 필기체 숫자 1을 판정하는 역할의 뉴런 z_1은 풀링 3의 풀링표와 강하게 연결되는 것을 알 수 있습니다. 또한 필기체 숫자 2를 판정하는 역할의 뉴런 z_2는 풀링 1~3의 모든 풀링표와 강하게 연결되는 것을 알 수 있습니다.

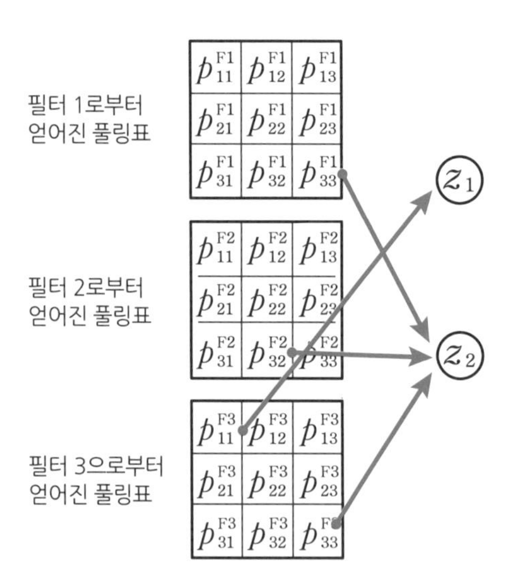

그런데 앞의 필터에 대한 설명에 의하면 필터 1, 2, 3은 차례대로 앞의 187페이지 특징 패턴 1, 2, 3을 추출합니다. 출력층의 첫 번째 뉴런 z_1은 필터 3과 강하게 연결되어 있습니다. 이에 비해서 출력층의 두 번째 뉴런 z_2는 필터 1, 2, 3과 균등하게 연결되어 있는 것을 알 수 있습니다. 즉, 출력층의 뉴런 z_1은 특징 패턴 3과, 출력층의 뉴런 z_2는 특징 패턴 1, 2, 3과 다음 그림과 같이 연결되어 있는 것을 알 수 있습니다.

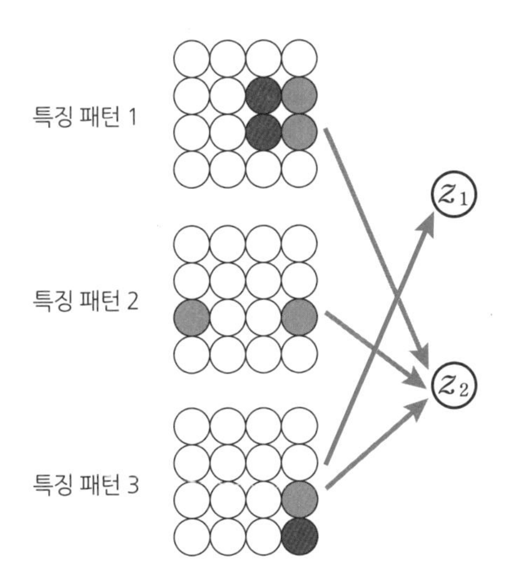

이것으로부터 출력층의 뉴런이 어떤 패턴으로부터 필기체 숫자를 식별하는가를 알 수 있습니다. 출력층의 뉴런 z_1은 특징 패턴 3의 유무로 이미지가 '1'이라고 판단되는 것입니다. 이에 비해서 출력층의 뉴런 z_2는 특징 패턴 1, 2, 3을 조합하여 판단하는 것입니다. ReLU 모델은 실제의 신경세포 모델에서 멀어진 만큼 뉴런 z_2를 직관적으로 해석하기 어려워졌습니다.

새로운 데이터로 테스트

훈련 데이터 중에는 없는 새로운 필기체 숫자 이미지에 대해서, 합성곱 신경망이 바르게 작동하는가를 확인해 봅시다. § 11과 마찬가지로 다음 두 개의 숫자 이미지를 데이터로 이용합니다.

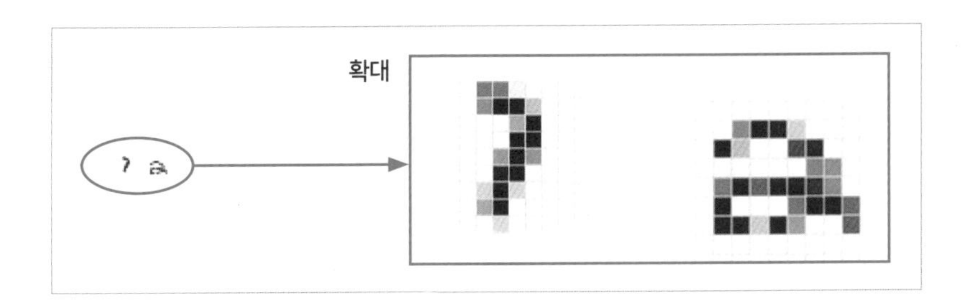

사람이 읽으면 왼쪽 숫자는 1, 오른쪽 숫자는 2가 되겠지만, 여기에서 작성한 합성곱 신경망은 어떻게 판정하는가 살펴보겠습니다.

예제 2 앞의 페이지 왼쪽 필기체 숫자를 여기에서 작성한 합성곱 신경망이 어떻게 판정하는가 알아봅시다.

주 이 예제의 워크시트는 다운로드 사이트 (→ 8페이지)에 있는 '5.xlsx' 중의 'ReLU_테스트' 탭에 수록되어 있습니다.

풀이 테스트 방법은 § 11과 동일하기 때문에 결론만을 아래에 나타냅니다. 워크시트는 앞의 예제 1에서 작성한 것을 이용합니다.

L42 =IF(L40>M40,"1","2")

필기체 숫자 1、2의 식별 테스트
(ReLU 이용)

배율	0.01

앞 페이지의 테스트용 이미지 수치 데이터

No 1

입력층	L	M	N	O	P	Q
2	0	0	1.22	1.21	0.12	0
3	0	0	1.03	2.43	2.51	0.55
4	0	0	0	0.04	0.74	2.43
5	0	0	0	0	1.88	2.38
6	0	0	0	0.87	2.54	0.96
7	0	0	0	1.82	2.34	0.04
8	0	0	0.36	2.52	0.33	0
9	0	0	0.77	2.21	0	0
10	0	0	0.02	0.31	0	0

행	층			E	F	G	H
12	합성곱층	필터	F1	0.00	0.00	0.00	0.38
13				0.00	0.00	1.01	0.76
14				0.00	0.08	1.32	0.93
15				0.00	0.05	0.00	0.13
16			F2	0.09	0.00	0.00	0.00
17				0.00	0.00	0.00	0.00
18				0.43	0.22	0.02	0.54
19				0.00	0.02	0.00	0.00
20			F3	0.00	0.00	0.00	0.00
21				0.00	0.00	0.00	0.00
22				0.00	0.00	0.00	0.76
23				0.00	0.00	0.00	1.07
24		θ		0.00	1.38	0.87	
25	출력층	O1	P1	0.00	0.00	0.00	
26				0.00	0.00	0.00	
27				0.00	0.00	0.00	
28			P2	0.00	0.00	0.00	
29				0.00	0.00	0.00	
30				0.00	0.00	0.00	
31			P3	1.01	0.00	0.00	
32				0.00	0.00	0.00	
33				0.02	0.00	0.00	
34		O2	P1	0.00	0.00	0.00	
35				0.00	0.00	0.43	
36				0.00	0.00	2.27	
37			P2	0.06	0.00	0.00	
38				1.10	0.29	0.00	
39				1.04	2.19	0.00	
40			P3	0.00	0.00	0.00	
41				0.00	0.00	0.23	
42				0.00	0.00	0.95	
43		θ		2.48	2.27		

층		L	M	N	O	P	Q
합성곱층	F1	3.39	5.38	6.49	3.92	0.30	0.00
		1.07	3.63	7.67	5.87	0.23	0.00
		1.05	5.51	9.05	3.98	0.07	0.00
		2.67	8.17	7.61	1.22	0.00	0.00
		4.81	8.30	3.50	0.06	0.00	0.00
		6.09	6.68	0.53	0.00	0.00	0.00
	F2	0.00	0.00	0.05	0.00	0.00	0.00
		0.00	0.00	0.04	0.00	0.17	0.00
		0.00	0.00	0.00	0.00	0.00	0.00
		0.00	0.00	0.00	0.00	0.00	0.00
		0.00	0.00	0.00	0.00	0.00	0.00
		0.00	0.00	0.00	0.00	0.00	0.00
	F3	0.00	1.71	3.53	0.00	0.00	0.00
		0.06	3.29	1.97	0.00	0.00	0.00
		1.74	3.57	0.00	0.00	0.00	0.00
		3.22	1.26	0.00	0.00	0.00	0.00
		3.42	0.00	0.00	0.00	0.00	0.00
		1.14	0.00	0.00	0.00	0.00	0.00

층		L	M	N
풀링층	P1	5.38	7.67	0.30
		8.17	9.05	0.07
		8.30	3.50	0.00
	P2	0.00	0.05	0.17
		0.00	0.00	0.00
		0.00	0.00	0.00
	P3	3.29	3.53	0.00
		3.57	0.00	0.00
		3.42	0.00	0.00

출력층	z1	z2
	0.71	0.10

$z_1 > z_2$

판정	1

숫자의 판정결과

▲ $z_1 > z_2$이기 때문에, 숫자 이미지를 1이라고 판정한다.

합성곱 신경망은 189페이지의 왼쪽 필기체 숫자를 '1'이라고 판정합니다. 사람의 감성과 동일합니다. 다음으로, 189페이지의 오른쪽 숫자를 판정해 봅시다. 이것도 테스트를 위한 설정 방법은 동일하기 때문에 해설은 생략하고 결론만을 아래에 나타내기로 하겠습니다.

W42 =IF(W40>X40,"1","2")

행	B	C	D	E	F	G	H
1	필기체 숫자 1、2의 식별 테스트						
2	(ReLU 이용)					배율	0.01
12	합성곱층	필터	F1	0.00	0.00	0.00	0.38
13				0.00	0.00	1.01	0.76
14				0.00	0.08	1.32	0.93
15				0.00	0.05	0.00	0.13
16			F2	0.09	0.00	0.00	0.00
17				0.00	0.00	0.00	0.00
18				0.43	0.22	0.02	0.54
19				0.00	0.02	0.00	0.00
20			F3	0.00	0.00	0.00	0.00
21				0.00	0.00	0.00	0.00
22				0.00	0.00	0.00	0.76
23				0.00	0.00	0.00	1.07
24		θ		0.00	1.38	0.87	
25	출력층	O1	P1	0.00	0.00	0.00	
26				0.00	0.00	0.00	
27				0.00	0.00	0.00	
28			P2	0.00	0.00	0.00	
29				0.00	0.00	0.00	
30				0.00	0.00	0.00	
31			P3	1.01	0.00	0.00	
32				0.00	0.00	0.00	
33				0.02	0.00	0.00	
34		O2	P1	0.00	0.00	0.00	
35				0.00	0.00	0.43	
36				0.00	0.00	2.27	
37			P2	0.06	0.00	0.00	
38				1.10	0.29	0.00	
39				1.04	2.19	0.00	
40			P3	0.00	0.00	0.00	
41				0.00	0.00	0.23	
42				0.00	0.00	0.95	
43		θ		2.48	2.27		

앞 페이지의 테스트용 이미지 수치 데이터

행	U	V	W	X	Y	Z	AA	AB	AC
1	No		2						
2	입력층		0	0	0	0	0	0	0
3			0	0	1.07	1.95	1.84	0.4	0
4			0	2.09	0.56	0	0	1.58	1.78
5			0	0.06	0	0.02	0	0	1.08
6			0	1.22	1.94	1.43	1.95	2.33	1.71
7			0	1.94	0	0	0	1.25	2.12
8			0	1.93	1.84	0.42	1.86	0.84	0
9			0	0	0	0	0	0	0
10			0	0	0	0	0	0	0
12	합성곱층	yF1	3.47	3.41	3.63	4.28	2.62	0.21	
13			1.57	1.07	1.72	4.26	4.40	1.49	
14			4.10	3.87	5.62	6.59	5.60	2.76	
15			3.35	3.25	5.03	7.78	8.03	5.79	
16			3.52	3.17	5.12	4.78	4.40	4.79	
17			2.18	1.84	3.00	1.66	0.91	1.63	
18		yF2	0.00	0.00	0.00	0.00	0.00	0.00	
19			0.00	0.00	0.00	0.00	0.00	0.00	
20			0.00	0.82	1.10	0.62	0.56	0.18	
21			0.00	0.00	0.00	0.00	0.22	0.40	
22			0.00	0.96	0.15	0.00	0.00	0.00	
23			0.00	0.00	0.00	0.00	0.00	0.00	
24		yF3	0.00	0.00	0.33	1.64	0.20	0.00	
25			0.68	1.22	1.63	1.78	0.98	0.00	
26			0.22	0.61	2.24	2.70	2.45	0.61	
27			0.00	1.12	0.98	0.74	0.93	1.73	
28			0.00	0.54	0.00	0.00	0.00	0.23	
29			0.00	0.00	0.00	0.00	0.00	0.00	
30	풀링층	P1	3.47	4.28	4.40				
31			4.10	7.78	8.03				
32			3.52	5.12	4.79				
33		P2	0.00	0.00	0.00				
34			0.82	1.10	0.56				
35			0.96	0.15	0.00				
36		P3	1.22	1.78	0.98				
37			1.12	2.70	2.45				
38			0.54	0.00	0.23				
39	출력층		z1	z2					
40			0.23	1.00					
42	판정		2						

$z_1 < z_2$

숫자의 판정결과

▲ $z_1 < z_2$이기 때문에, 숫자 이미지를 2라고 판정한다.

합성곱 신경망은 필기체 숫자를 '2'라고 판정합니다. 이것도 사람의 감성과 일치합니다.

Memo 목적함수 값의 평가

제곱오차의 총합인 목적함수의 값은 신경망이 얼마나 훈련 데이터와 어긋나는가의 기준을 제공합니다. 그러나 단지 작다고 해서 신경망이 좋은 판단을 하는 것은 아닙니다. §12에서 알아본 음수를 허용하는 매개변수의 경우, 음수가 아닌 경우(§09)보다도 목적함수 Q_T의 값은 훨씬 더 작아집니다. 그러나 훈련 데이터에 관한 정답률은 반대로 낮아집니다. 합성곱 신경망을 포함한 신경망이 가진 이와 같은 '특성'을 알아두는 것이 응용에서 중요할 것입니다.

원래 신경망과 훈련 데이터와의 적합 상태를 나타내는 목적함수가 한 가지만 있는 것이 아닙니다. 이 책에서는 오차의 기준으로 제곱오차의 합을 이용하지만, 근래 유명한 목적함수에는 교차 엔트로피가 있습니다. **교차 엔트로피(cross entropy)**는 정보과학으로부터 생겨난 개념이지만, 최적화를 위한 계산의 수렴성이 좋은 것으로 알려져 있습니다. 두 개의 척도로 오차를 예측할 때, 어느 쪽이 우수한지 기준을 명확하게 정하는 것은 어려운 일입니다.

참고

이 장에서 이용한 기호의 정리

이 장의 관계식에서 이용하는 기호는 다양하지만, 여기에 정리합니다.

기호명	의미
x_{ij}	입력층 i행 j번째 뉴런의 출력을 나타내는 변수. 또한 그 이름으로도 이용된다. 보통 입력층은 데이터를 가공하지 않지만, 이 책에서는 화소값을 100분의 1로 변경하여 출력한다.
y_{ij}^{Fk}	합성곱층의 k 번째 i행 j열에 있는 성분
z_k	출력층 k 번째 뉴런의 출력을 나타내는 변수. 또한 그 이름으로도 이용된다.
w_{ij}^{Fk}	은닉층 k 번째 뉴런이 이용하는 필터의 i행 j열 성분. 신경망을 결정하는 매개변수이다.
w_{k-ij}^{On}	출력층의 n 번째 뉴런이 풀링층의 k 번째 표의 i행 j열 성분에 부과하는 가중치
θ^{Fk}	은닉층 k 번째 뉴런의 임계값
θ^{On}	출력층 n 번째에 있는 뉴런의 임계값
a_{ij}^{Fk}	입력층을 작게 나눌 때, 그 ij 지역으로부터 은닉층 k 번째 뉴런으로 향하는 입력의 선형합
a^{On}	출력층 k 번째 뉴런에 관한 입력의 선형합
p_{ij}^{Fk}	풀링층에 있는 k 번째 풀링표의 i행 j열 성분

몇 번이고 언급한 것처럼, Excel에서 합성곱 신경망을 구현할 때에는 이와 같은 기호의 의미를 자세히 이해할 필요는 없습니다. 중요한 것은 뉴런 사이의 관계를 완전히 이해하는 것으로 그것을 염두에 두면 워크시트 작성이 쉬워집니다.

부록 A 훈련 데이터 (1)

4장의 예제에서 작성한 신경망을 위한 학습 데이터입니다. 문자 '○'과 '×'을 4×3 화소로 그린 것으로, 화소는 0과 1의 2진 값입니다.

주1 본문에서는 매우 진하게 칠해진 화소를 256에 가까운 값, 옅게 칠해진 부분을 0에 가까운 값으로 합니다.

주2 수치화된 데이터는 다운로드 사이트 (→ 8페이지)에 있는 '5.xlsx' 중의 'Data' 탭에 수록되어 있습니다.

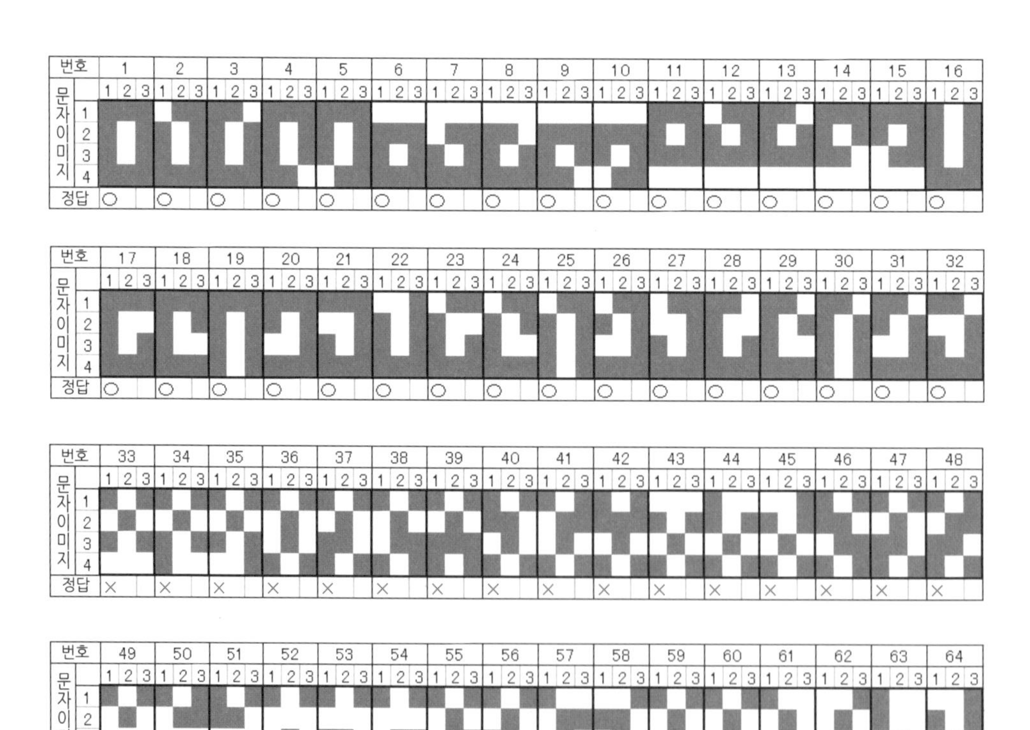

부록 B 훈련 데이터 (2)

5장의 예제에서 작성한 신경망을 위한 훈련 데이터입니다. 필기체 숫자 1, 2를 9×9 화소로 그렸습니다. 여기에서는 데이터 내용을 알기 쉽도록 그 숫자 패턴을 확대해서 표시합니다.

주 1 본문에서는 진하게 칠해진 화소를 1, 하얀 부분을 0이라고 합니다.

주 2 수치화된 데이터는 다운로드 사이트 (→ 8페이지)에 있는 '4.xlsx' 중의 'Data' 탭에 수록되어 있습니다.

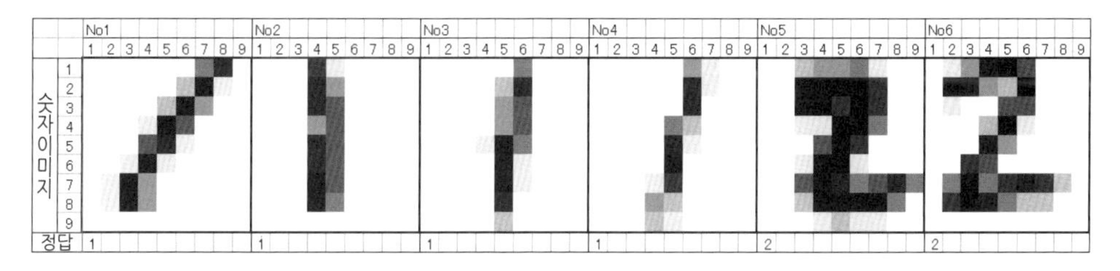

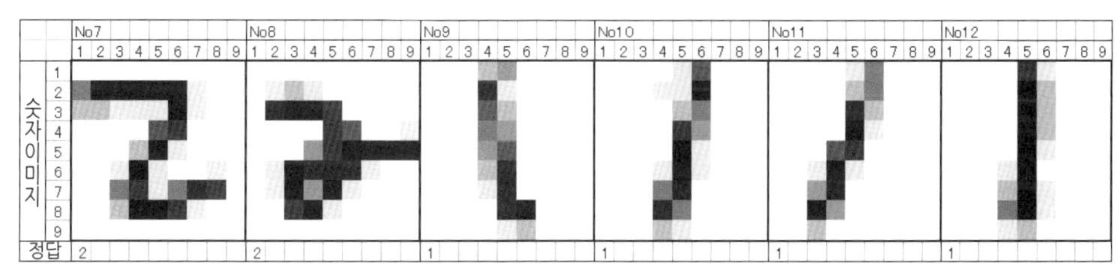

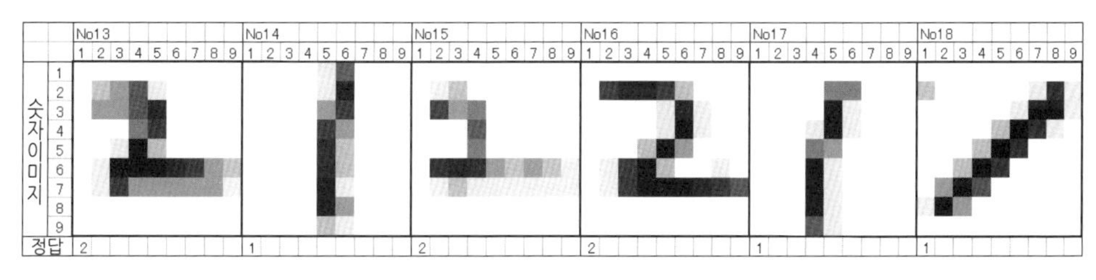

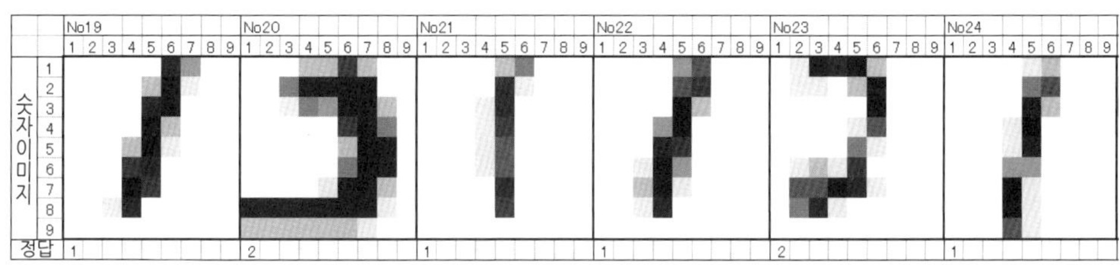

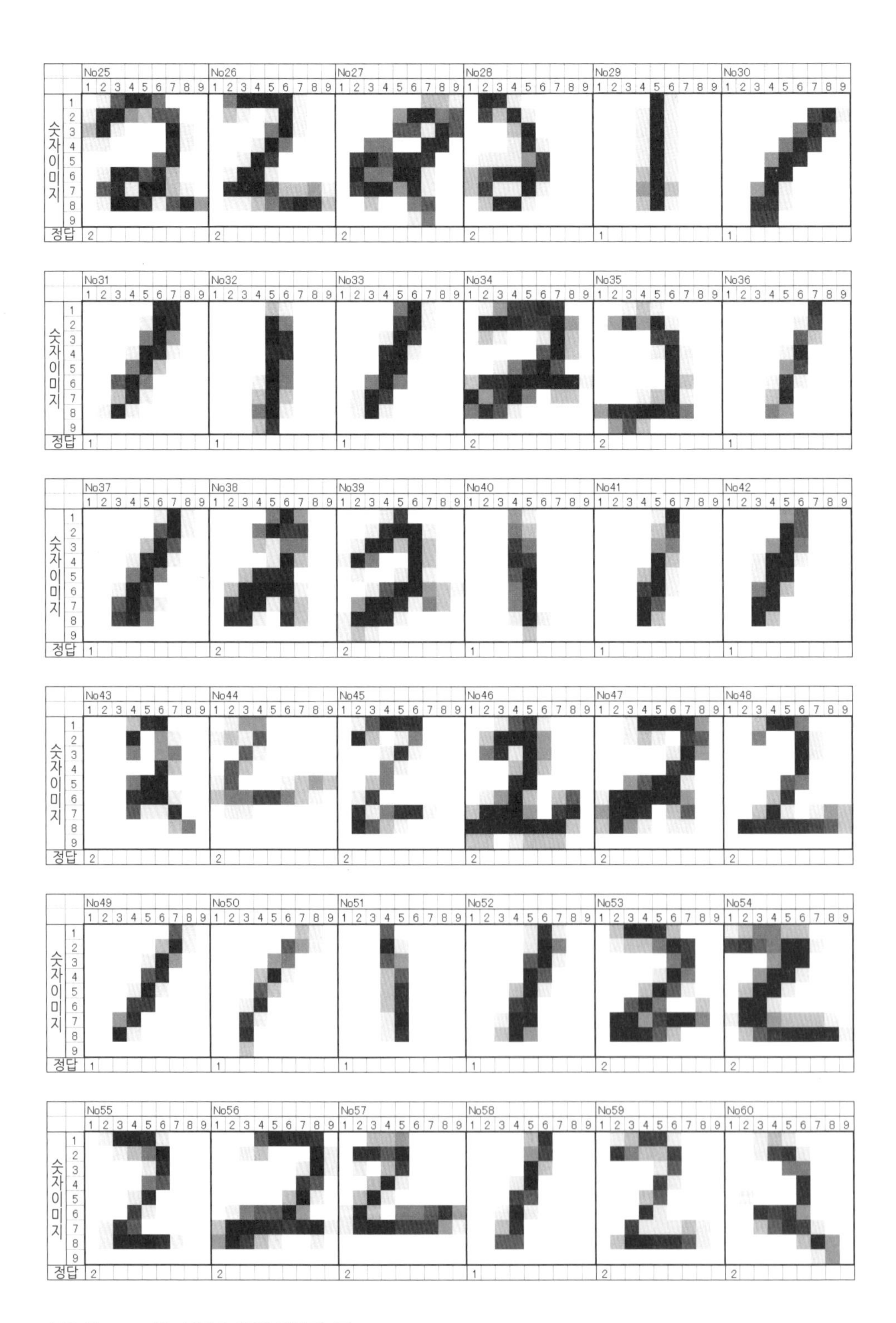
No25
No26
No27
No28
No29
No30
No31
No32
No33
No34
No35
No36
No37
No38
No39
No40
No41
No42
No43
No44
No45
No46
No47
No48
No49
No50
No51
No52
No53
No54
No55
No56
No57
No58
No59
No60
숫자이미지
정답

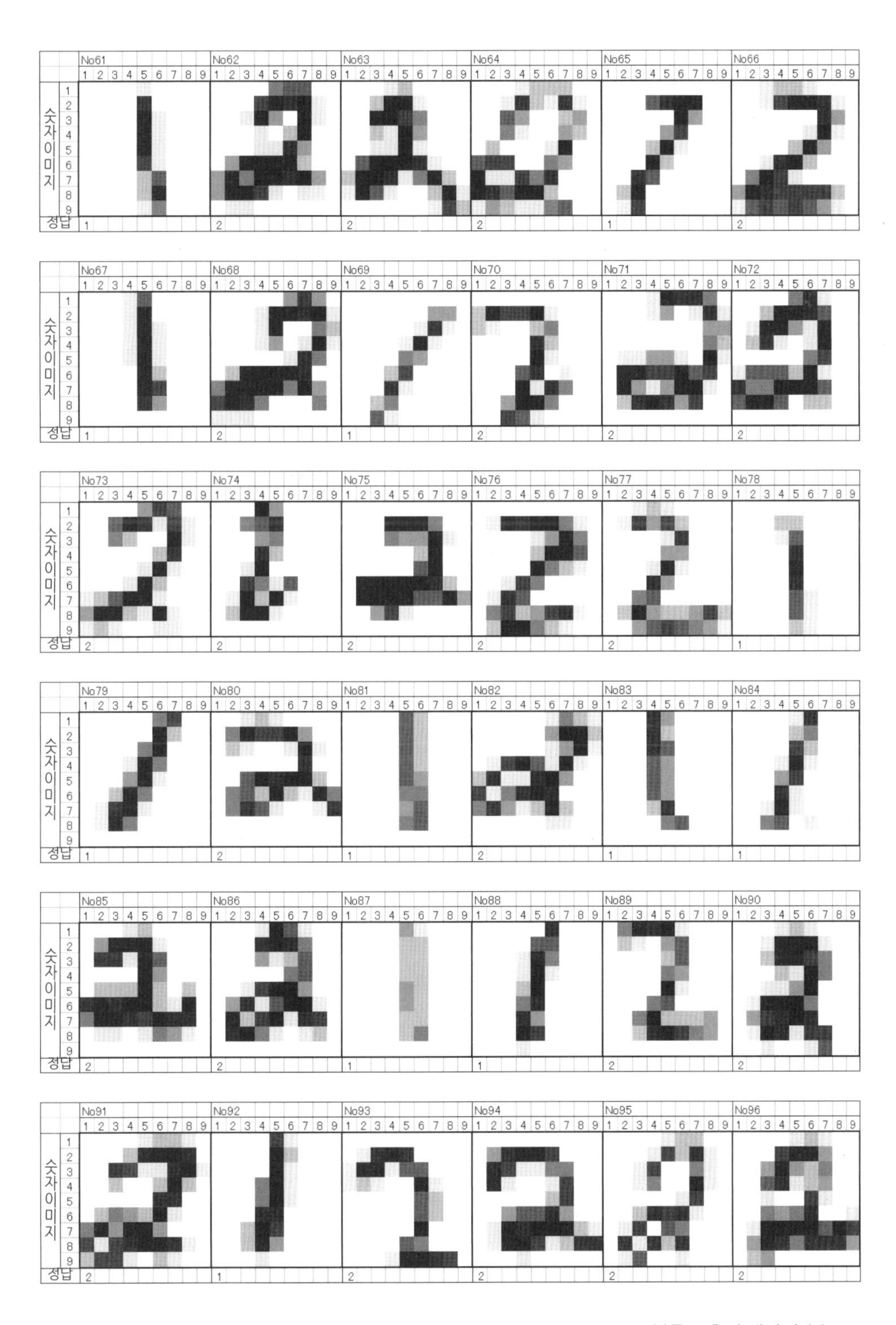
No61
1
No62
2
No63
2
No64
2
No65
1
No66
2
No67
1
No68
2
No69
1
No70
2
No71
2
No72
2
No73
2
No74
2
No75
2
No76
2
No77
2
No78
1
No79
1
No80
2
No81
1
No82
2
No83
1
No84
1
No85
2
No86
2
No87
1
No88
1
No89
2
No90
2
No91
2
No92
1
No93
2
No94
2
No95
2
No96
2
숫자이미지
정답

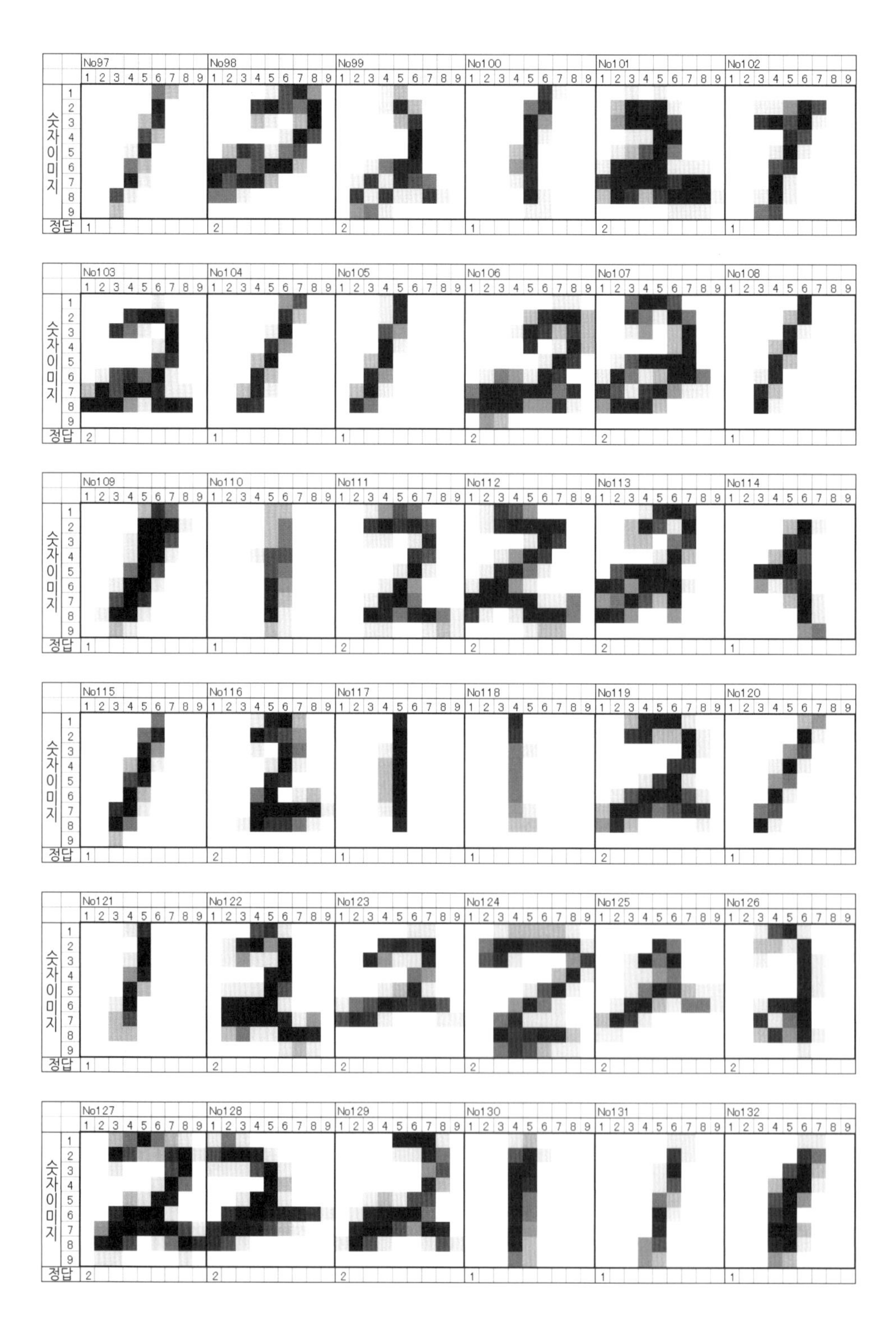

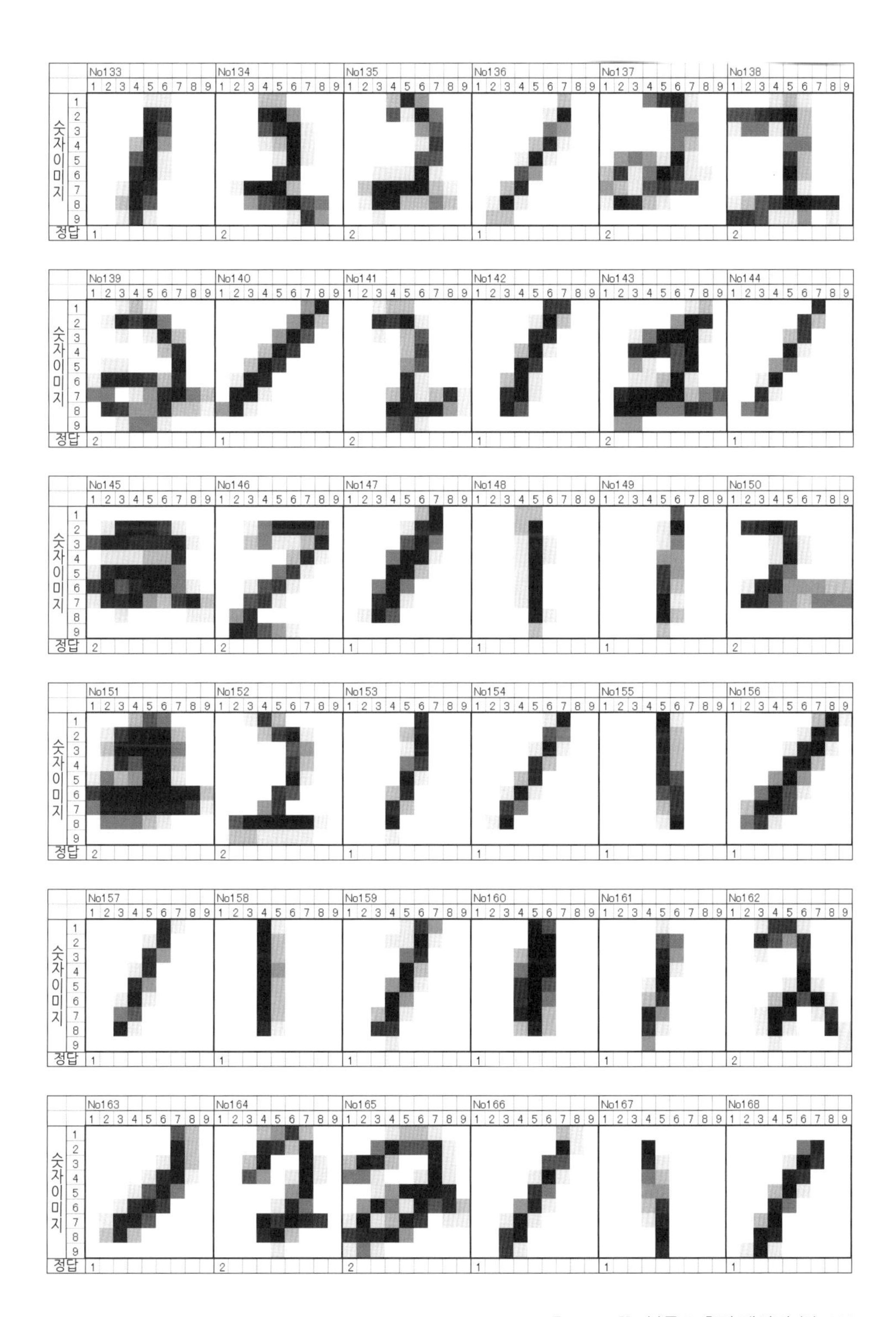

숫자이미지
정답
No133 1
No134 2
No135 2
No136 1
No137 2
No138 2
No139 2
No140 1
No141 2
No142 1
No143 2
No144 1
No145 2
No146 2
No147 1
No148 1
No149 1
No150 2
No151 2
No152 2
No153 1
No154 1
No155 1
No156 1
No157 1
No158 1
No159 1
No160 1
No161 1
No162 2
No163 1
No164 2
No165 2
No166 1
No167 1
No168 1

부록

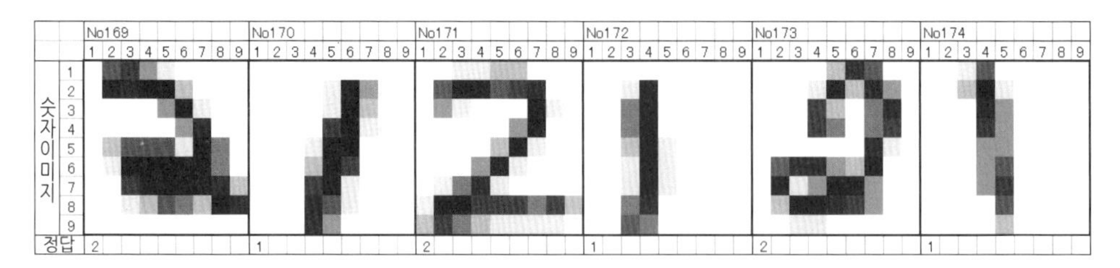
No169 No170 No171 No172 No173 No174
1 2 3 4 5 6 7 8 9
숫자 이미지
정답
2 1 2 1 2 1

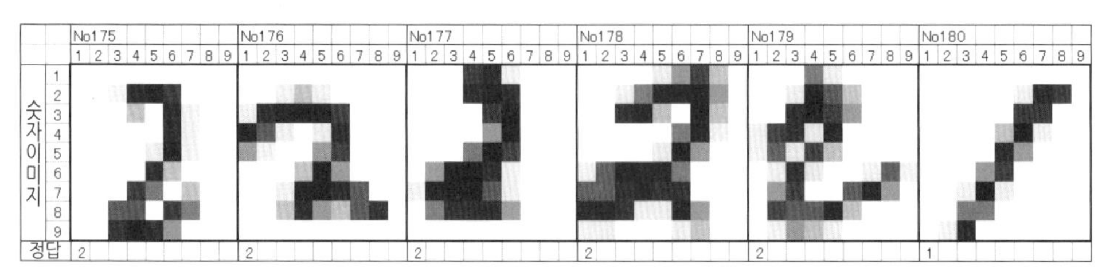
No175 No176 No177 No178 No179 No180
1 2 3 4 5 6 7 8 9
숫자 이미지
정답
2 2 2 2 2 1

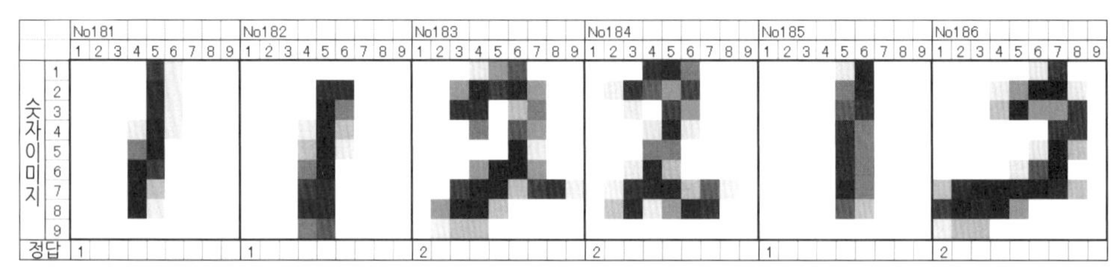
No181 No182 No183 No184 No185 No186
1 2 3 4 5 6 7 8 9
숫자 이미지
정답
1 1 2 2 1 2

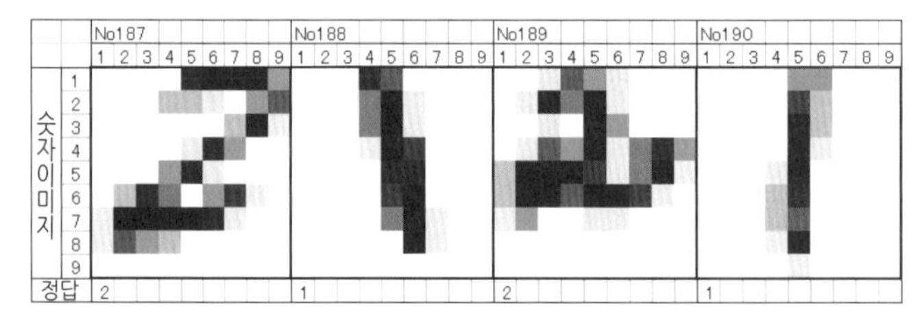
No187 No188 No189 No190
1 2 3 4 5 6 7 8 9
숫자 이미지
정답
2 1 2 1

부록 C 해 찾기의 설치 방법

이 책에서 계산의 강력한 도구는 Excel에 구비되어 있는 추가 기능 중의 하나인 '해 찾기'입니다. 이 추가 기능에 의해 어려운 수학을 이용하지 않고도 합성곱 신경망의 구조를 수치적으로 이해할 수 있습니다.

그러나 새로운 컴퓨터의 경우, 해 찾기가 설치되지 않은 경우가 있습니다. 그것은 '데이터' 탭에 '해 찾기' 메뉴가 있는가의 여부로 확인할 수 있습니다.

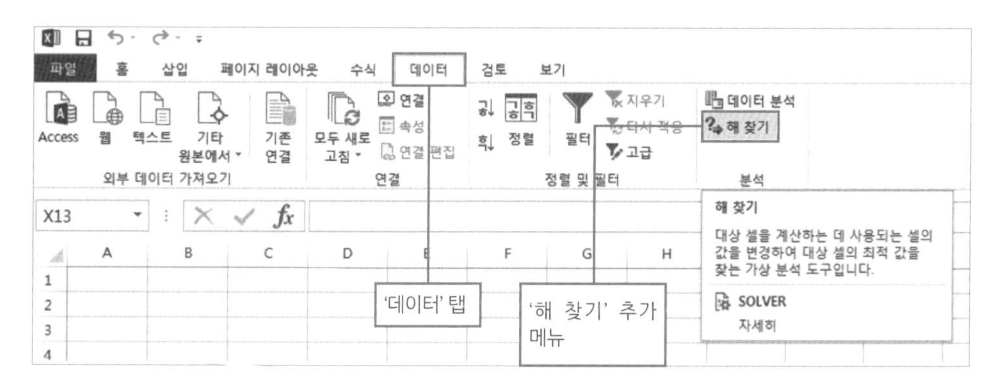

'해 찾기'의 메뉴가 없는 경우에는, 설치 작업을 할 필요가 있습니다. 단계를 따라가며 알아봅시다.

주 Excel 2013, 2016의 경우에 관해서 알아보겠습니다.

❶ '파일' 탭의 '옵션' 메뉴를 클릭합니다(오른쪽 그림). 그러면 다음 페이지의 '옵션' 메뉴가 표시됩니다.

❷ 'Excel 옵션' 상자가 열리면 왼쪽 창 중에서 '추가 기능'을 선택합니다. 추가로 얻어진 박스 중에 아래에 있는 'Excel 추가 기능'을 선택하고, '이동' 버튼을 클릭합니다.

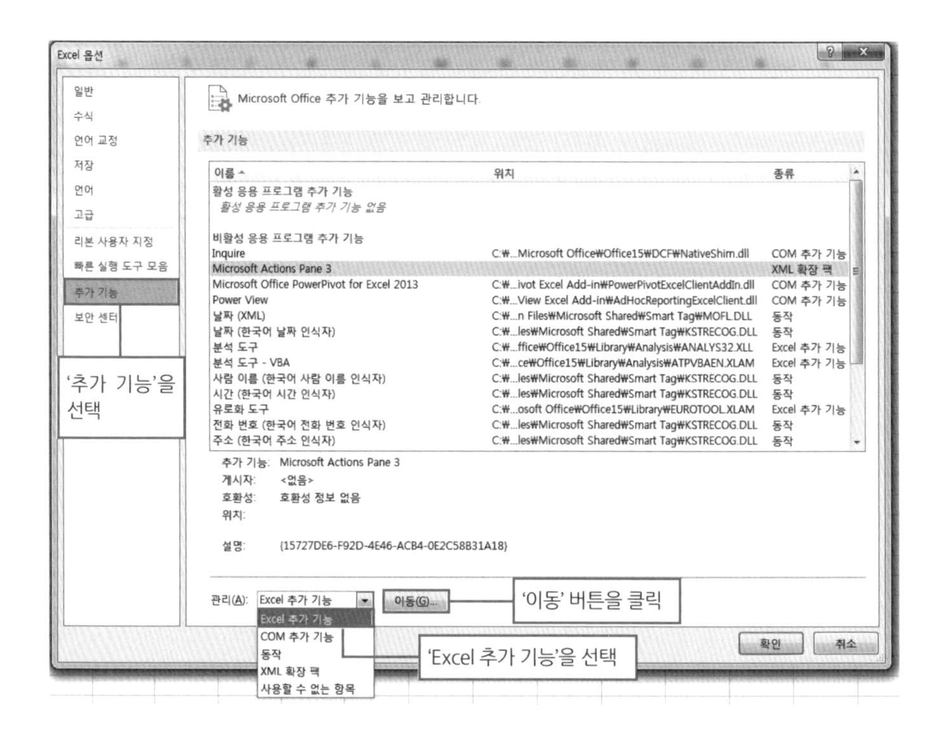

❸ '추가 기능' 상자가 열리면 '해 찾기 추가 기능'에 체크 기호를 입력하고, '확인' 버튼을 클릭합니다.

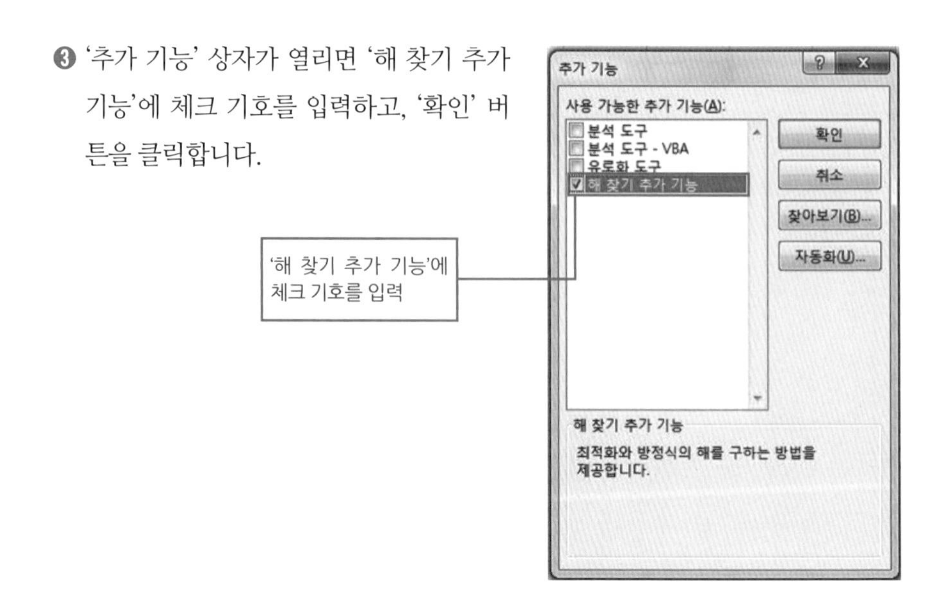

❹ 설치 작업이 진행됩니다. 바르게 설치가 되면, ❷의 박스가 다음과 같이 된 것으로 확인됩니다.

부록 D 패턴 유사도의 수식 표현

합성곱 신경망(5장 § 04)에서는 다음 정리가 이용됩니다.

> 4×4 화소로 구성되는 두 수의 나열 A, F가 아래 그림과 같이 주어졌을 때, A, F의 유사도는 다음과 같이 구해집니다.
>
> 유사도 = $w_{11}x_{11} + w_{12}x_{12} + w_{13}x_{13} + \cdots + w_{44}x_{44}$ ··· (1)

A

x_{11}	x_{12}	x_{13}	x_{14}
x_{21}	x_{22}	x_{23}	x_{24}
x_{31}	x_{32}	x_{33}	x_{34}
x_{41}	x_{42}	x_{43}	x_{44}

F

w_{11}	w_{12}	w_{13}	w_{14}
w_{21}	w_{22}	w_{23}	w_{24}
w_{31}	w_{32}	w_{33}	w_{34}
w_{41}	w_{42}	w_{43}	w_{44}

이 정리는 벡터의 성질을 이용하여 설명할 수 있습니다. 크기가 고정된 두 벡터 **a**, **b**가 유사할 때, 그 내적 **a** · **b**의 값은 커지는 특징이 있습니다(아래 그림).

$$\mathbf{a} \cdot \mathbf{b} = |\mathbf{a}||\mathbf{b}|\cos\theta$$ (θ는 두 벡터 사이의 각)

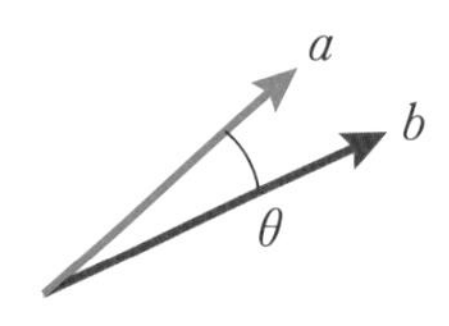

◀ 평면의 이미지로 생각하면, 두 벡터의 내적은 그것들의 화살표 길이에 두 사잇각의 코사인 값을 곱한 것입니다. 각이 0에 가까워질수록 코사인 값은 커집니다. 다시 말하면, 유사할 때 값이 커진다고 생각됩니다.

이 내적의 성질을 이용하기 위해, A, F를 다음과 같은 벡터로 간주합니다.

$$A = (x_{11}, x_{12}, x_{13}, x_{14}, x_{21}, x_{22}, x_{23}, \cdots, x_{44})$$

$$F = (w_{11}, w_{12}, w_{13}, w_{14}, w_{21}, w_{22}, w_{23}, \cdots, w_{44})$$

그러면 두 벡터의 내적 A·F는 위의 식 (1)의 우변과 일치합니다. 다시 말하면, 식 (1)을 유사도라고 해석할 수 있는 것입니다.

색인

기호

영문

한글

ㄱ

ㅈ

ㅊ

ㅋ

ㅌ

ㅍ

ㅎ

AI의 구조를 쉽게 이해할 수 있는 딥러닝 초(超)입문

엑셀로 배우는 딥러닝

2018. 11. 22. 1판 1쇄 발행
2020. 5. 25. 1판 2쇄 발행
2022. 2. 7. 1판 3쇄 발행

지은이 | 와쿠이 요시유키, 와쿠이 사다미
옮긴이 | 권기태
펴낸이 | 이종춘
펴낸곳 | BM (주)도서출판 성안당
주소 | 04032 서울시 마포구 양화로 127 첨단빌딩 3층(출판기획 R&D 센터)
| 10881 경기도 파주시 문발로 112 파주 출판 문화도시(제작 및 물류)
전화 | 02) 3142-0036
| 031) 950-6300
팩스 | 031) 955-0510
등록 | 1973. 2. 1. 제406-2005-000046호
출판사 홈페이지 | **www.cyber.co.kr**
ISBN | 978-89-315-5670-4 (13000)
정가 | 23,000원

이 책을 만든 사람들
책임 | 최옥현
편집·진행 | 조혜란
교정·교열 | 이정인
본문 디자인 | 조계원, 박현정
표지 디자인 | 인투, 박현정
홍보 | 김계향, 이보람, 유미나, 서세원
국제부 | 이선민, 조혜란, 권수경
마케팅 | 구본철, 차정욱, 나진호, 이동후, 강호묵
마케팅 지원 | 장상범, 박지연
제작 | 김유석